第 **4** 版

Debt equity swap・Debt debt swap

DES・DDS
の実務

森・濱田松本法律事務所

藤原総一郎 [編著]

山崎良太 [著]
稲生隆浩

一般社団法人 **金融財政事情研究会**

第4版刊行にあたって

　新型コロナウィルスがいまだ猛威を振るい、ロシアによるウクライナ侵攻も長期化している。世界経済を支えるアメリカや中国は景気後退（リセッション）の兆しをみせている。

　このような社会・経済環境の変化のなか、政府の金融緩和政策に基づく円滑な資金調達により、資金面ではなんとか対応してきた日本企業の多くが、結果として過剰債務を抱える状況に陥っている。

　この過剰債務を解消するための有力な手法がDES（デット・エクイティ・スワップ）とDDS（デット・デット・スワップ）である。

　本書は、DDSが実務的に導入されて間もない2005年に、債権放棄以外の財務再構築の効果的手段であるDES・DDSに特化した初めての専門書として出版された。

　その後の銀行法の改正等を反映した改定を2度行っているが、近時、日本企業の財務再構築のニーズが再び高まっていることをふまえて、8年振りの改訂を行うことになった。

　銀行法の改正や金融検査マニュアルの廃止等、今回も近時の動向を反映した改訂（アップデート）を行っている。企業の再生案件がこれまで減少していたこともあり、再生支援の専門家が少なくなっているとの指摘もある。初めて企業再生支援業務に携わる金融機関等の関係者も多いと思われることから、構成は大幅に変更せず、初版等と同様にDES・DDSについての基本的・基礎的事項も引き続き解説を行っている。

　本書が再生支援業務に少しでもお役に立てれば幸いである。

　改訂にあたっては、株式会社きんざい出版部の池田知弘氏に大変なご尽力をいただいた。

この場を借りて深くお礼を申し上げる。

2022年8月

森・濱田松本法律事務所

弁護士　藤原　総一郎

は し が き

　本書は、題名のとおり、経営不振企業の財務再構築の有力な手法である
DES（デット・エクイティ・スワップ）とDDS（デット・デット・スワップ）
の解説書である。

　DESは、平成14年（2002年）にダイエー、長谷工コーポレーション、い
すゞ自動車による1,000億円を超える規模の実施により日本でも本格的に導
入された。現在では、特に公開企業に対する金融支援の方法としては、「ま
ず債権放棄」ではなく「DES」を行う、という実務が定着している。

　DDSは、平成16年（2004年）2月に金融検査マニュアルが改訂されたこと
を契機に、商工中金による第1号案件以降、主として地域金融機関による中
小企業に対する金融支援の方法として、積極的に利用され始めている。

　実際に、筆者も、ここ数年、経営不振企業のDES、DDSを活用した再建
計画の策定、実施に20件以上携わってきた。

　このようにDES・DDSに対する実務家の関心は高まってきているが、彼
らのニーズに応えられる実務書となると、従来、あまりなかったように思わ
れる。

　DESについては、すでに多くの書籍や論文が出版・発表されているが、法
的手続について体系的・網羅的に解説したものは現在でも少ない。また
DDSについては、導入が始まったばかりということもあり、解説書そのも
のが存在していないのが現状である。

　そのため、筆者の経験・ノウハウ等も生かし、実際に利用する場合にどの
ような点が問題となるのか、その解決策は何か、具体的にどのように手続を
進めていけばよいか、契約書の形式・内容はどのようになっているか、とい
ったことが十分に理解できるよう、あくまで実践的な視点からDES、DDS

に特化した解説を試みた。本書が、取引先企業の再建支援に取り組んでいる金融機関の役職員、法律家、コンサルタント、会計士、税理士の方々の実務に少しでもお役に立つことができれば幸いである。

　なお、本書は、第1部については、金融財政事情研究会よりすでに刊行されている拙著（編著）『企業再生の法務』の第3章「DES」を、第2部については、金融法務事情1695号以降に掲載されている商工中金の中村廉平法務室長との共著である「デット・デット・スワップの検討（上）（中）（下）」を、その後の最新の実務・実例などをできるだけ多く取り入れたうえで加筆修正したものである。執筆にあたっては、著者と同じ法律事務所に所属する島田知子弁護士、山崎良太弁護士に資料の収集等で協力してもらった。また、出版にあたっては、出版部の田中弘道氏に編集・校正等で大変なお骨折りをいただいた。この場をお借りして深くお礼を申し上げたい。

2005年1月

弁護士　藤原　総一郎

【編著者略歴】

藤原　総一郎（ふじわら　そういちろう）

東京大学法学部卒業　森・濱田松本法律事務所　パートナー弁護士
第二東京弁護士会所属　事業再生実務家協会常議員
〈主な著書・論文〉
『企業再生の法務〔第3版〕』（監修、金融財政事情研究会）、『倒産法全書（上）（下）〔第2版〕』（監修、商事法務）、『DIP型民事再生手続の実務とM&A戦略』（商事法務）、『書式 会社非訟の実務』（共著、民事法研究会）、『企業訴訟実務問題シリーズ／証券訴訟―虚偽記載』（共著、中央経済社）、『新・裁判実務大系（28）破産法〔新版〕』（共著、青林書院）、『M&A・事業再生用語事典』（共著・日経BP社）、『M&A活用と防衛戦略』（編著、東洋経済新報社）、『DIPファイナンスの実務』（金融財政事情研究会）、『早わかり企業再生』（編共著、日本経済新聞社）、『Q&A金融機関個人再生の実務』（共著、金融財政事情研究会）、『書式 民事再生の実務〔全訂4版〕』（共著、民事法研究会）ほか多数

【著者略歴】

山崎　良太（やまさき　りょうた）

東京大学法学部卒業　森・濱田松本法律事務所　パートナー弁護士
第二東京弁護士会所属
〈主な著書・論文〉
『企業再生の法務〔第3版〕』（共著、金融財政事情研究会）、『事業再生・倒産実務全書』（共著、金融財政事情研究会）、『倒産法全書（上）（下）〔第2版〕』（共著、商事法務）、『金融機関のための倒産・再生の実務』（共著、金融財政事情研究会）、『銀行窓口の法務対策4500講Ⅰ～Ⅴ』（共著、金融財政事情研究会）等

稲生　隆浩（いのう　たかひろ）

早稲田大学法学部卒業　森・濱田松本法律事務所　パートナー弁護士
東京弁護士会所属
〈主な著書・論文〉
『企業再生の法務〔第3版〕』（共著、金融財政事情研究会）、『倒産法全書（上）（下）〔第2版〕』（共著、商事法務）、『金融機関のための倒産・再生の実務』（共著、金融財政事情研究会）、「濫用的会社分割と詐害行為取消権をめぐる諸問題――最二判平成24・10・12を手がかりとして」（共著、NBL）、『企業訴訟実務問題シリーズ／企業訴訟総論』（共著、中央経済社）等

目　次

第1部 ◆ DES

Ⅴ　減資の手続と実務　　　　　　　　　　　　　　54

VI 産業競争力強化法の活用　　71

VII 償還条件付DES　　73

第2部 ◆ DDS

Ⅶ　DDS契約書の検討　　　　　　186

第 **1** 部

DES

I DESとは何か

1 DESとは

DES（デット・エクイティ・スワップ）とは、企業の債務（デット＝Debt）を企業の資本（エクイティ＝Equity）に交換する（スワップ＝Swap）ことをいう（DEC、デット・エクイティ・コンバージョンともいう）。債権放棄などと同様に、企業の財務再構築＝デット・リストラクチャリングの一手法として利用される。債権者にとって、DESは、保有資産の種類を変更する（投資の手法を変更する）取引である。多くの場合、経営不振に陥っているが再建の見込みのある企業に対して、金融機関が保有する貸付金を株式に振り替えることによって、当該企業の財務内容を改善して再建を図る目的で利用されている。

DESを実行することによって、債務者の財務内容（バランスシート）は、具体的には以下のように変更、改善されることになる。

DES実行前			DES実行後		
資産100億円	負債120億円		資産100億円	負債100億円	
	純資産　10億円 欠損金▲30億円	負債20億円を 資本金20億円に転換		純資産　30億円 欠損金▲30億円	
計　100億円	計　100億円		計　100億円	計　100億円	
▲20億円の債務超過			債務超過解消		

上記図のとおり、DES実行前は、20億円の債務超過に陥っているが、負債120億円のうち20億円を株式に振り替えることによって、債務者の債務超過は解消されることになる。

なお、資本政策として繰越欠損金を処理するためには、別途資本金の額の減少や資本準備金の額の減少の手続が必要となる。

2 DESのメリット、デメリット

　DESは、前記のとおり、債務者の財務内容を改善するための一手法として通常利用されることになるが、債務者サイド、債権者サイドのDESを行う場合のそれぞれのメリット、デメリットは以下のとおり整理することができる。

〔債務者〕

メリット	デメリット
・過剰債務（有利子負債）の削減により財務内容の改善が図られる ・資金繰り、キャッシュフローの改善、安定（通常借入金の金利よりも配当コストのほうが安い） ・デフォルトリスクの軽減（株主への配当は分配可能額がある場合に限られる） ・債務者区分の上位遷移可能 ・債務消滅益が発生する場合、それに伴い損失処理を行うことができる	・債権者による経営への関与 ・配当負担の増加（特に配当優先株の発行の場合） ・発行済株式総数の増大による株価の中長期的低迷（上場会社の場合） ・債務消滅益の発生による課税のリスク ・手続がやや煩雑である ・DESにより資本金の額が増加する結果、法人住民税の均等割部分の負担増加、外形標準課税上の負担の増加、中小企業の税制特例を受けられない場合が生じる可能性があること

〔債権者〕

メリット	デメリット
・債務者が再建した場合、株式の売却によるキャピタルゲインが得られる ・配当収入の確保 ・株主としての経営関与・経営参加 ・債務者のモラルハザードの一定の防止（債権放棄は単なる利益供与ともみられるが、DESは投資スタンスの変更ということができる） ・債務者区分の上位遷移可能（引当金の減少、戻入、開示債権の減少） ・損失処理を必ず伴う債権放棄と比べ、損失を計上しなくてもよい場合がある	・債権よりも回収順位が劣後する（ハイリスク、ハイリターン） ・利息収入の喪失 ・市場価格のある株式への振替の場合、価格変動リスクにさらされる ・市場価格のない株式への振替の場合は、実務上株式の処分が困難な面がある ・株式の評価が煩雑（市場価格のない株式の場合） ・経営に対しての株主責任を事実上問われるリスク ・銀行法等の5％ルールの規制

3 DESの手法（現物出資型と現金払込型）

　債務を株式に転換する方法について、会社法上直接定める規定はなく、実務上は主として以下の手法がとられている。

① 　債権者が現金ではなく債務者に対する債権を債務者に現物出資し、募集株式の割当てを受ける方法。債権は混同によって消滅する。＝現物出資型

② 　債権者は現金で払い込んで債務者から募集株式の割当てを受ける方法。債務者に払い込まれた現金により債権者に対し直ちに弁済する。＝現金払込型

　各手法のメリット、デメリットを整理すると以下のとおりとなる。コストや手続完了までの期間、法的リスクの有無などを考慮して、案件の特徴に合わせて、最も合理的な手法を選択する必要がある。

	メリット	デメリット
①現物出資型	・法的な安全度が高い	・債務者において債務消滅益が生じる場合があり、課税が発生するリスクがある
②現金払込型	・債務者において債務消滅益が生じないため、課税が発生しない ^(注) ・実際に発行価額を払い込んで株式を取得しているため、募集株式の発行価額、割当株式数の問題が生じず、また、株式の取得価額の評価が容易となる	・債権者側で現金の用意が必要 ・増資資金の第三者からの差押えリスク、「見せ金」のリスク、弁済についての「詐害行為」「否認」等の法的リスク ・平成13年7月5日東京高裁判決（税務資料251号順号8942）等により税務リスク（寄付金認定、有価証券売却損の否認等）がある

(注)　②を利用する目的が租税負担を減少させる目的のみであって、当初から計画された一体の取引と認定されるような場合には、現物出資型との対比において公平の観点から否認される可能性も否定できないとの見解もある（太田達也『「純資産の部」完全解説―「増資・減資の実務」を中心に―〔改訂増補版〕』449頁）。

4 DES実行のための手続（概略）

DESを行う場合の手続は概略以下のとおりとなる。各手続の詳細については、後記において解説する。

債務を株式に転換することについての債務者と債権者の合意

↓

債務者の募集株式発行（第三者割当増資）についての取締役会決議

（債務者が取締役会非設置会社または株式譲渡制限会社（全部の株式に定款で譲渡制限の定めを設けている会社）の場合、第三者割当増資について株主総会の特別決議が必要。また、公開会社（全部または一部の株式に定款で譲渡制限の定めを設けていない会社。会社法2条5号）であっても、有利発行に該当する場合、株主総会の特別決議が必要）

↓

債権者の会社法203条2項に規定する書面（株式引受けの申込みに関する事項を記載した書面）による申込みまたは債務者と債権者の総数引受契約の締結

↓

現物出資の場合、検査役の調査、弁護士等の専門家の証明

（弁済期の到来している金銭債権を、当該金銭債権に係る負債の帳簿価格以下で現物出資する場合、当該調査、証明は不要となるため、DESの場合、通常は不要である）

↓

募集株式発行事項の公告または通知
（公開会社の場合のみ。払込期日または給付期日
（期間を定めた場合、その初日）の2週間前までに行う）

↓

目的物の給付（現金の払込みまたは債権の給付）
（払込期日または給付期日（期間を定めた場合、期間中の日））

↓

募集株式発行の効力発生（現金の払込みまたは債権の給付の日と同日）

↓

変更登記（効力発生より2週間以内に申請）⇒DESの実行完了

※上記手続のほかに、金融商品取引法上の継続開示義務を負っている会社（債務者）については、別途有価証券届出書等の提出が必要となる場合がある。

Ⅱ　DESについての法的諸問題の検討

〔現物出資型の問題点〕

1　有利発行となるか否か＝１株当りの発行価額、割当株式数をいくらにするかの問題

A　既存株主の保護の観点からの議論

　有利発行に該当する場合は、公開会社においても、募集株式発行にあたって株主総会の特別決議が必要となる。

　この点については、割当株式数の問題としてもとらえられている。

　具体的に説明すると、券面額説[注1]では、債権の額面１億円の場合、この債権をDESすることによって資本金の額は１億円増加する。１株当りの時価（市場価格）を1,000円とした場合（上場会社を想定）、DESにあたっての１株の発行価額を同額の1,000円とすると、発行（割当）株式数は１億円÷1,000円＝10万株となる。この発行（割当）株式数について、既存株主の持分割合が希釈化され、既存株主の保護に欠けるというものである。つまり、債権者に対する市場価格と同額での発行が有利発行（債権の実価は額面よりも下がっているので）に当たるのではないかという指摘である。この点について、DESによって発行する株式の１株当りの発行価額を債権の時価を考慮に入れて設定することによって、既存株主を保護し、株主間の利害の調整を図ろうとする考え方もある[注2]。上記の例でいえば、たとえば１株当りの発行価額を１株当りの株式の市場価格よりも高めに設定して５倍の5,000円として、発行（割当）株式数を２万株に（減少）して、既存株主の保護を図ろうという考え方である（これによれば、実質的に評価額説によった場合と同様の結果となる）。１株当り時価1,000円の株式を5,000円で発行すべきということになる。

> 債権の額面1億円　債権の評価額（時価）2,000万円
> 債務者株式の1株当りの時価（市場価格）1,000円
> 券面額説によると…増加する資本の額1億円、募集株式発行価額の総額1億円
> 　　　　　割当株式数＝評価額（時価）2,000万円÷1,000円＝2万株
> 　　　　　1株当りの発行価額＝1億円÷2万株＝5,000円

（注1）　券面額説とは、DESにおいて現物出資財産の価額（新株発行価額）を出資される債権の額面とするという考え方である。会社法制定以前は、当該価額を債権の実質的価値とすべきという評価額説と券面額説が対立していたが、実務は券面額説によっていた。会社法は、新株の発行価額（払込価額）を帳簿価額とすることを許容したという意味において、券面額説を採用したと理解することができる。

（注2）　この点についての議論として、神田秀樹「債務の株式化（デット・エクイティ・スワップ）」ジュリスト1219号33頁。弥永真生「債務の株式化――ヨーロッパにおける扱いを参考にして」ジュリスト1226号88頁以下。針塚再論。太田洋「改正商法下のデット・エクイティ・スワップと課税上の取扱い」商事法務1638号42頁。

B 結論＝券面額説でも有利発行に当たらない

この問題については、DESの対象企業が実質債務超過に陥っている場合は、株式の価値がマイナスとなっている以上、有利発行の問題は生じないと考えられる（平成16年7月28日金融法務委員会「デット・エクイティ・スワップの商法上の取扱いについて」においても、少なくとも実質債務超過会社の再建・救済局面においては、DESについて券面額説を適用しても既存株主の利益を実質的に害することはないから、券面額説による処理を肯定している）。前記の「弁済期が到来している場合には株式会社が弁済しなければならない価額は確定しており、評価の適正性について特段の問題は生じない」とする立案担当官の解説（相澤・前掲「立案担当者による新・会社法の解説」別冊商事法務295、57頁）からも同様の結論が導かれるといえる。

実質債務超過に陥っていない場合は、債務についても全額弁済が可能なので、すでに弁済期が到来している債権については、債権の実価（時価）＝額面と考えられるため、債権の額面で株式に振り替えても有利発行とはならず、いずれにしても、資本金の増加額を債権の券面額として、かつ1株当り

の発行価額を時価（通常の市場価格）で設定しても、既存株主の利益を実質的に害するものではないと考えられる（同旨のものとして、増田健一・渡邉剛「デット・エクイティ・スワップをめぐる諸問題」金融法務事情1700号71頁）。

以上のとおり、券面額説をとった場合であっても、DESにより既存の株主を実質的に害することはなく、また、有利発行にも該当しないものと考えられる。

割当株式数についても、「債権の額面÷1株当りの市場価格」で問題ないと考えられる。具体的に示すと以下のとおりとなる。

〔DESの例〕

上場企業の場合	1株当りの時価（市場価格）　1,000円 （ただし、実質債務超過、株式価値実質ゼロ） 債権（額面）　1億円をDES 割当株式数　　1億円÷10,00円＝10万株
非上場企業の場合	1株当りの時価　ゼロ（実質債務超過） 債権（額面）1億円をDES ①割当株式数　1億円÷50円（従来の1株の払込金額） 　　　　　　　＝200万株 ②割当株式数　1億円÷1円＝1億株

・上場企業の場合、1株当りの発行価額を市場価格と同額で設定する場合は問題なし。実質債務超過に陥っていても、市場価格を1割以上下回る価格での発行の場合は有利発行に当たる可能性あり。
・非上場企業の場合、実質債務超過である場合は、1株当りの払込金額について制限なし。①でも②でもいずれでもよい（実質株式価値はゼロであるため、1円以上で発行すれば、会社法上は問題ない。なお、他の既存株主への寄付金認定等、税務上の問題は別途検討する必要がある）。
・1株当りの払込金額、割当株式数を決定するにあたっては、発行可能株式総数の範囲内の数でしか発行できないことに留意すべきである。

〔現金払込型の問題点〕

2 「詐害行為」「否認」のリスクについて

債務者の財務内容が悪化した状態のもとで、増資資金を特定の債権者に対

する債務の弁済に充てることから、このような弁済行為が「詐害行為」であるとして取り消されたり、「否認」されたりしないかが問題となる。

　この点、合理的な再建計画の一環として増資が行われ、次いで増資資金によって債務弁済がなされる場合、弁済行為は当該再建計画の一環としての債務株式化の一手法として行われているにすぎず、弁済行為だけを取り出して、詐害行為や否認の有無を論ずることは妥当でない。

　また、DESにより、債務者の総財産の減少を招いているわけではなく、逆に、債務の券面額分の純資産は増大している。さらに、再建計画の成立により他の債権者はDES実行以前よりも多くの回収を期待できる。

　以上からすれば、DESを行う債務者に、他の債権者を害する意図はなく、むしろ全債権者の利益のためにDESが行われていると評価しうる。

　したがって、再建計画が成立すれば、支払不能や支払停止の状態ではなかったといえるのであるから、再建計画の実現可能性が高い限り、DESによる債権者に対する弁済行為が取消しまたは否認の対象とされることは原則としてないものと考えられる[注1]。

（注1）　増資による払込み直後に債務者の法的倒産手続が開始した場合、増資に応じたものの弁済は受けられないという事態が生じるリスクが存在する。銀行が債権者であれば、自らが払込取扱銀行となることで既存の債権により相殺するという方法が実務上考えられる。この点、法的倒産手続のもとで、相殺の効力が否定されないかという点が問題となるが、合理的な再建計画の一環としての債務株式化の過程で行われた相殺であれば、相殺禁止の趣旨である債権者平等の理念には反せず、相殺の効力が否定される可能性は低いと思われる。

3 　「見せ金」のリスクについて

　現金払込型DESを行う場合、払込金額を直ちに引き出して払込人に返還することから、いわゆる「見せ金」として有効な払込みは存在しないとみなされるかが問題となる。

　この点、典型的な「見せ金」の例として、発起人が払込取扱銀行以外の者

から借り入れた金を株式の払込みに充てて会社を設立し、会社設立後それを引き出して借入金の返済に充てるやり方があげられるが^(注1)、このような行為が「見せ金」として無効な払込みとみなされる根拠は、払込みがあったといっても、実質的にみれば発起人の借入金の支払に充当され会社の財産として実質的に利用される可能性が存在しない点を、仮装の払込みと評価するからである。

　このため、債権者が独自の資金により実際に増資資金を払い込み、出資金相当額の債務が現に消滅し、純資産額も出資金相当額分増加する現金払込型DESにおいて、仮装の払込みと評価することは妥当でない。

　また、実質的にみても、現金払込型DESが、債務者の合理的な再建計画に基づいて行うことを予定している限り、他の債権者や株主を実質的になんら害するものでもない。したがって、無効とみなす必要性も存在しないといえよう。

（注1）　鈴木竹雄『新版 会社法〔全訂第三版〕』58頁参照。

Ⅲ　銀行法および独占禁止法による規制の内容

　銀行法上、銀行またはその子会社は、合算して国内の会社の総株主の議決権の5％を超える議決権の取得・保有が禁止されている。また独占禁止法上、銀行および保険会社は、総株主の議決権の5％（保険会社の場合は10％）を超える議決権の取得・保有が禁止されている。

　銀行法上の規制は、銀行の経営の健全性確保の観点から、銀行の他業への関与を制限することを目的とし、独占禁止法上の規制は、金融会社による事業支配力の過度の集中を未然に防止し、公正かつ自由な競争を促進することを目的としている。

　両規制は、過去において金融機関がDESを引き受ける際の障害となっていたが、平成11年改正により一定の要件のもとでDESについての適用が除外さ

れ、さらに平成25年、令和元年および同３年の銀行法・同法施行規則等改正により例外の範囲が広がった。

1 銀行法上の規制（５％ルール）

A DESによる株式取得の例外

銀行法16条の４第１項において、銀行またはその子会社は、合算して国内の一般事業会社の総株主の議決権の５％を超える議決権の取得・保有が禁止されている。

担保権の実行による取得やその他内閣府令で定める事由がある場合は、適用除外事由として、５％超の保有が認められる（銀行法16条の４第２項）。

内閣府令たる銀行法施行規則17条の６第１項３号において「銀行またはその子会社の、その取引先である会社との間の合理的な経営改善のための計画に基づく株式の取得等」については、「債務を消滅させるために行うものであって」「株式等の取得によって相当期間内に経営状況が改善されることが見込まれる場合」は適用除外とされている。

ただし、１年を超えて保有する場合は、あらかじめ内閣総理大臣（施行規則により金融庁長官）の承認を得る必要がある。

この１年超の保有の承認は、その株式を「速やかに処分すること」という条件が付される（銀行法16条の４第２項但書・第３項）。「速やかに処分する」とは「遅くとも当該会社の経営改善のための計画終了後、速やかに処分する」との趣旨であるとされている（中小・地域金融機関向けの総合的な監督指針Ⅲ－４－8(1)参照）。

なお、この１年超の保有の承認は、総株主等の議決権の50％を超える部分については受けることができない（銀行法16条の４第３項）。

B 子会社の範囲の拡充による例外

銀行法16条の2第1項において、銀行は、一定の要件を満たす会社以外の会社を子会社にしてはならないとされている。

平成25年、令和元年および同3年改正により銀行が事業の再生を図る会社を子会社とできる範囲が拡充した。

銀行は、非上場会社であって、以下の要件を満たす場合には、「経営の向上に相当程度寄与すると認められる新たな活動を行う会社」（事業再生会社）として、議決権の上限なく子会社とすることができる（銀行法16条の2第1項13号、同法施行規則17条の2第6項9号）。

---

① 銀行等による人的な又は財政上の支援その他の当該銀行等が行う事業の再生のための支援をその内容に含む事業計画が作成されていること。

② 前号の事業計画について、次のいずれかに該当するものが関与して策定していること。

　イ　官公署

　ロ　商工会又は商工会議所

　ハ　イ又はロに準ずるもの

　ニ　弁護士又は弁護士法人

　ホ　公認会計士又は監査法人

　ヘ　税理士又は税理士法人

　ト　他の事業者の経営に関する相談に応じる業務を営む会社（当該銀行の子会社等及び当該銀行を子会社とする銀行持株会社の子会社等以外の会社に限る。）

つまり、銀行は、上記の要件を満たす非上場会社に対してDESをする場合には、当該会社の株式を100％保有することができる。ただし、銀行は、原則として3年以内、中小企業等経営強化法で定める中小企業については10年以内に当該株式を処分する必要がある（銀行法施行規則17条の2第13項）。

さらに、銀行は、投資専門子会社を通じれば、事業再生会社の株式を100％保有することができ、この場合は中小企業以外も10年間保有が可能である。令和3年改正では、投資専門子会社が地域活性化事業会社の株式も100％保有することができるようになったり、株式等の保有だけではなくコンサルティング業務等もできるようになるなど機能の拡充が図られている。ポストコロナにおいて、銀行による投資専門子会社を通じた再生支援が実現しやすくなった。たとえば、投資専門子会社が事業再生会社に出資し、その資金で銀行本体からの借入弁済するという形でDESを実行して財務体質を改善した上で、投資専門子会社が株式を保有する地域活性化事業会社や他の事業再生会社、あるいは、（株式は保有しないものの）コンサルティング業務を提供している会社等とマッチングし、地域経済全体での再生（面的再生）を図るといったことも期待されている。

C 銀行法上の規制内容のまとめ

　銀行法上の規制内容をまとめれば、次表のとおりとなる。

　非上場会社で、かつ、銀行グループ以外の第三者専門家が関与して事業計画が策定された上で銀行がDESをする場合は一定期間5％ルールの対象外となる。

　他方、これに該当しない場合には5％ルールの対象となるが、一定の要件で適用が除外される。

対　象	原　　則	適用除外
銀行	子会社とすることが禁止（銀行法16条の2第1項）	非上場会社で、かつ、銀行グループ以外の第三者専門家が関与して事業計画が策定された上でDESにより株式を取得した場合は子会社とすること可　　　　　　　↓　ただし、原則3年以内、中小企業は10年以内に処分することが必要（投資専門子会社を通じれば中小企業以外も10年以内に処分すれば足りる）

銀行また	総株主の議決権の5％超	合理的な経営改善のための計画の一環と
はその子	（合算ベース）の保有が	してのDES（ただし、<u>原則として1年間</u>
会社	禁止（銀行法16条の4第	<u>のみ</u>）（銀行法16条の4第2項、同法施行
	1項）	規則17条の6第1項3号）
		↓
		<u>金融庁長官の承認により、1年超の保有</u>
		<u>可</u>（ただし、50％超の部分は除く）（銀行
		法16条の4第2項但書・第3項）
		↓
		ただし、「遅くとも当該会社の経営改善等
		のための計画終了後、速やかに処分」す
		ることが必要（監督指針）

D 米国Bank Holding Company Act（BHC法）上の規制

　日本の銀行であっても、米国内に子会社や支店を有する場合、株式を保有することによって、発行体が米国BHC法上の被支配法人に該当することになり、当該発行体の業務範囲に制約等が生じることがある。そのため、米国内に子会社や支店を有する銀行がDESをする場合には、その点に留意する必要がある。

　まず、銀行が議決権付株式の25％以上を保有する場合や過半数の取締役を派遣している場合には、当該発行体は被支配法人に該当する。また、銀行が、①発行体との間で経営全般を管理する契約を締結している場合、②無議決権株式を含めたエクイティ出資の3分の1以上を保有している場合、③議決権付株式の保有割合に応じて考慮される下表の要素を満たす場合、④米国会計基準に基づいて連結対象となる場合には、支配が推定される（反証により推定を覆すことは可能）。

		議決権付株式の保有割合		
		5％以上	10％以上	15％以上
	取締役の派遣	4分の1以上の派遣		
	取締役会議長の派遣	—		議長を派遣

他の要素	委員会への派遣	—		いずれかの委員会で4分の1以上の派遣
	シニアマネジメントの派遣	CEOを1名、または、CEO以外を2名以上派遣		1名以上を派遣
	ビジネス関係	収入または支出で10%以上	収入または支出で5%以上	収入または支出で2%以上
	経営の裁量を誓約する権利	あり		

　他方、米国BHC法の適用を受ける銀行であっても、米国外の金融機関であって、米国外での資産・収益の規模が米国内のそれより大きいなどの要件を満たし、Qualifying Foreign Banking Organization（QFBO）に該当する場合には、その取得する株式の発行体が、①米国に子会社や支店等を有してない会社や②米国に子会社や支店等を有しているが米国外での資産・収益の規模が米国内のそれより大きい会社の場合には、当該発行体が被支配法人の要件に該当しても制約等が生じない。

　米国BHC法上、このような規制があることから、同法の適用を受ける銀行がDESをする場合には、取得する株式の発行要項や引受契約において、銀行が5％以上の議決権付株式株式を保有するような転換を制限する旨をあえて定めることもある。また、上記のような例外に該当するように、発行体において、米国内の資産・収入が総資産・総収入の50％以上とならないよう求めるなどの工夫もされている。

2　独占禁止法上の規制（5％ルール）

　独占禁止法11条1項において、銀行および保険会社が他の国内の会社の株式を保有するに際し、当該会社の議決権の5％（保険会社の場合は10％）を超えて議決権を取得・保有することが禁止されている。

　ただし、公正取引委員会の認可を受けた場合、担保権の行使、代物弁済、

あるいは「会社の事業活動を拘束するおそれがない場合として公正取引委員会規則で定める」場合等は、適用除外事由として、5％超の議決権の保有が認められている（独禁法11条1項但書、同項1号ないし6号）。

　平成14年公正取引委員会規則8号によれば、「合理的な経営改善計画に基づき債務を消滅させるために株式を取得する場合で相当期間内に経営改善が見込まれるもの」を「事業活動を拘束するおそれがない場合」とし、その場合は、5％超の保有が認められる。

　もっとも、5％超の議決権の保有が1年を超える場合には、あらかじめ公正取引委員会の認可を受ける必要がある（独禁法11条2項）。

　公正取引委員会が出した「債務の株式化に係る独占禁止法第11条の規定による認可についての考え方」（平成14年11月12日公表、同18年1月4日、同22年1月1日、同26年4月1日、同27年4月1日、令和元年10月15日および同3年11月22日改定）によれば、①事業支配力が過度に集中することとなる場合、および②一定の取引分野における競争を実質的に制限することとなる場合のいずれにも該当しなければ、公正取引委員会により認可されるとされている。そして、銀行法および同法施行規則等の一連の改正に平仄を合わせ、上記「考え方」も改定され、非上場会社であって、かつ、銀行グループ以外の第三者専門家が関与して事業計画が策定された上で、銀行がDESにより株式を取得する場合については、原則として、上記①および②のいずれにも該当しないものとして、独占禁止法11条2項の規定により一定の期間を付して認可を行うとされた。この「一定の期間」については原則2年間、中小企業は9年間（すなわち、DESによる株式取得から原則3年間、中小企業は10年間）とされており、期間の点でも銀行法と平仄が合わせられている。

　また、独占禁止法11条2項によれば、公正取引委員会による認可は「当該議決権を速やかに処分することを条件としなければならない」と規定されているが、上記「考え方」によれば、債務の株式化に係る認可の場合には「当該議決権を遅くとも合理的な経営改善のための計画の終了後速やかに処分することを条件としなければならない」という趣旨であると説明されている。

独占禁止法上の規制内容をまとめれば、次表のとおりとなる。

対　　象	原　　則	適用除外
銀行または保険会社	総株主の議決権の５％超（保険会社の場合は10％超）の保有が禁止（独禁法11条）	合理的な経営改善のための計画の一環としてのDES（ただし、<u>原則として１年間</u>のみ）（独禁法11条１項６号、平成14年公正取引委員会規則８号） ↓ <u>公正取引委員会の認可</u>により、<u>１年超の保有可</u>（独禁法11条２項）なお、非上場会社で、かつ、銀行グループ以外の第三者専門家が関与して事業計画が策定された上で銀行がDESにより株式を取得した場合は、原則２年間、中小企業は９年間延長可。 ↓ ただし、「遅くとも当該会社の経営改善のための計画終了後、速やかに処分」する必要がある（「債務の株式化に係る独占禁止法第11条の規定による認可についての考え方」）

3　無議決権株式の取扱い

　実際のDESにおいては、普通株式のほかに種類株式が発行されることも多い。種類株式の一形態である完全無議決権株式（すべての決議事項について議決権を有しない株式）を取得した場合、銀行法上も独占禁止法上も、前記５％超の議決権割合の計算に際して、当該株式が算入の対象とされることはない。しかし、決議事項の一部について議決権が制限される議決権制限株式を取得した場合、議決権の算入対象となる点に注意が必要である（銀行法２条６項、独禁法２条10項参照）。

　また、完全無議決権株式であっても、取得請求権の行使により、銀行が議決権を有する種類株式または普通株式の交付を受けた場合、原則として、算入の対象となる（逆に、議決権を有する種類株式または普通株式が対価として交付される取得請求権がついている場合であっても、計算時点において議決権をまっ

たく有していなければ算入の対象とならない）。しかし、取得条項により議決権を有する種類株式または普通株式の交付を受けるなど銀行等の意思によらない事象の発生により議決権を有することとなった場合には、算入の対象とはならない（銀行法施行規則17条の6第4号、5条、平成14年公正取引委員会規則8号）。ただし、議決権を有することとなった後、1年を超えて当該議決権を保有しようとする場合は、銀行法上の規制として、あらかじめ金融庁長官の承認が、独占禁止法上の規制において、あらかじめ公正取引委員会の認可が必要である点に注意が必要である。

Ⅳ　募集株式発行（増資）の手続と実務

　募集株式発行については、だれに対して募集株式を割り当てるかについて、①株主割当ての募集株式発行、②第三者割当ての募集株式発行（第三者割当増資）、③公募による募集株式発行に分けられる。

　DESの際に行われる募集株式発行は、通常②の第三者割当ての方法によることになるので、以下においては、第三者割当ての募集株式発行を中心にその手続についての解説を行う。

1　会社法上の募集株式発行（増資）の手続

A　普通株式の発行

a　募集事項の決定

　株式会社が募集株式を発行（株式の発行または自己株式の処分）する場合、以下の事項（募集事項）を決定する（会社法199条1項）。

（1）　募集株式の数・種類（種類株式発行会社の場合）

　募集株式の数・種類を決定する必要がある（会社法199条1項1号）。発行

すべき募集株式の数は、発行可能株式総数（同法113条1項）の範囲内であることが必要である。いつまでに発行可能株式総数が確保されているべきかについては、後記Ca「発行可能株式総数の確保」を参照されたい。

なお、公開会社（発行する全部または一部の株式について定款で譲渡制限の定めを設けていない株式会社）については、定款を変更して発行可能株式総数を増加する場合には、定款変更の効力発生時における発行済株式の4倍を超えることはできない（会社法113条3項）。公開会社以外の会社であっても、発行可能株式総数の範囲内でしか募集株式の発行ができず、発行可能株式総数を変更するには定款変更を行う必要がある点に注意すべきである。

（2）　募集株式の払込金額またはその算定方法

次に、募集株式の払込金額またはその算定方法を決定する必要がある（会社法199条1項2号）。募集株式は公正な価額（時価）で発行するのが原則である。株式引受人に「特に有利な金額」で募集株式を発行する場合には、取締役は、株主総会において、当該払込金額でその者の募集をすることを必要とする理由を説明しなければならない（同法199条3項）。「特に有利な金額」については、後記Cb「特に有利な払込金額」を参照されたい。

公開会社においては、市場価格のある株式を公正な価額（時価）で発行する場合には、募集株式の公正な価額による払込みを実現するために適当な払込金額の決定の方法を定めれば足りる（会社法201条2項）。

（3）　現物出資に関する事項

金銭以外の財産を出資の目的とする場合、その旨、当該財産の内容およびその価額を決定する必要がある（会社法199条1項3号）。DES（現物出資型）では、債権者が、債務者に対する債権を出資の目的とすることにより当該債務者の株式を取得する。

出資の目的である財産の価額とは、給付期日（給付期間を定めた場合、当該財産の給付を受けた日）における価額（時価）とされている（会社計算規則37条1項1号ロ）。

現物出資を行う場合、原則として、出資の目的である財産の価額について、

裁判所が選任する検査役による調査を受けるか、弁護士、公認会計士等の証明を受ける必要がある（会社法207条1項・9項4号）。弁済期の到来している金銭債権を、当該金銭債権に係る負債の帳簿価額以下の給付価額で現物出資する場合、検査役の調査や弁護士等の証明は不要である。

（4）　払込みまたは給付の期日（期間）

募集株式と引き換えにする金銭の払込みまたは現物出資の対象となる財産を給付すべき期日または期間を定める必要がある（会社法199条1項4号）。

（5）　増加する資本金および資本準備金に関する事項

募集株式の発行に際して株式（新株）を発行する場合、増加する資本金および資本準備金に関する事項を定める必要がある（会社法199条1項5号）。

この場合、引受人が当該株式会社に対して払込みまたは給付をした財産の額について、資本金の額が増加することが定められている（会社法445条1項）。給付をした財産の額とは、給付期日（給付期間を定めた場合、当該財産の給付を受けた日）における価額（時価）である（会社計算規則37条1項1号ロ）。

払込みまたは給付の額の2分の1を上限として、資本準備金の額に組み入れることもできる（会社法445条2項・3項）。

実務上は、払込みまたは給付の額の2分の1を資本準備金に組み入れることが多い。増加した資本金の額については、その0.7％について登録免許税がかかり、また、資本金の額の減少の手続のほうが資本準備金を減少させる手続よりも厳格であるため、払込みまたは給付の額の総額を資本金の額に組み入れるメリットが少ないからである。DESの場合でも、払込みまたは給付の額の2分の1を資本金の額に組み入れないケースがほとんどである。

なお、外貨建ての債権をDESする場合、給付する財産の額は給付期日の為替レートで算定される。そのため、給付期日前に作成する発行要項における「増加する資本金及び資本準備金に関する事項」の記載については工夫が必要となる。たとえば、以下のような記載が考えられる。

〔記載例〕

増加する資本金	増加する資本金の額は、会社計算規則第14条第1項の規定に従い算出される資本金等増加限度額の2分の1の金額とし、計算の結果1円未満の端数が生じたときは、その端数を切り上げるものとする。
増加する資本準備金	増加する資本準備金の額は、会社計算規則第14条第1項の規定に従い算出される資本金等増加限度額から増加する資本金の額を減じた額とする。

b 募集事項の決定機関

募集事項の決定機関は、公開会社であるか、それ以外の会社（発行する全部の株式について定款で譲渡制限の定めを設けている株式会社）であるかにより異なっている。

（1） 公開会社の場合

公開会社の場合、原則として取締役会が募集事項を決定する（会社法201条1項）。ただし、株式引受人に「有利な金額」で発行する場合、株主総会の特別決議により募集事項を決定しなければならない（同法201条1項、199条2項・3項、309条2項5号）。この場合、取締役は、有利な金額でその者を募集する理由を株主総会で説明する必要がある（同法199条3項）。

以上のほか、募集株式発行に際し、定款変更が必要な場合（発行可能株式総数の拡大が必要な場合・種類株式を発行するにあたり、その旨の定めがない場合等）にも株主総会の特別決議が必要である。また、募集株式が譲渡制限種類株式である場合、当該種類の株主を構成員とする種類株主総会の特別決議が必要である（会社法199条4項、200条4項、324条2項2号）。

（2） 全部の株式について譲渡制限の定めを設けている株式会社の場合

原則として、株主総会の特別決議により募集事項を決定する（会社法199条2項、309条2項5号）。株式引受人に「有利な金額」で発行する場合、取締役は、有利な金額でその者を募集する理由を株主総会で説明する必要がある（同法199条3項）。

ただし、株主総会の特別決議により、募集株式の数の上限および払込金額

の下限を定めた上で、募集事項の決定を取締役（取締役会設置会社の場合、取締役会）に委任することができ（会社法200条１項、309条２項５号）、この場合、取締役（取締役会）が募集事項を決定する。この決議は、当該決議の日から１年以内に払込みまたは給付をなすべき募集株式の発行すべてについて効力を有する（同法200条３項）。

以上のほか、募集株式発行に際し、定款変更が必要な場合（発行可能株式総数の拡大が必要な場合・種類株式を発行するにあたり、その旨の定めがない場合等）にも株主総会の特別決議が必要である。また、種類株式を発行する場合、当該種類の株主を構成員とする種類株主総会の特別決議が必要である（会社法199条４項、200条４項、324条２項２号）。

c　募集株式の申込みと割当て

株式の申込みは、会社が株式引受人に対して法定の事項を通知し（会社法203条１項）、株式引受人が氏名または名称および住所、引き受けようとする募集株式の数を記載した書面（募集株式申込証〔書式例①〕）を発行会社に交付する形で行う（同法203条２項）。

会社は、株式引受人が提出した書面に基づき募集株式の割当先、割り当てる株式数を決定する（会社法204条１項）。募集株式が譲渡制限株式である場合、取締役会（取締役会非設置会社の場合、株主総会）の決議により、割当先、割り当てる株式数を決定しなければならない（同法204条２項。当初から割当先が決定している場合、この決議は、募集事項の決定の決議と同時に行うのが通常である）。

ただし、１人が募集株式の総数の引受けを行う契約（株式総数引受契約書〔書式例②〕）を締結する場合には、募集株式申込証の提出や上記の決議は不要である（会社法205条）。

実務上、会社は、株式引受人に対し、会社が委託した払込取扱金融機関に対し払込金額と同額の申込証拠金を添えて引受けの申込みをするよう要求する取扱いとなっている。

現金払込型DESの場合、債務者の財務状況が特に悪い場合には、債権者がこのような取扱いに難色を示す場合があるので、申込みの日と払込期日を同日にすることにより、債権者が負担する債務者の倒産リスクをできるだけ軽減する措置がとられることが多い。

〔書式例①〕

募集株式申込証

1　○○株式会社 普通株式 ○株

　令和4年8月31日開催の臨時株主総会の決議にかかる募集事項を承認の上、株式を引き受けたく、ここに上記のとおり申込いたします。

令和4年9月1日

住所：○○
株式会社××銀行

○○株式会社　御中

〔書式例②〕

株式総数引受契約書

　○○株式会社（以下「甲」という。）及び株式会社××銀行（以下「乙」という。）は、甲が令和4年8月31日開催の株主総会での決議に基づき発行する全株式（総数○株。募集事項の詳細は以下の通り）を、乙が甲の定款及び本契約書の記載事項を承認の上、引き受ける旨合意した。

募集事項
　1）募集株式の種類及び数　　　優先株式　○株
　2）募集株式の払込金額　　　　1株につき金○円（払込総額：金○円）
　3）金銭以外の財産を出資の目的とする旨並びに当該財産の内容及び価額
　①金銭以外の財産を出資の目的とする旨
　　乙が、金銭以外の財産を現物出資する。
　②当該財産の内容
　　乙の甲に対する貸付金元本債権（令和○年○月○日付金銭消費貸借契約に基づく貸付金元本債権）金○円
　③当該財産の価額

　　　　金○円
　　4）募集株式と引換えにする財産の給付の期日　　　令和4年9月1日
　　5）増加する資本金及び資本準備金の額
　　　　　　　　　　増加する資本金の額　　　金○円

令和4年8月31日

　　　　　　　　　　　　　甲：

　　　　　　　　　　　　　乙：

d　募集事項の公告または通知（公開会社のみ）

　公開会社が、取締役会決議によって募集事項を決定した場合、払込みまたは給付の期日（期間を定めた場合、その初日）の2週間前までに、一定の事項を公告、または、株主に対して通知をすることが必要である（会社法201条3項・4項）。ただし、金融商品取引法4条1項または2項に基づき有価証券届出書を提出している場合等においては、かかる公告または通知を行わなくてよい（会社法201条5項、会社法施行規則40条）。

　また、株主全員の同意がある場合には、2週間の公告・通知期間を短縮または不要とすることができる^{（注1）}。この場合、募集株式の発行による変更登記に際して、株主全員の同意書を添付しなければならない（商業登記法46条1項）。

（注1）　昭和41年10月5日民事甲2875号民事局長通達「論点解説　新・会社法」
　　　　　201頁（Q278）。

e　出資の履行

　株式引受人は、払込期日または払込期間内に、引き受けた株式について、払込金額の全額の払込みを行う（会社法208条1項）。実務上は、申込証拠金が払込金に振り替えられるのみである。

　現物出資者も、給付期日または給付期間内に払込金額の全額に相当する現物出資財産の給付を完了する必要がある（会社法208条2項）。給付の内容は、出資の目的となっている財産または財産的利益の会社への物権的移転である

とされている。

　現物出資の目的物につき第三者対抗要件を具備させることは、払込期日後でもよいとされているが（会社法34条１項）、動産の引渡し、指名債権譲渡の通知（民法467条）等には、会社法34条１項の適用はなく、払込期日までに行われなければならないと解されている^{（注1）}。

　DES（現物出資型）の場合、債権者は、給付期日（期間を定めた場合、期間の末日）までに、債務者に対して、債務者に対する債権の給付を行う必要があるが、債権を債務者に移転する旨の意思表示を債務者に対して行うことで足りる。実務上は、債権譲渡契約または確認書、合意書を締結し、債権証書等の書類の交付もあわせて行うことになろう。なお、債権者が債務者に対する債権を給付した時点で、債権は混同により消滅するので、第三者対抗要件の具備は問題とならない。

（注１）　商法旧172条につき、田中昭『新版 注釈会社法２』144頁、145頁。

　f　検査役による調査等

　現物出資を行う場合、原則として、裁判所の選任した検査役による、現物出資の目的となる財産の価額の調査を受ける必要がある（会社法207条１項）。ただし、DESの場合、会社法においては、検査役の調査（またはこれにかわる弁護士等の証明）は省略することができ、実際には検査役の調査等が必要とならない。

　すなわち、会社法においては、現物出資財産が弁済期が到来している金銭債権であって、当該金銭債権について定められた会社法199条１項３号の価額が当該金銭債権に係る債務者側の負債の帳簿価額を超えない場合、当該金銭債権についての現物出資財産の価額について検査役の調査や弁護士等の証明は不要とされている（同法207条９項５号）。

〔書式例③〕

債務承認弁済契約書
○○株式会社（以下「甲」という。）と株式会社××銀行（以下「乙」とい

う。）は、本日、以下のとおり合意したので、本債務承認弁済契約書（以下「本契約」という。）を締結した。

第1条（債務承認）
　　甲は乙に対し、乙から借り受けた令和●年●月●日付金銭消費貸借契約（以下「原契約」という。）に基づく借入金の元本残高金●円（以下「本件借入金」という。）が現存していることを承認する。

第2条（弁済時期）
　　甲は乙に対し、令和4年8月30日限り、前項により承認した本件借入金を一括して弁済する。
【※本条によって、払込期日よりも前の日を弁済期日とすれば、弁済期が到来することになる。】

第3条（原契約の適用）
　　甲及び乙は、本契約に定めるほか、本件借入金について原契約（その後の変更を含む。）の各条項が適用されることを確認する。

本契約の成立を証するため、本契約書を2通作成し、甲及び乙がそれぞれ記名捺印の上1通ずつを保管する。

令和4年8月　日

　　　　　　　　　　　　甲：
　　　　　　　　　　　　乙：

　　弁済期未到来のものについては、債務承認弁済契約書〔書式例③〕を締結して会社が期限の利益を放棄し弁済期を到来させればよいため、DESを行う場合、いかなる債権を現物出資の対象とする場合であっても検査役の調査や弁護士等の証明を省略することができる。

　　なお、債権の存在を証明するため、資本金の額の変更の登記の際、当該金銭債権が負債として計上された会計帳簿が添付資料として必要とされる（商業登記法56条3号ニ）。

g　募集株式発行の効力の発生

　募集株式発行は、払込みまたは給付期日（期間を定めた場合、出資の履行が
あった日）から、現実に払込み・給付のあった募集株式につき効力を生じる（会
社法209条）。募集株式引受人が払込みまたは給付期日（期間を定めた場合、末日）
までに払込み・給付を行わなかった募集株式については当然に失権する（同
法208条5項）。

h　変更登記

　募集株式発行により変更が生じる発行済株式総数、種類、種類ごとの数、
資本金の額については、本店所在地において2週間以内に変更登記を行う必
要がある（会社法915条1項、911条3項5号・9号）。

　添付書類は、検査役の調査や弁護士等の証明を要しないDESの場合は以下
の書類が必要である（商業登記法46条2項、56条各号、商業登記規則61条5号。
なお、金銭の払込みによる増資の場合、③にかえて、払込みがあったことを証す
る書面（会社代表者作成の払込みについての証明書に、預金口座の通帳の写し等
のコピーを添付すればよい）が必要である）。登録免許税は増加資本金額の 0.7%
である（登録免許税法9条別表第一19）。

①　取締役会議事録（および必要な場合は株主総会議事録〔書式例④〕）
②　株式の引受けの申込みを証する書面（募集株式申込証〔書式例①〕）また
　　は株式総数引受契約書（〔書式例②〕）
③　現物出資する金銭債権について記載された会計帳簿（会計帳簿の該当部
　　分のコピー）
④　資本金の額の計上に関する証明書（〔書式例⑤〕）。

〔書式例④〕

臨時株主総会議事録

　令和4年8月31日午前10時より、当会社の本店において臨時株主総会を開
催した。

株主の総数	○○名
発行済株式の総数	○○株（自己株式の数 ○○株）
議決権を行使できる株主の数	○○名
議決権を行使することができる株主の議決権の数	○○○個
出席株主数（委任状による者を含む）	○○○名
出席株主の議決権数	○○○個
出席取締役　　□□　□○　□×	
出席監査役　　□△	

　以上のとおり総株主の議決権の過半数に相当する株式を有する株主が出席したので、本総会は適法に成立した。よって、取締役□□は開会を宣言した。

第1号議案 第三者に対する募集株式の発行に関する件
　議長は、下記のとおり募集株式を発行することを提案したところ、出席株主の議決権の3分の2以上の多数の賛成をもってこれを承認可決した。

1　発行する募集株式の数　　普通株式　　○○株
2　募集株式の払込金額　　　1株につき金○○円
3　出資の目的とする金銭以外の財産
　　　別紙記載の債権金 ○○円
4　払込期日　　　　　　　　令和4年9月1日
5　増加する資本金及び資本準備金の額
　　　増加する資本金　　　金○○円（1株につき金○○円）
　　　増加する資本準備金　金○○円（1株につき金○○円）
6　割当先及び割り当てる募集株式の数　　株式会社△△銀行、○○株

　以上をもって議事を終了したので、議長は午前10時30分閉会を宣した。
　上記の議事を明確にするために本議事録を作成し、議長ならびに出席取締役は記名捺印する。
令和4年8月31日

○○株式会社
　議長 代表取締役社長　　□□　□□
　　　取締役　　　　　　　□○　□○
　　　取締役　　　　　　　□×　□×

〔書式例⑤〕

資本金の額の計上に関する証明書
①　会社計算規則37条1項1号イに定める金額（法208条1項の規定により払

込を受けた金銭）＝金○円
② 　会社計算規則37条１項１号ロに定める金額（法208条２項の規定により給付された金銭以外の財産）＝金○円
③ 　会社計算規則37条１項１号ハに定める金額（払込または給付した者の帳簿価額を付すべき財産）＝金○円
④ 　会社計算規則37条１項２号に定める金額（法199条１項５号に掲げる募集株式の交付に係る費用のうち、資本金等増加限度額から減ずるべきと定めた額）＝金○円
⑤ 　小計＝①＋②＋③－④
⑥ 　株式発行割合　＝　$\dfrac{発行する株式の数\ ○株}{発行する株式の数\ ○株\ ＋\ 処分する自己株式の株\ ○株}$
⑦ 　⑤の額に株式発行割合（⑥）を乗じて得た額＝金○円
⑧ 　会社計算規則37条１項３号の額＝自己株式の帳簿価額－⑤×（１－⑥）
　　※零以上であること
⑨ 　資本金等増加限度額（⑦－⑧）＝金○円
⑩ 　資本準備金への計上額＝金○円
　　※⑨の２分の１を超えない額で発行決議で定めた額
⑪ 　資本金への計上額（⑨－⑩）＝金○円

　資本金金○円（⑪）は、会社法445条及び会社計算規則37条の規定に従って計上されたことに相違ありません。

令和４年９月１日

　　　　　　　　　　　　　　　○○株式会社
　　　　　　　　　　　　　　　代表取締役　　□□　　□□

××地方法務局　御中

B 種類株式の発行

a 種類株式が利用される理由

DESの際に発行される株式については、普通株式とともに種類株式（種類株式単独の場合も多い）が発行されている例が多い。これは、

① 　普通株式とは異なる設計にして、債権者がDESに応じやすくする（経済合理性を確保しやすくする。たとえば、無議決権優先配当種類株式とし、５％ルー

ルの適用除外としつつ、高配当を確保する。義務償還株式（取得請求権付種類株式）とし、回収可能性を高めるなど）

②　上場企業の場合、普通株式を大量に発行することによる市場価格の低下、市場の混乱を回避する（種類株式の場合、通常上場されていない）

③　普通株式の株価が低い上場企業が多額の債権についてDESを行う場合、種類株式の発行価額を普通株式の時価の数倍に設定して発行することにより、普通株式を発行する場合に比べて発行済株式数の増加を抑えることができる

等の理由があげられる。

b　会社法における種類株式

株主は、保有する株式数に応じて同じ権利内容を有するのが原則であるが、会社法は、株式の内容についての特別の定めを設けている。

まず、すべての株式の内容として、①株式譲渡について当該会社の承認を要する旨の定め（譲渡制限。会社法2条17号）、②株主が当該会社に対して株式の取得を請求することができる旨の定め（取得請求権。同法2条18号）、③当該会社が一定の事由が生じたことを条件として当該株式を取得することができる旨の定め（取得条項。同法2条19号）の3つの事項を定款で定めることができる（同法107条1項）。

次に、以下の事項について異なる定めをした内容の異なる2種類以上の株式（種類株式）の発行を認めている。①剰余金の配当（優先株式、劣後株式）、②残余財産の分配、③株主総会で議決権を行使できる事項（議決権制限種類株式）、④譲渡制限（譲渡制限種類株式）、⑤取得請求権（取得請求権付種類株式）、⑥取得条項（取得条項付種類株式）、⑦総会決議に基づく株式全部の強制取得（全部取得条項付種類株式）、⑧株主総会決議事項についての種類株主総会の承認（拒否権付種類株式）、⑨当該種類の株主総会での取締役・監査役の選任の9つの事項である（会社法108条1項。具体的な内容について後記参照）。種類株式を発行する場合、各種類株式について会社法に定められた事項および

発行可能株式総数を定款で定めなければならない（同法108条2項）。

なお、種類株式が発行される場合、標準となる株式を普通株式と呼ぶことになるが、この場合、普通株式も種類株式の一種となる。

以下、各種類株式について、その内容、定款記載事項および手続を概説する。

（1） 配当優先（劣後）種類株式

剰余金の配当について、他の種類の株式よりも優先的または劣後的な取扱いがされる種類株式のことをいう（会社法108条1項1号）。定款において、交付する配当財産の価額の決定方法、配当する条件その他配当に関する取扱いの内容を定める必要がある（同法108条2項1号）。

（2） 残余財産等についての種類株式

残余財産の分配について、他の種類の株式よりも優先的または劣後的な取扱いがされる種類株式のことをいう（会社法108条1項2号）。定款において、交付する残余財産の価額の決定方法、当該残余財産の種類その他残余財産の分配に関する取扱いの内容を定める必要がある（同法108条2項2号）。

（3） 議決権制限種類株式

株主総会において議決権を行使することができる事項を定められた種類株式のことをいう（会社法108条1項3号）。定款において、議決権の行使をすることができる事項、議決権を行使するための条件を定めるときはその条件を内容として定める必要がある。

（4） 譲渡制限種類株式

株式の譲渡制限は株式の内容（会社法107条1項）または種類の1つとして位置づけられている（同法108条1項4号・2項4号）。

（5） 取得請求権付種類株式

株主が当該会社に対して取得（買取り）を請求することができる株式のことをいう（会社法108条1項5号）。

定款において、取得請求権付株式である旨、取得の対価（株式、新株予約権、社債、現金等）の内容および数もしくは額またはこれらの算定方法、請求できる期間、対価として他の株式を交付するときの種類ごとの数または算定方

法等を内容として定める必要がある（会社法108条2項5号）。取得請求権の行使条件は取締役会で決定することができる（同法108条2項5号の反対解釈）。

株券を発行している場合、株主は株券を提出して取得請求権を行使することができる（会社法166条1項・3項）。取得請求権は形成権であるため、株主の取得請求権の行使により、取得の効力が生じる（同法167条1項）。取得請求権の行使の対価として他の種類の株式または新株予約権を交付する場合、取得請求による登記は、毎月末日から2週間以内ごとに行えば足りる（同法915条3項2号）。

対価として交付する財産の帳簿価額が分配可能額を超えている場合、取得請求権を行使することはできない（会社法166条1項但書）。

（6）　取得条項付種類株式

一定の事由が生じたことを条件として、会社が株主に対して取得（買取り）を請求することができる株式のことをいう（会社法108条1項6号）。

定款において、取得条項付株式である旨と取得の事由、別に定める日の到来を取得の事由とするときはその旨、株式の一部を取得することとするときは、その旨と取得する株式の一部の決定方法、取得の対価（株式、新株予約権、社債、現金等）の内容および数もしくは額またはこれらの算定方法、請求できる期間を内容として定める必要がある（会社法108条2項6号）。別に定める日の到来を取得の事由とした場合の取得日、一部の株式のみ取得することとした場合の取得する株式については、取締役会で定めることができる（同法168条、169条）。

取得日を取締役会において決定した場合、会社は取得日の2週間前までに、取得の対象となる株主・登録質権者に対し、通知または公告を行わなければならない（会社法168条2項・3項）。一部の株式のみ取得する場合において、取得する株式を決定した場合は、通知または公告を「直ちに」行う必要がある（同法169条3項・4項）。取得条項付株式について株券を発行している場合、取得日の1カ月前までに、取得の対象となる株券提出の公告および取得の対象となる株式の株主・登録質権者に対して通知を行わなければな

らない（同法219条1項4号）。

　原則として、取得事由が生じた日に、当然に取得の効力が生じ（会社法170条1項）、株主には対価が交付される（同法170条2項）。会社は、取得条項付株式の株主・登録質権者に対し、遅滞なく、取得の事由が生じた旨を通知または公告しなければならない（同法170条3項・4項）。

　対価として交付する財産の帳簿価額が分配可能額を超えている場合、取得条項の効力は生じない（会社法170条5項）。

（7）　全部取得条項付種類株式

　会社が株主総会の特別決議によってその全部を取得（買取り）することができる種類株式のことをいう（会社法108条1項7号）。定款において、取得対価の価額の決定方法、株主総会決議をするための条件を定めるときはその条件を内容として定める必要がある（同法108条2項7号）。

（8）　拒否権付種類株式

　法令・定款で定めた株主総会または取締役会決議事項につき、当該決議のほか、種類株主の種類株主総会決議を要するものとすること、すなわち、ある種類の株式に拒否権を付与する種類株式のことをいう（会社法108条1項8号）。定款において、当該種類株主総会の決議があることを必要とする事項、種類株主総会決議をするための条件を定めるときはその条件を内容として定める必要がある（同法108条2項8号）。

　拒否権付種類株式は、ベンチャー企業に対する投資の際等に利用されることが想定されているが、DESにおいても、経営不振企業の株式を取得した債権者が、経営不振企業の再建を管理する手段として利用することが考えられる。

（9）　取締役・監査役の選任についての種類株式

　当該種類株主総会において取締役または監査役を選任することができる種類株式のことをいう（会社法108条1項9号）。定款において、

①　当該種類株主総会において取締役または監査役を選任することおよびその数、

② 他の種類株主と共同して選任するときは、その株式の種類および共同して選任する数、

③ ①②に掲げる事項を変更する条件があるときは、その条件および当該条件が成就した場合における変更後の①②に掲げる事項、

を定める必要がある（同法108条2項9号）。③は、たとえば、取得請求権や取得条項も付されている場合において、当該種類株式が消滅したような場合である。このような場合、当該種類株主総会で取締役や監査役を選任することができなくなってしまうため、①②の変更が必要となる（定款で③の定めが設けられておらず、当該種類株式が消滅し取締役が選任できなくなった場合、当該種類株式において取締役を選任する旨の定款の定めが廃止されたものとみなされる。同法112条）。

　この種類株式を発行した場合、取締役、監査役の選任は当該種類株主総会のみで行われ、全体の株主総会では行われない（会社法347条1項・2項、329条1項）。また、当該種類株主総会において選任された取締役または監査役を解任するには、原則として同種類株主総会において決議する必要がある（同法347条1項・2項）。

　c　DESにおける種類株式の発行要項の検討

　DESにおいては、普通株式とともに、または単独で種類株式（公表されている多くの事例では無議決権・配当優先株式が発行されている）が発行されている事例が多い。以下では、DESにおいて多く発行されている種類株式についての発行要項の主な項目を、会社法の条文に即して検討する。

（1）　募集株式の種類

　○○優先株式

（2）　募集株式の数

　○株

（3）　募集株式の払込金額

　1株当りXX円

（４）　増加する資本金および資本準備金に関する事項

　登録免許税を節減等するために発行価額の２分の１を資本金の額に組み入れない場合が多い。

（５）　優先配当金

（a）　配当財産の価額の決定方法（会社法108条２項１号）

　通常、優先株式の発行価額にそれぞれの事業年度ごとの配当年率（たとえば、日本円TIBOR＋0.5%）を乗じた額、というように定められている。なお、通常、優先配当金については上限が設けられている。

（b）　剰余金の配当をする条件その他剰余金の配当に関する取扱いの内容（会社法108条２項１号）

①　参加型（即時参加方式・単純参加方式）／非参加型

　　配当優先株は、参加型／非参加型に分かれ、参加型は、即時参加方式と単純参加方式に分かれる。一般的には非参加型が多い。債務者の経営状況を考慮してのことであろう。非参加型は参加型よりも性質が社債に近い。

　・参加型：会社が優先株主に対して所定の優先配当金を支払った後、普通株主に剰余金の配当をする際、優先株主も剰余金の配当を受けられるもの。

　・非参加型：会社が優先株主に対して所定の優先配当金を支払った後、普通株主に剰余金の配当をする際、優先株主が配当を受けることはできないもの。

　・即時参加方式：優先株主への所定の優先配当がなされた後、残余の配当を優先株主と普通株主で同順位に平等で分けていく方式。

　・単純参加方式：優先株主への所定の優先配当がなされた後、まず普通株主に優先配当金額と同額の配当を行い、さらに、残余の分配可能額について剰余金の配当を行う場合、優先株主と普通株主が同順位で平等に分けていく方式。

② 累積型／非累積型

　配当優先株は、累積型・非累積型に分かれる。一般的には非累積型が多い。非参加型が多いのと同様、経営不振企業の経営状況を考慮してのことであろう。累積型は非累積型よりも社債に性質が近い。

- ・累積型：特定の年度の優先株式への配当額が所定の優先配当金額に満たない場合、未払分を翌年度以降に累積させて繰り越させるもの。
- ・非累積型：特定の年度の優先株式への配当額が所定の優先配当金額に満たない場合、未払分を翌年度以降に繰り越させないもの。

（6）　残余財産の分配

　残余財産の分配について、優先的内容を定める場合にも、参加型・非参加型に分かれる。一般的には非参加型が多い。

- ・参加型：優先株主に対して所定の額の残余財産を分配した後に残余財産があるときには、普通株主と優先株主が同じ地位で残余財産の分配を受けるもの。
- ・非参加型：所定の優先金額を超えて優先株主に残余財産の分配を行わないもの。

（7）　議　決　権

(a)　完全無議決権株式

　まったく議決権を有しない完全無議決権種類株式の場合、通常、発行要項には、「第1回××種優先株主は、株主総会において議決権を有しない」と定められている。

　議決権の行使の条件を定めることも可能であり（会社法108条2項3号ロ）、原則として議決権を有しない旨規定したうえで、「ただし、平成○年○月○日以降A種優先株主が優先配当全額を受ける旨の議案が定時株主総会に提出されないときはその総会より、その議案が定時株主総会において否決されたときはその総会の終結の時より優先配当全額を受ける旨の決議がある時まで、議決権を有するものとする」という議決権行使の条件（議決権の復活条項）を設けることもできる。

(b) 議決権付株式・一部議決権制限株式

企業再生ファンド等、債務者企業の経営に一定程度かかわっていく意思がある者がDESを引き受ける場合には、完全無議決権株式ではなく、議決権付株式または一部議決権制限株式を発行する場合もある。

銀行がDESを引き受ける場合には、銀行法・独占禁止法上の規制等を考慮して、完全無議決権株式を発行する事例が多い。もっとも、前述のとおり、5％ルールの例外が拡充され、今後は、銀行が議決権を保有する株式を取得するDESの事例も出てくるものと思われる。

（8）　取得請求権

(a) 対価を他の株式とする場合（転換請求権、転換予約権）

取得請求権付株式の一種として、株主が会社に対して自己の有する株式を取得し、対価として他の種類の株式を交付することを請求することができる権利を付することができる（会社法108条2項5号ロ）。

上場会社のDESにおいては、市場で売却して回収を図ることを可能にするため、対価を普通株式とする取得請求付きの種類株式を発行しているケースが多い（CSK、コスモスイニシア、さいか屋、プロパスト、文教堂グループホールディングス、児玉化学工業など）。

(b) 対価を現金とする場合（義務償還株式）

取得請求権付株式の一種として、対価を現金とすることができる（会社法107条2項2号ホ、108条2項5号イ）。

取得に際して会社が交付する現金の「算定方法」（会社法107条2項2号ホ参照）を定める場合、修正条項・調整条項（株式の時価にスライドさせる、また、取得の対価の上限・下限を設定する。取得請求権付株式の保有者にとって、取得価額の上方修正は不利だが上限を設定することは有利になり、下方修正は有利だが下限を設定することは不利になる）が設けられることが多い。

対価を現金とする取得請求権付きの種類株式を発行しているケースは多い（CSK、コスモスイニシア、ヤマノ、さいか屋、文教堂グループホールディングス、児玉化学工業など）。対価を現金とする取得請求権付株式であると、DESの引

受手である債権者がエグジットしやすいという点で、債権者にとって魅力である。

（9）　取得条項

取得条項付種類株式の一種として、会社が株主に対して取得を請求し、対価として金銭や他の種類の株式を交付することができる権利を付することができる（会社法107条2項2号、108条2項6号）。

会社法においては、「当該株式会社が別に定める日」を取得条項の取得日として定めることが認められており（会社法107条2項3号ロ）、この場合、定款に別段の定めがある場合を除き、取締役会設置会社においては取締役会決議により取得日を定めなければならないものとされているため（同法168条1項）、「○年○月○日以降であり、かつ、会社の取締役会が定める日」というような定め方が可能である。

金銭や株式と対価とする取得条項が付された種類株式を発行しているケースは、多い（CSK、コスモスイニシア、さいか屋、プロパスト、文教堂グループホールディングス、児玉化学工業など）。

（10）　調整条項

実務上、発行要項において、募集株式の引受け、株式の併合・分割・無償割当て、合併・株式交換・株式移転・会社の分割による募集株式の割当て、募集株式予約権・募集株式予約権付社債の引受け等の事象が生じた場合に、各株主がどのように取り扱われるのかを明記することにより、ある種類の株主が不測の損害を被らないようにし、種類株主総会決議が不要となるようにしているケースが多い。

d　種類株式の発行手続

種類株式の発行手続は以下のとおりである。

（1）　定款変更のための株主総会の特別決議（会社法108条2項、466条、309条2項11号）

まず、種類株式の内容および発行可能種類株式総数を定めるための定款変

更を行う必要がある。

　種類株式を発行するにあたっては、会社が発行する全株式の総発行可能株式総数だけでなく、種類株式ごとに発行可能株式総数を定める必要がある。たとえば、「当社の発行する株式の総数は、1,000株であり、そのうち700株は普通株式、300株はA種株式とする」と記載する。

（2）　募集事項の決定

　募集事項の決定については、株主総会の特別決議（公開会社の場合、有利発行に当たらない場合は取締役会決議）等、普通株式の発行と同様の手続が必要である。

　種類株式の発行決議前に定款にその旨の記載がない場合には、定款変更が株主総会で承認されることを条件とした発行決議をすることになる。

（3）　その他の手続

　株式の申込みと割当て、募集株式発行事項の公告または通知、出資の履行、募集株式発行の効力発生については、普通株式の場合と同様である。

（4）　変更登記（会社法915条1項、911条3項7号・8号）

　発行可能種類株式総数および発行する各種類の株式の内容、発行済株式の総数ならびにその種類および種類ごとの数について、変更登記をする必要がある。

（5）　種類株式と上場

　公開会社が種類株式を発行する場合、種類株式を上場できるかという点もあらかじめ検討しておくケースも考えられる。種類株式を上場する事例は乏しいが、東京証券取引所においては、「上場審査等に関するガイドライン」において、種類株式の本則市場への上場に関し、大要、以下のような観点で判断するとされている（ガイドラインⅡ．6⑷および⑸）。

　(a)　当該種類株式のみ上場申請を行う場合

　新規上場申請の対象となる株式が、無議決権株式または議決権の少ない株式である場合は、次の①から⑧までのいずれにも適合すること。

①　議決権の多い株式等により特定の者が経営に関与し続けることができる

状況を確保すること等が、株主共同の利益の観点から必要であると認められ、かつ、そのスキームが当該必要性に照らして議決権の多い株式等の株主を不当に利するものではなく、相当なものであることが認められること。この場合において、相当なものであるか否かの認定は、次の(i)から(iii)までに掲げる事項その他の事項を当該必要性に照らして確認することにより行うものとする。

(i) 当該必要性が消滅した場合に無議決権株式または議決権の少ない株式のスキームを解消できる見込みのあること。

(ii) きわめて小さい出資割合で会社を支配する状況が生じた場合に無議決権株式または議決権の少ない株式のスキームが解消される旨が定款等に適切に定められていること。

(iii) 当該新規上場申請の対象となる株式が議決権の少ない株式である場合には、議決権の多い株式について、原則として、その譲渡等が行われるときに議決権の少ない株式に転換される旨が定款等に適切に定められていること。

② 議決権の多い株式等を利用する主要な目的が、新規上場申請者の取締役等の地位を保全することまたは買収防衛策とすることではないと認められること。

③ 議決権の多い株式等の利用の目的、必要性およびそのスキームが、企業内容の開示書類に適切に記載がされていると認められること。

④ 議決権の多い株式等の株主が新規上場申請者の取締役等でない場合には、次の(i)および(ii)に適合すること。

(i) 議決権の多い株式等の株主の議決権行使の目的や方針が、当該必要性に照らして明らかに不適切なものではないと認められ、かつ、企業内容の開示書類に適切に記載がされていること。

(ii) 新規上場申請者の企業グループが、議決権の多い株式等の株主の企業グループとの間に、原則として、事業内容の関連性、人的関係および取引関係がないこと。

⑤　異なる種類の株主の間で利害が対立する状況が生じた場合に、当該新規上場申請の対象となる株式の株主が不当に害されないための保護の方策をとることができる状況にあると認められること

⑥　当該新規上場申請の対象となる株式の発行者が、以下の(i)から(iii)の者との取引を行う際に、少数株主の保護の方策をとることができる見込みがあると認められること

(i)　親会社

(ii)　支配株主およびその近親者

(iii)　(ii)の者が議決権の過半数を自己の計算において所有している会社等およびその子会社

⑦　当該新規上場申請の対象となる株式が剰余金配当に関して優先的内容を有する場合には、原則として、上場申請日の直前事業年度の末日後2年間の予想利益、および、上場申請日の直前事業年度の末日における分配可能額が良好であると認められ、当該対象株式への剰余金配当を行うに足りる利益を計上する見込みがあること

⑧　その他株主および投資家の利益を侵害するおそれが大きいと認められる状況にないこと

(b)　当該種類株式以外にも新規上場申請を行う銘柄がある場合

新規上場申請の対象となる株式が無議決権株式である場合は、次の①から⑤までのいずれにも適合すること

①　きわめて小さい出資割合で会社を支配する状況が生じた場合に無議決権株式のスキームが解消される旨が定款に適切に定められていること

②　異なる種類の株主の間で利害が対立する状況が生じた場合に、当該新規上場申請の対象となる株式の株主が不当に害されないための保護の方策をとることができる状況にあると認められること

③　当該新規上場申請の対象となる株式の発行者が、以下の(i)から(iii)の者との取引を行う際に、少数株主の保護の方策をとることができる見込みがあると認められること

（i） 親会社

（ii） 支配株主およびその近親者

（iii） (ii)の者が議決権の過半数を自己の計算において所有している会社等および その子会社

④ 当該新規上場申請の対象となる株式が剰余金配当に関して優先的内容を有する場合には、原則として、上場申請日の直前事業年度の末日後2年間の予想利益、および、上場申請日の直前事業年度の末日における分配可能額が良好であると認められ、当該対象株式への剰余金配当を行うに足りる利益を計上する見込みがあること

⑤ その他株主および投資家の利益を侵害するおそれが大きいと認められる状況にないこと

e 種類株式発行後の処理

DESにより種類株式が発行された場合、当該種類株式の処理される時期やその程度が、経営再建の1つの指標となる。種類株式を処理する方策としては、①種類株式を普通株式に転換する方法、②種類株式を発行会社が金銭により取得する方法、③種類株式を新たなスポンサー等の第三者に譲渡する方法が考えられる。

(a) 種類株式を普通株式に転換する方法

DESにより発行される種類株式には、普通株式を対価とする取得請求権や取得条項が付されていることが多い。そこで、種類株式を処理する方策としては、これを行使することが考えられる。

発行体が上場会社の場合には、普通株式に転換した上で市場で売却することで、DESに応じた金融機関は一定の回収を図ることが可能である。もっとも、転換により普通株式の希釈化（ダイリューション）が起き、株価の下落要因となることもある。また、金融機関が大量の普通株式を取得しても、出来高やインサイダー情報等の関係で容易に売却できないという問題もあることは留意が必要である。

(b) 種類株式を発行会社が金銭により取得する方法

種類株式に金銭を対価とする取得請求権または取得条項が付されている場合には、それらに従って種類株式を処理することができる。

他方、そのような規定がない場合には、種類株主との合意により取得することになる。この方策については、①株主総会の普通決議により取得する自己株式の数、対価の内容・総額、取得できる期間（1年以内）を決定し（会社法156条1項）、その後の取締役会において具体的な取得の内容を定める方法（同法157条）と、②株主総会の特別決議により特定の株主から取得することを決定する方法（同法160条、309条2項2号）に分けられる。①は、いわゆるミニ公開買付けといわれ種類株主全員を対象とするのに対して、②は特定の株主のみを対象とする方法である。なお、②の場合、対象とならなかった株主も取得先に加えることを求める権利は確保されている（同法160条3項）。

種類株式を発行会社が金銭により取得する場合は、(a)と異なり発行体からキャッシュアウトが生じ、しかも、当該取得は分配可能額の範囲内でのみ行うことができることから、この方法がとれるのは、発行体において十分な資金や純資産が確保できるほどに経営が再建された場合である。

(c) 種類株式を第三者に譲渡する方法

(a)の方法だと普通株式の希釈化等が懸念され、他方で発行体に十分な経済的余力がなく(b)の方法がとれない場合には、種類株式を転換せずに新たなスポンサー等の第三者に譲渡するという方法が考えられる。この方法であれば、DESに応じた金融機関は種類株式を売却することで一定の回収を実現でき、他方で、発行体としても新たなスポンサー等との資本・業務提携により経営再建の新たなステージに入ることができる。

ところで、DESにより発行された種類株式には普通株式を対価とする取得請求権または取得条項が付されていることが多く、その潜在的な議決権が3分の1を超えるという事案もある。上場会社の場合、そのような種類株式を市場外で買い付けるには、原則として公開買付けによる必要がある（金融商品取引法27条の1第1項2号）。もっとも、例外的に、①買付けの対象となる

種類の株式の株主が25名未満であり、かつ、②その株主から公開買付けによらないで買付けを行うことにつき書面で同意を得た場合には、公開買付けによらずに買付けをすることができる（金融商品取引法施行令6条の2第1項7号、他社株府令2条の5）。

　この点、25名未満の判断対象が買付けの対象となる種類の株式に限定されるのか、議決権を有するすべての種類の株式をいうのかに争いがあった。もっとも、いわゆるカネボウ事件最高裁判決（最判平22.10.22民集64巻7号1843頁）において、最高裁判所は、上記例外規定の趣旨は事業再編等の迅速化および手続の簡素化にあるとした上で、25名未満の判断対象は買付けの対象となる種類の株式に限定されると判断した。また、買付けの対象となる種類の株式か否かについて、カネボウ事件最高裁判決においては、普通株式と種類株式の実質的同一性や買付者による普通株式の買付予定・意思を問題にすることなく、公開買付けの要否が判断されている。このことから、原則として、会社法上の異なる種類の株式か否かという形式面で、買付けの対象となる種類の株式か否かが判断されるという考え方がとられたものと考えられる。

　以上のとおり、上場会社のDESの事案において、金融機関が取得した種類株式を(c)の方法で処理する場合には、上記の公開買付規制に留意し、例外に該当するかの検討が必要となる。

Ｃ　募集株式発行の実務上のその他の留意点

a　発行可能株式総数の確保

　募集株式発行の決議は、発行可能株式総数（種類株式については発行可能種類株式総数）の枠内で行われる必要がある。

(a)　原　　則

　会社が、取得請求権付株式、取得条項付株式、新株予約権、新株予約権付社債を発行している場合には、募集株式発行の払込期日以降、これらにより株式が発行される可能性のある（取得の対価として交付される可能性のある）

期間中、その株式数も加味したうえで、発行可能株式総数（種類株式については発行可能種類株式総数）が確保されていることが必要である。発行可能株式総数（種類株式については発行可能種類株式総数）の枠を超えて募集株式発行の決議がなされた場合には、その決議は無効である。

　(b)　条件付募集株式発行決議

　取締役会の後で開催される株主総会で発行可能株式総数を増加させる定款変更（公開会社の場合には、定款変更の時点における発行済株式数の4倍まで、公開会社以外の会社（定款に株式の譲渡制限の定めがある会社）の場合には、4倍規制にかかわりなく発行可能株式総数を増加できる）が行われることを条件とする募集株式発行決議を取締役会で行うこと（条件付募集株式発行決議）は適法であり、この条件が成就すれば、条件付きの取締役会決議も有効であると解されている。

　(c)　条件付授権枠増加決議

　条件付募集株式発行決議に類似するものとして、条件付授権枠増加決議の可否が問題となる。ここで条件付授権枠増加決議とは、株主総会において、将来に行われる予定の募集株式発行を条件として、総会時点における既発行株式数に、将来行われる予定の募集株式発行により発行される株式数を加算した株数の4倍の範囲内で発行可能株式総数を増加する定款変更決議をいう。

　この点、最高裁は、条件付授権枠増加決議を有効としている（最判昭37.3.8民集16巻3号473頁）。もっとも、この場合に条件とされている募集株式発行は、それ自体適法であることが必要であるものとされているため、この募集株式発行自体が、発行可能株式総数を超えたいわゆる枠外発行である場合には、条件付授権枠増加決議も無効と解される。

　(d)　授権枠を超えた募集株式発行の決議

　発行可能株式総数を超えた募集株式発行の決議は募集株式発行の無効事由を構成するが、募集株式発行の効力が生じる前に、株主総会で発行可能株式総数の枠を拡大する定款変更の決議がなされれば、募集株式発行の決議の瑕

疵は治癒されるものと解されている。

　発行可能株式総数を超えた募集株式発行の決議があり、この決議に基づき募集株式が発行されてしまった場合、募集株式発行は無効原因を構成する。しかし、この募集株式発行により株主になった者を含めた株主総会で、発行可能株式総数を増やす決議があった場合には、無効原因が治癒されるものとされている。もっとも、募集株式発行時点において、株式の超過発行の事実があれば、取締役は会社法966条に基づく超過発行の責任（株式超過発行の罪）を負うことになる。

b　特に有利な払込金額

（1）　普通株式と有利発行

　第三者に対して「特に有利な払込金額」で募集株式の発行を行う場合には、通常取締役会決議で募集株式を発行することができる公開会社においても株主総会の特別決議が必要である（公開会社以外の会社においては、取締役が株主総会において、当該払込金額でその者を募集することを必要とする理由を説明する必要がある）。そこで、「特に有利な払込金額」とは何かについて検討する。

　この点、証券業界の自主ルールとして、日証協より「第三者割当増資の取扱いに関する指針」が公表されている（2010年4月1日最終改正）。同指針においては、「発行価額は、当該増資に係る取締役会決議の直前日の価額に0.9を乗じた額以上の価額であること。ただし、直近日又は直前日までの価額又は売買高の状況等を勘案し、当該決議の日から発行価額を決定するために適当な期間（最長6か月間）をさかのぼった日から当該決議の直前日までの間の平均の価額に0.9を乗じた額以上の価額とすることができる」と定められている。これを受けて、一般的には、公正な払込金額（通常は時価）を基準として、1割程度低くても特に有利とはいえないと解されている（この自主ルールについて、「旧株主の利益と会社が有利な資本調達を実現するという利益との調和の観点から日本証券業協会における取扱いを定めたものとして一応の合理性を認めることができる」と判示した裁判例として、宮入バルブの募集株式発行差止申

立事件の東京地決平16.6.1（金融法務事情1730号77頁ほか）がある）。

　もっとも、上場企業において、一時的に異常な株価の高騰があったときに、高騰期間の株価を公正価額算定の基礎から排除することができるか否か、「適当な期間」の始期をいつとすべきか（特に6カ月以上前から株価が異常に高騰している場合は、6カ月以上前にさかのぼることができるか）等不明確な点も多数存在している。前者については、排除を認めるべきであり、後者については、原則株価が高騰した時からとすべきと考えられる。

　なお、上場会社については、①株主総会において有利発行の特別決議を経る場合、ならびに②払込金額が発行決議日前営業日の終値および決議日から1カ月、3カ月、6カ月の各平均株価からのディスカウント率すべてを勘案して明らかに有利発行ではないと判断できる場合を除き、監査役、監査等委員会または監査委員会から、払込金額が割当先に特に有利でないことに関する適法性に関する意見等を取得し、発行決議にかかるプレスリリースに記載する必要がある。

（2）　種類株式と有利発行

　種類株式の払込金額が有利発行に当たるかについても、普通株式と同様に、当該種類株式の払込金額と公正な払込金額とを比較して判断することになる。

　当該種類株式の公正な払込金額がいくらかについては、当該種類株式が上場されていることはほとんどないと考えられることから問題となる。この点、上場企業が種類株式の発行を行っている場合には、上場されている普通株式の時価をベースに、当該種類株式の設計内容に応じて公正価額を算出する方法が一般的だが、非上場企業の発行する種類株式の公正価額の算出方法については基準がない状況である。

　仮に、種類株式の公正価額が算出できたとしても、払込金額が公正価額と比べ、どれほど低ければ有利発行に当たるかについては、普通株式と同様に考えてよいのか、それとも別途基準を設けるべきかなど、さまざまな考え方がある。

（3） 種類株式と普通株式との発行価額の乖離

種類株式の払込金額について、従来、そもそも種類株式の払込金額と普通株式の時価の乖離はどの程度まで許されるかということが問題とされてきた（岩村充・鈴木淳人『企業金融の理論と法』173頁、174頁参照）。この点については、さまざまな学説があったが、種類株式の払込金額と普通株式の時価の乖離は問題とされるべきではないと考えるべきである（同旨のものとして、大杉謙一「商売っ気と法の理念」法学教室230号89頁）（ダイエーのケースでは約5倍弱、長谷工のケースでは約7倍である）。

（4） 不利発行の可否

会社法上は有利発行についての規制しかなく、公正な払込金額よりも高い価額で募集株式を発行すること（いわゆる不利発行）は、規制されていない。

2 金融商品取引法その他の法令上の手続

Ａ 金融商品取引法上の手続

a 有価証券届出書の提出

(a) 発行価額の総額が1億円以上の募集株式発行の場合

発行価額の総額が1億円以上の募集株式発行の場合、原則として、発行会社は有価証券届出書の提出を行う必要がある（金融商品取引法4条1項）。

ただし、①適格機関投資家向けの場合（プロ私募。金融商品取引法2条3項2号イ、同法施行令1条の4第1号）、②特定投資家向けの場合（特定投資家私募。金融商品取引法2条3項2号ロ、同法施行令1条の5の2第2項1号）、および③少人数（50名未満）向けの場合（少人数私募。金融商品取引法2条3項1号・2号ハ、同法施行令1条の5、1条の6、1条の7）には、有価証券届出書の提出は不要である（なお、その場合でも有価証券報告書提出会社は、臨時報告書の提出が必要である（金融商品取引法24条の5第4項、企業内容等開示府令19条2項2号））。

DESの場合、50名以上に勧誘することは通常考えられない。ただし、少人数私募として有価証券届出書の提出が不要となるには、発行後、多数の者（50名以上）に、譲渡されるおそれが少ない場合に該当する必要がある（金融商品取引法2条3項2号ハ、同法施行令1条の7）。たとえば、DESによって発行する種類株式が、①上場有価証券（金融商品取引法24条1項1号）、②店頭売買有価証券（同法24条1項2号、同法施行令3条）、③募集・売出しをした有価証券（金融商品取引法24条1項3号）、または④当該事業年度等の末日の所有者が1,000名以上である有価証券（同法24条1項4号、同法施行令3条の6第4項）のいずれにも該当せず、かつ、⑤当該株券等と同一種類の有価証券として内閣府令（定義府令10条の2）で定めるものが特定投資家向け有価証券でない場合（金融商品取引法施行令1条の7第2号イ）は、「譲渡されるおそれが少ない場合」に該当するとして、有価証券届出書の提出が不要となる。

　ただし、有価証券届出書の提出が不要である場合でも、①有価証券の募集のうち発行価額の総額が1億円以上であるものが本邦以外の地域において開始された場合（企業内容等開示布令19条2項1号）、②募集によらない取得される有価証券で発行価額の総額が1億円以上であるものの発行につき取締役会もしくは株主総会の決議等があった場合（同項2号前段）、または、③本邦以外の地域において行われる50名未満の者を相手方とする募集により取得される有価証券で発行価額の総額が1億円以上であるものの発行につき取締役会もしくは株主総会の決議等があった場合（同項2号後段）は臨時報告書を遅滞なく提出する必要がある（金融商品取引法24条の5第4項）。

(b)　発行価額の総額が1億円未満の募集株式発行の場合

　発行価額の総額が1億円未満の募集株式発行の場合には、原則として、発行会社は有価証券届出書の提出を行う必要はない（金融商品取引法4条1項5号）。

　ただし、①同一種類の有価証券に関する1年間通算しての募集・売出しの発行価額等の総額が1億円以上となる場合、②同一種類の有価証券に関する6カ月間通算しての募集・売出しの勧誘対象者数が50名以上となる場合、③

並行して行われる同一種類の有価証券の募集・売出しの発行価額等の総額が1億円以上となる場合、④届出等の効力の停止処分等を受けた者に行う募集・売出しの場合、⑤公開直前の株式の募集・売出しの場合には、有価証券届出書の提出は免除されない。

また、有価証券届出書の提出が不要の場合であっても、発行価額の総額が1,000万円超である場合には有価証券通知書の提出が必要である（金融商品取引法4条6項本文・ただし書、企業内容等開示府令4条5項）。さらに、臨時報告書の提出が必要となる場合があることは、上述のとおりである。

b 金融商品取引法上の開示内容

有価証券の募集が第三者割当に該当する場合、①割当予定先の状況、②株券等の譲渡制限、③発行条件に関する事項、④大規模な第三者割当に関する事項、⑤第三者割当後の大株主の状況、⑥大規模な第三者割当の必要性、⑦株式併合等の予定の有無および内容を開示する必要がある（企業内容等開示府令19条2項1号ヲ・2号ホ、第2号様式第一部の第3、開示ガイドラインCⅢ参照）。DESの場合に留意すべき事項としては③と⑥である。

③においては、発行価格の算定根拠および発行条件の合理性に関する考え方を記載することとされている。具体的には、有利発行に該当すると判断した場合は、その理由および判断の過程ならびに当該発行を有利発行により行う理由を記載し、有利発行に該当しないものと判断した場合は、その理由および判断の過程を記載することとされている。また、適法性に関しては監査役等の意見または当該意見の参考にした算定機関等の第三者による評価があればその内容を記載することとされている。

⑥においては、希薄化率が25％以上または割当後に引受人が支配株主となる第三者割当に該当する場合にはその旨およびその理由を記載されることとされており、取引所の規則に従い経営者から独立した者からの意見聴取や株主総会決議における株主の意思の確認等の措置を講じる場合は、その旨および内容を記載する必要がある。

c　取得側の手続

　上場企業の株式を取得する場面で、株式譲渡の方法により取得する場合には、一定の要件のもと、公開買付規制に服するが、公開会社から募集株式発行の割当てを受ける場合には、公開買付規制は適用されない。

　また、上場企業の株式を取得する場面で、議決権を有する株式の保有割合が５％を超える場合は、原則として大量保有報告書の提出が必要となる。ただし、銀行などの機関投資家は、事務負担等を考慮し、報告頻度等が軽減されている（金融商品取引法27条の26）。

B　銀行法・独占禁止法上の手続

　銀行、保険会社がDESに応じる場合に適用される銀行法・独占禁止法上の規制については、前記Ⅲの「１　銀行法上の規制（５％ルール）」「２　独占禁止法上の規制（５％ルール）」を参照されたい。銀行・保険会社以外の会社が債権者としてDESに応じる場合、債権者・債務者の規模や債権者による債務者の株式の保有割合によっては、債権者が、所定の株式保有報告書を株式の取得後30日以内に公正取引委員会に提出する必要がある（独禁法10条２項・３項）。

C　東京証券取引所の規則上の手続

a　適時開示

　東京証券取引所は、同取引所に上場する会社に対して、当該会社の業務執行を決定する機関が募集株式の発行（会社法199条１項）を行うことを決定した場合には、払込金額の総額が１億円未満であると見込まれる場合を除き、直ちにその内容を開示するよう義務づけている（適時開示。有価証券上場規程［東京証券取引所］402条１号ａ、同施行規則401条１号）。

b　第三者割当規則（300％ルール、25％ルール）

　東京証券取引所は、上場会社が行う大規模な第三者割当増資に関しては、

以下のような規制を設けている。

① 希薄化率が300％を超えるときは、株主および投資家の利益を侵害するおそれが少ないと取引所が認める場合を除き、上場廃止とする（有価証券上場規程［東京証券取引所］601条1項20号、同施行規則601条13項6号）。

② 希薄化率が25％以上となるときまたは支配株主が異動することになるときは、原則として、(a)または(b)の手続を行う。ただし、資金繰りが急速に悪化していることなどにより、これらの手続のいずれも行うことが困難であると東京証券取引所が認めた場合を除く（有価証券上場規程［東京証券取引所］432条、同施行規則435条の2第3項）。

(a) 経営者から一定程度独立した者による当該第三者割当ての必要性および相当性に関する意見の入手

(b) 当該第三者割当てに係る株主総会決議などによる株主の意思確認

なお、「希薄化率」は、原則として、以下の計算式によって求められた数値をいう（有価証券上場規程施行規則435条の2第1項）。

$$\frac{\text{当該第三者割当てにより割り当てられる募集株式等に係る議決権の数}}{\text{当該第三者割当てに係る募集事項の決定前における発行済株式に係る議決権の総数}} \times 100 \ (\%)$$

DESの場面では、普通株式への転換権が付された無議決権の優先株式が発行される場合が多いが、上記の計算式における「議決権の数」には、潜在的な議決権も含まれる。したがって、上記②の手続の要否もさることながら、上記①の上場廃止事由とならないかについては注意する必要がある。

c その他

上場会社が取得請求権付株式を発行する場合、行使価格の修正の頻度が6ヵ月に1回を超える場合には「MSCB等」に該当し（東証・有価証券上場規程施行規則411条）、適切な開示が求められたり（東証・有価証券上場規程410

条）、行使数量が上場株式数の10％を超える行使ができない等の行使制限が課されるなど（東証・有価証券上場規程434条、同施行規則436条）、一定の制約を受けることになる。DESにおいては、発行する種類株式に取得請求権が付されることも多いが、「MSCB等」に該当すると上記のような制約を受けるため留意が必要である。

また、DESにおいては、ガバナンスの観点から拒否権付種類株式を活用するということも考えられるが、上場会社の場合、そのような株式は一般株主の権利を害する結果となることが多いため、東京証券取引所が、株主および投資家の利益を侵害するおそれが少ないと認める場合を除き、「株主の権利の不当な制限」と解され、上場廃止事由に該当するため（東証・有価証券上場規程601条1項17号（同602条1項1号等において準用）、同施行規則601条14項3号・5号）、その点も留意が必要である。

D 外国為替及び外国貿易法（外為法）上の手続

株式の発行により外国投資家（外為法26条1項各号）が上場会社等の発行済株式総数または総議決権数の1％以上を取得する場合には、対内直接投資等に該当し（同条2項3号・4号、対内直接投資等に関する政令2条8項・10項）、事前届出（取得時事前届出）が必要となることがある（同法27条1項）。

また、当該取得後に会社の事業目的の実質的な変更その他会社の経営に重要な影響を与える事項に対して当該投資家が同意をする場合にも事前届出（行為時事前届出）が必要となることがある（外為法27条5項）。

ただし、外国銀行等の外国金融機関は包括免除の対象となり、一定の基準を満たせば、事前届出は一律に免除される（事前届出免除制度。外為法27条の2第1項第1文）。

近時、外国銀行との取引も増えているため、外国銀行がDESに応じて種類株式を取得するというケースも想定されるが、その場合には事前届出の要否について確認が必要である。特に、DESの効力発生が、スポンサーからの出資等の前提条件となっている場合には、クロージングに向けたスケジューリ

ングにあたり、当該手続の期間を考慮することになる。

V 減資の手続と実務

1 減資とDES

　経営不振企業が再建計画を策定する場合、DESや債権放棄等とあわせて、①資本金の額の減少（資本減少）による欠損の填補と、②会社による株式の取得（および消却）や株式の併合等による既存株式の持分割合の希釈化が行われることが多い。

2 会社法における各制度

　以下、会社法における資本金の額の減少の制度と、これに関連する制度として、株式の取得および消却、株式の併合、単元株制度について説明する。

A 資本金の額の減少

　会社法においては、株主への財産の払戻しと資本金の額とは完全に切り離され、資本金の額の減少は数字（計数）の減少として整理されている。
　資本金の額の減少により、減少した資本金の額が欠損の填補に充てた金額を超えた場合については、株主総会において準備金とする旨の決議をした場合を除き「その他資本剰余金」に計上され、分配可能額に含まれることとなる。

B 株式の取得および消却

　株式の消却とは、株式を消滅させることである。会社法においては、会社が保有する自己株式を消滅させることのみを消却と定義している（会社法

178条1項)。

すなわち、株主の保有する株式については、必ず、会社がいったん取得してからでなければ消滅させる（消却する）ことができないものと整理されている。会社が株主から強制的に株式を取得（取得条項付株式や全部取得条項付種類株式について取得）し、取得後に自己株式として消却するとか、会社が株主から任意で株式を取得（買受け）し、取得後に自己株式として消却するといった方法が考えられる。

後記のとおり、全部取得条項付種類株式の制度は、DES等を行う私的整理の場合に、株主から強制的に株式を取得するために設けられた制度である。

C 株式の併合

株式の併合とは、既存の数個の株式を合わせて少数の株式とすることである（会社法180条1項）。DES等を行う私的整理の場合に、実務上、資本金の額の減少の際に、あわせて株式の併合（10株を1株、2株を1株など）を行うことにより発行済株式数を減らす場合が多い。

D 単元株制度

会社法においては、単元株制度が採用されている（会社法188条）。単元株とは、定款により、一定数の株式をもって1単元の株式と定め、1単元の株式につき1個の議決権を有するものとする制度である。

1単元の株式数を増加させるときには株主総会の特別決議が必要であるが（会社法188条1項、466条、309条2項11号）、減少させるときは取締役会の決議で足りる（同法195条1項）。

DESを行う場合等において、資本金の額の減少とあわせて併合により株式数を減少させることが多いが、株式の併合により、単元未満株式が多く発生することとなる。単元未満株式を有する者は、会社に対して単元未満株式の買取請求を行うことができる（会社法192条）。

この買取請求により単元未満株式を買い取ることを回避するために、ま

た、株主保護や株式の流通性の確保のために、実務上、株式の併合と同時に
1単元の株式数を減少させている事例が多い。たとえば2株を1株に併合す
るのとあわせて、単元についても、1単元1,000株を500株に引き下げること
が行われる。

〔株式の併合と1単元の株式数の減少〕

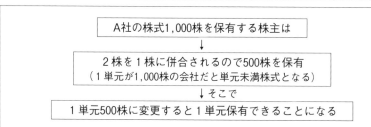

（注）　株価が併合前後で変わらなければ、株主は併合前、1,000（株）×100（円）＝10万円
　　　分の価値の株式を有しているが、併合後は、500（株）×100（円）＝5万円分の価値の
　　　株式しか保有していないことになり、5万円分の損失が生じる。しかし、会社の純
　　　資産に変動がなければ、2株が1株になることで、理論上、1株の株価が2倍の
　　　200円となる。実際にもそのような値動きとなった場合、株主は、500（株）×200（円）
　　　＝10万円の価値の株式を保有していることになり、保有株式数は減少するものの、
　　　保有株式の時価総額は変わらないことになる。

（出典）　藤原総一郎編著『企業再生の法務〔初版〕』118頁（平成15年刊）

3　資本金の額の減少の手続

　資本金の額の減少の手続の流れは以下のとおりである。なお、株主総会決
議と債権者保護手続の先後は問われない。そのため、株主総会の招集手続と
債権者保護手続を同時に進めることができ、最短で約1カ月の期間があれば

資本金の額を減少させることが可能である。

〔資本金の額の減少の手続〕

| 株主総会の特別決議 | 債権者保護手続（公告・個別催告） |

（普通決議、または取締役会決議の場合あり）　　（個別催告は省略できる場合あり）

　　効力発生日の前日までに決議↓　　　　↓効力発生日の前日まで最低１カ月

| 効　力　発　生　日 |

A 株主総会の決議（会社法447条１項）

a　株主総会の決議

　資本金の額の減少は、原則として株主総会の特別決議による必要がある（会社法447条１項、309条２項９号）。決議事項は、①減少する資本金の額、②減少する資本金の額の全部または一部を準備金とするときは、その旨および準備金とする額、③資本金の額の減少がその効力を生ずる日である（同法447条１項各号）。

　ただし、定時株主総会において決議する場合において、減少する資本金の額が定時株主総会の日における欠損の額を超えない場合、普通決議でよい（会社法309条２項９号イ、ロ）。欠損の額とは、ゼロまたはゼロから分配可能額を減じて得た額（すなわち、分配可能額がマイナスの場合のマイナスの額）とされている（同法施行規則68条）。

b　取締役会決議で行うことができる場合

　株式の発行と同時に資本金の額を減少する場合において、資本金の額の減少の効力発生日以後の資本金の額が従前を下回らない場合には、取締役会決議（取締役会非設置会社においては、取締役の決定）により資本金の額を減少することができる（会社法447条３項）。

　DESと同時に資本金の額を減少する場合において、DES（および金銭の出資による増資）と資本金の額の減少を合わせて合計で資本金の額が従前を下

回らないような場合には、資本金の額の減少については取締役会決議で行うことができることになる。

B 債権者保護手続（会社法449条）

　会社の財産の流失がない形式上の資本金の額の減少でも、資本金の額の減少により剰余金の配当が容易になるという意味で、会社の債権者が不利益を受ける。そのため、資本金の額の減少を行う場合、以下のとおり、厳格な債権者保護手続を行う必要がある。

a　公告・催告

　会社は、債権者に対し、①資本金の額の減少の内容、②当該会社の計算書類に関する事項として法務省令で定めるもの、③資本金の額の減少に異議があれば一定の期間（１カ月を下回ることはできない）内に異議を述べるべき旨を官報で公告し（この公告は、株主を対象とするものではなく債権者を対象とするものであるため、定款で定めた公告方法（会社法939条１項）ではなく、官報によることが必要とされている）、かつ、総会の決議時点で知れたる債権者には個別に催告しなければならない（同法449条２項）。会社の計算書類に関する事項として法務省令で定めるものとは、具体的には、当該会社の最終事業年度の貸借対照表に関する事項であり、決算公告を行っている場合には、当該公告が掲載された官報等の日付や頁数、公告を行っていない場合には、貸借対照表の要旨等である（会社計算規則180条）。

　なお、官報公告に加えて、定款に定めた日刊新聞紙による公告または電子公告（会社法939条１項２号・３号）をも行った場合には、個別催告を要しない（同法449条３項）。

　債権者に対する公告・催告は、株主総会等の決議の前でも行うことができる。

b 債権者の異議申述

　債権者が上記期間内に異議を述べなければ（異議申述は口頭でも書面でもよい。個別催告がなされない場合でも債権者は当然のことながら異議を述べることができる）、資本金の額の減少を承認したものとみなされる（会社法449条4項）。

　異議を述べた債権者に対しては、会社は、期限の利益を放棄しての弁済、相当の担保提供、相当の財産の信託のいずれかの措置（いずれの措置をとるかは会社が選択することができる）をとる必要がある（会社法449条5項）。もっとも、異議を述べた債権者が資本金の額の減少により害されるおそれがない場合には、会社はこの措置をとる必要はない。

　資本金の額の減少により害されるおそれがないものとして、会社から弁済等の措置を受けなかった債権者は、資本金の額の減少の無効の訴えを提起するしかないが、この訴えにおいては、債権者が資本金の額の減少により害されるおそれがないことの立証責任を会社が負う。債権者が資本金の額の減少により害されるおそれがない場合とは、たとえば、①債権者がすでに十分な担保提供を受けている場合や、②会社の財務内容等に照らし、当該債権者が弁済期に弁済を受けられることが確実である場合があげられる。

　社債権者については、各社債権者が異議を述べるのではなく、社債権者集会決議によってのみ異議を述べることができる（会社法740条1項）。

c 知れたる債権者とは

　前記aにおける「知れたる債権者」とは、債権の内容の大要を会社が知っている債権者で、かつ、弁済、相当の担保提供、相当の財産の信託により保護しうる債権を有する債権者であると一般的に解されている（継続的供給契約上の将来の債権、労働債権等は、一般的に債権者保護手続の対象外の債権と解されているようである）。

　会社と債権者が、債権の存否につき争っている場合、会社が合理的な根拠に基づき債権の不存在を確信しているときには、たとえ訴訟で敗訴しても、この債権者は「知れたる債権者」には該当しないが、それ以外の場合には、

会社はこの債権者を「知れたる債権者」として扱うほうが安全である。

　実務上、少額債権しか有しない債権者に対しては、催告を省略することがある。少額債権者については、異議を述べてきたとき、または資本金の額の減少の無効の訴えを提起してきたときに弁済等を行う処理をすることが多い。

　もっとも、資本金の額の減少の無効の訴えの提訴権者には、異議を述べた債権者以外に、取締役・監査役・株主が含まれており、これらの者が債権者保護手続を怠っていることを理由として資本金の額の減少の無効の訴えを提起する可能性は否定できないことから、少額債権者に対する催告の省略も、リスクがあることを考慮のうえ、省略する場合でも一定の合理的な基準を設定するなどして慎重に行う必要がある。

C 資本金の額の減少の効力の発生（会社法449条6項）

　資本金の額の減少の効力は、原則として会社が効力発生日として定めた日に生じる。ただし、債権者保護手続が完了していなければ（異議申述期間が満了しておらず、また、弁済等の措置が必要な場合には、かかる措置が完了していなければ）効力は生じない（会社法449条6項但書）。このような場合、会社は自ら定めた資本金の額の減少の効力発生日を変更することができる（同法449条7項。代表取締役が効力発生日を変更できる）。

　なお、株主総会決議と債権者保護手続の先後は問われないことから、会社が資本金の額の減少の効力発生日を定め、それまでの間に債権者保護手続を完了すればよい。そこで実務的には、効力発生日を債権者保護手続が完了する予定の日の翌日と定めるケースも多い。

D 変更登記（会社法915条1項、911条3項5号）

　減少された資本金の額は、その効力発生後2週間以内に、本店所在地において変更の登記をしなければならない。

　添付書類は、①株主総会の議事録、②債権者に対する公告（官報の写し）・

催告をしたこと（催告書控え・催告書を発送した債権者名簿）、および、異議を述べた債権者がいる場合には、弁済等の措置を行ったこと、また、行わないのであれば、資本金の額の減少をしても異議を述べた債権者を害するおそれがないことを証する書面（通常、代表取締役の上申書を提出する）、異議を述べた債権者がいない場合にはそのことを証する書面（通常、代表取締役の上申書を提出する）を添付する必要がある（商業登記法46条2項、70条）。

E 資本金の額の減少の無効の訴え（会社法828条1項5号）

　資本金の額の減少の手続に瑕疵がある場合におけるその無効は、訴えをもってのみ主張できる。

　提訴権者は、株主、取締役、執行役、監査役、清算人、破産管財人、債権者保護手続において異議を述べた債権者（弁済等の措置を受けたが、かかる措置に不満がある者、弁済等の措置を受けなかった者を含む）、債権者保護手続で催告を受けなかった債権者である（会社法828条2項5号）。

　提訴期間は、資本金の額の減少の効力発生日から（登記前でもよい）6カ月以内である。

　資本金の額の減少無効の訴えが確定すると、第三者に対する効力が生じるが、その効力は遡及すると解されている。

　無効事由としては、明文の規定はないが、①総会決議に無効原因・取消原因がある、②債権者保護手続が履行されていないこと等の事由であると解されている。

4 株式数を減少させる手続

　前記で述べたとおり、株式数を減少させる手続としては、自己株式の消却、株式の併合があげられる。

A 自己株式の取得・消却（会社法178条）

　資本金の額の減少を行う際に、株式数を減少させるために自己株式の消却が行われる場合があることはすでに述べたとおりである。自己株式の消却は、取締役会決議のみにより行うことができる（会社法178条2項）。

　消却対象となる自己株式の取得の方法は、さまざまである。大きく分けて、会社が株主から強制的に株式を取得する方法（取得条項付株式や全部取得条項付種類株式について取得する場合等）、会社が株主から任意で株式を取得する方法（買受けを行う場合等）のほか、株主が会社に対して取得を請求する場合（取得請求権付株式や、反対株主として買取請求する場合）もある。金融機関がDESに応じるにあたっては、既存株主の責任を明確化するように求められる。そのため、有償で自己株式を取得するということは基本的になく、無償での取得となる。無償での自己株取得は、有償での取得と異なり、会社財産の流出はなく、また一部の者から取得しても株主間の不平等は生じないことから、株主総会決議は不要であり、取締役会決議のみで行うことができる（会社法155条13号、同法施行規則27条1号、会社法156条参照）。

B 株式の併合（会社法180条）

a　会社法の手続

　株式の併合を行う場合、①併合の割合、②効力発生日、③（種類株式発行会社の場合）併合する株式の種類について、株主総会の特別決議が必要である（会社法309条2項4号、180条2項）。取締役は同株主総会において、株式の併合をすることを必要とする理由を説明しなければならない（同法180条3項）。

　そして、会社は、併合の効力発生日の2週間前までに、各株主および登録質権者に対し、各別にその旨を通知するか公告することを要する（会社法181条1項・2項）。株券を発行している場合には、効力発生日の1カ月前までに、株券を会社に提出すべき旨公告し、かつ、各株主および登録質権者に

対し、各別にその旨を通知することを要する（株券提出手続、同法219条1項2号）。公告の方法は、官報ではなく、定款所定の公告方法で行う。

株主は、株式の併合の効力発生日に、その日の前日に有する株式の数に併合割合を乗じて得た数の株式の株主となる（会社法182条）。株券が提供されたか否かにかかわらず、すべての株式について一律に効力が生じ、旧株券は有価証券としての効力を失う（同法219条3項）。

各株主が併合の結果保有することになる株式数は、効力発生日における株主名簿の記載に基づいて決まる。株主名簿上の名義変更をしていなくても、株券提出期間内に株券を提供すれば、名義書換の請求があったものとして取り扱われる。なお、株券提出期間後新株券の発行までの間は、新株券発行の作業を遅延しないようにするため、会社は名義書換を停止すべきであると解されている。

株式の併合の効力発生後に、新株券の交付（併合に適する株式数を記載した株券については、新株券の交付は行われない）・端数の処理（会社法235条）が行われる。株券提供手続において株券を提出しなかった者は、旧株券と引き換えに新株券の交付を受けることができる。旧株券を紛失等の理由により提出できない者には、異議申述催告手続が認められている（同法220条）。

b　株主の権利保護（差止請求、株式買取請求）

株式の併合が法令または定款に違反する場合において、株主が不利益を受けるおそれがあるときは、株主は、会社に対し株式の併合の差止めを請求することができる（会社法182条の3）。

また、株式の併合により端数となる株式の株主のうち、株式の併合について決議する株主総会に先立って株式の併合に反対する旨を会社に対し通知し、かつ、当該株主総会において実際に反対した株主、または、当該株主総会において議決権を行使することができない株主は、会社に対し、その有する株式のうち端数となるものの全部を公正な価格で買い取ることを請求することができる（会社法182条の5）。なお、上記のとおり、株主に対する通知

または公告の期限は、原則として効力発生日の2週間前であるが、反対株主の株式買取請求制度の対象となる株式の併合の場合には、効力発生日の20日前までに通知または公告を行わなければならないとされている（同法182条の4第3項）。

c　上場会社の場合

(a)　会社法以外の手続

振替株式について株式の併合をしようとする場合、発行会社は、効力発生日の2週間前までに、振替期間に対して、①株式の併合に係る振替株式の銘柄、②減少比率、③効力発生日、④発行会社の口座を通知しなければならない（振替法136条1項）。

また、有価証券報告書提出義務を負う会社の取締役会が、株式の併合を目的とする株主総会を招集することを決定した場合、株式の併合によって株主数が25名未満となることが見込まれるときは、臨時報告書を提出する必要がある（開示布令19条2項4号の4）。

さらに、上場会社の取締役会が株式の併合を行うことについて決定した場合は、直ちにその内容を開示する必要がある（東証・有価証券上場規程402条1号g）

(b)　株式併合に関する企業行動規範

上場会社は、流通市場に混乱をもたらすおそれ、または、株主の利益の侵害をもたらすおそれのある株式併合を行わないことが、企業行動規範の遵守すべき事項として定められている（東証・有価証券上場規程433条）。

また、株主総会において議決権を失う株主が生じる株式併合（株主および投資家の利益を侵害するおそれが大きいと取引所が認めるものに限る）に係る決議または決定を行っていると取引所が認めた場合、株主の権利の不当な制限として上場廃止事由に該当する（東証・有価証券上場規程601条1項17号、同施行規則601条13項7号）。特定の株主以外の株主が所有するすべての株式を1株に満たない端数となる割合で株式併合を行う場合も上場廃止事由に該当す

る（東証・有価証券上場規程601条1項18号の3）。

5 減資の実務上のその他の問題点

A いわゆる100％減資

前述のとおり、「減資」とは、①資本金の額の減少による欠損の填補と、②会社による株式の取得（および消却）や株式併合等による既存株式の持分割合の希釈化の両方を指す用語として用いられているが、100％減資とは、既存株式を（持分割合の希釈化を超えて）100％消滅させること、すなわち、既存株主の権利をすべて消滅させるという意味で用いられるのが通常である。

a 会社更生手続における100％減資の可否

会社更生手続においては、更生計画上行われる100％減資（既存株式を100％消滅させること）およびそれと同時に行われる増資は有効であるというのが、判例（東京高判昭37.10.25下民集13巻10号2132頁）および学説の多数説である。また、登記実務上もこのような減資を適法なものとして取り扱い（平成3年5月14日付民四第2752号民事局長回答）、更生計画において100％減資が行われているのが一般的である。

b 民事再生手続における100％減資の可否

民事再生手続においても、会社更生手続と同様に、100％減資（既存株式を100％消滅させること）が認められており、実務的にも多くのケースで再生計画において100％減資（およびそれと同時での増資）が行われている。

c 会社法による100%減資—全部取得条項付種類株式

（1） 全部取得条項付種類株式の制度趣旨

　会社法においては、私的整理に際して、株主総会の特別決議により既存株式を100%消滅させるための制度として、種類株式の一種として全部取得条項付種類株式が設けられている。

　なお、全部取得条項付種類株式は少数株主排除（スクイーズアウト）の手法として用いられるなど、私的整理における100%減資以外の局面でも活用されている。

（2） 全部取得条項付種類株式の取得の手続

　全部取得条項付種類株式は種類株式の一種であるから、種類株式として発行するか（会社法108条1項7号）、種類株式発行会社となった上で、既存の株式の内容として全部取得条項付種類株式に変更するか（同法111条2項）のどちらかによる必要がある。既存の株式についても全部取得条項付種類株式に変更できる点に大きな特徴があるといえ、かかる変更が認められているからこそ、私的整理において既存株式の100%減資に用いることができる。

　全部取得条項付種類株式を用いて既存株式全部を取得する場合の大まかな手続の流れは以下のとおりである（種類株式を発行していないことを前提とする）。

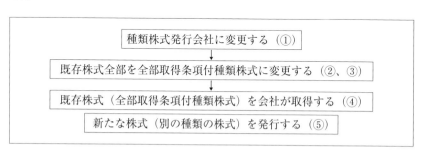

　①～⑤について、具体的に必要な手続は以下のとおりである。いずれも株主総会の特別決議が必要となる。

① 株主総会の特別決議により、定款を変更し種類株式発行会社とする（会

社法108条1項・2項の規定に従い、なんらかの種類株式を定款で定める。どのような種類株式でもよい）

② 株主総会の特別決議により、定款を変更し既存株式全部を全部取得条項付種類株式に変更する（会社法108条1項7号、111条2項1号参照）。定款には、取得対価の価額の決定方法と、株主総会決議の条件を定めるときはその条件を規定する

③ 既存株式についての種類株主総会においても、②と同じ決議を行う（種類株主総会の特別決議。会社法111条2項1号）

④ 株主総会の特別決議により、会社が全部取得条項付種類株式を取得する（会社法171条1項1号）。この際、取得の対価について会社法171条1項1号に定める事項、株主に対する取得対価の割当てに関する事項、取得日を定めなければならない（同法309条2項3号）。また、取締役は、全部取得条項付種類株式の全部を取得することを必要とする理由を株主総会において説明しなければならない（同法171条3項）

⑤ ④と同時に、別の種類株式（①の定款変更により発行可能となった種類株式）を発行する

　このうち、①、②、④、⑤については、1回の株主総会で決議（特別決議）することができる（③の種類株主総会についても、通常の株主総会と同じ機会（通常は直後）に開催できる）。100%減資を行う場合は、これらを1回の株主総会で決議するのが通常である^(注1)。

　⑤については、100%減資を行う場合には、スポンサー等の第三者に対して株式を発行するのが通常であり、これにより当該会社の株主は完全に入れ替わることになる。

　たとえば、普通株式のみ100株を発行している会社が、全部取得条項付種類株式を活用して既存の普通株式100株をすべて取得し、かわりに普通株式10株をスポンサーに発行するケースの場合、以下の流れで手続を行うことになる。

	既存株主の株式	スポンサーに発行する株式
手続実行前	普通株式100株 ↓	
①の定款変更	普通株式100株 ↓	A種優先株式 0 株 ↓
②の定款変更	全部取得条項付種類株式100株 （種類株主総会も開催） ↓	普通株式 0 株 ↓
④取得の決議 ⑤発行決議 （④と同時）	100株すべてを会社が取得	普通株式10株

（注1）　定款変更の議案は、①と②の２つが必要となる。①の定款変更において
　　　　は、たとえば「残余財産の分配を行わない」とするA種種類株式を新たに発
　　　　行することとし、②の定款変更において、A種種類株式を再度変更し普通株
　　　　式とする（「会社法108条2項各号に定める事項についての定めを設けない」
　　　　旨定める）ケースが多い（これにより、⑤において発行する株式を普通株
　　　　式とすることができる）。

（3）　取得の対価

　全部取得条項付種類株式は、あらかじめ取得の事由や取得の対価を定めて
おくことを要せず、会社が取得を行う際の株主総会の特別決議により定める
点に特徴がある。

　まず、定款変更に際しては、取得対価の価額の決定方法と、株主総会決議
の条件を定めるときはその条件を規定すればよく、それ以上定款で定める必
要はない（会社法108条2項7号イ、ロ）。

　次に、株主総会の特別決議により取得を決議する際には、以下の事項を定
めなければならない（会社法171条1項）。

①　取得するのと引き換えに対価（当該会社の株式、金銭等）を交付する場合、
　　対価について会社法171条1項1号に定める事項

②　①の場合、株主に対する取得対価の割当てに関する事項

③　会社が全部取得条項付種類株式を取得する日

　なお、取得の対価の帳簿価額の総額は、分配可能額を超えてはならない（会

社法461条1項4号）。分配可能額を超える対価で取得した場合には、取得請求権や取得条項の場合と異なり、当該取得自体が無効とされるのではなく、株主および業務執行者（業務執行取締役その他。会社計算規則187条参照）、株主総会に議案を提案した取締役に剰余金の配当に関する責任が生じることになる（会社法462条1項3号）。

　私的整理において100%減資を行う場合、債務超過であるのが通常であることから会社が株式を無償で取得するのが通常であるため、取得の決議に際しては、上記①②を決議する必要はなく、上記③（取得する日）のみ決議すればよい。取得の前の定款変更に際しては、「無償で取得する」と定めてもよいし、なんらかの決定方法（計算式）を定めてもよい（債務超過の場合にゼロとなる計算式であればよい）。

　債務超過会社の場合、株式の価値がゼロであると解される場合には、取得の対価をゼロとすることが可能であるが、債務超過ではあるが市場価格のある上場企業等、株式の価値がゼロであると解することができない企業においては、（分配可能額はマイナスとなっているため）取得の対価を支払うことができず、全部取得条項付種類株式の取得を行うことは事実上できない。

（4）　反対株主の保護

　反対する株主保護の制度としては、全部取得条項付種類株式に変更する際の定款変更の決議に際して認められる株式買取請求権（会社法116条1項2号）と、取得時の対価に不服がある場合の裁判所に対する取得価格の決定申立権（同法172条）がある。

　株式買取請求を行うためには、定款変更決議に反対する旨を会社に対し通知し、かつ、当該株主総会において反対の議決権を行使する必要がある（会社法116条2項1号）。取得価格の決定申立てについても同様に、取得決議に反対する旨を会社に対し通知し、かつ、当該株主総会において反対の議決権を行使する必要がある（同法172条1項1号）。議決権を行使することができない株主（単位未満株主）は株式買取請求権、取得価格の決定申立権のいずれも有している（同法116条2項2号、172条1項2号）。

B 株式数の減少と発行可能株式数（４倍規制）

　自己株式の消却を行うと発行済株式数は減少するが、発行可能株式総数は減少しない。発行可能株式総数は定款変更によらなければ減少させることはできないからである（相澤哲・葉玉匡美・郡谷大輔『論点解説　新・会社法　千問の道標』182頁、185頁）。そうすると、会社法113条３項において、公開会社は、発行可能株式総数が発行可能株式数の４倍を超えてはならないとされているにもかかわらず（４倍規制）、自己株式の消却の結果、発行可能株式総数が消却後の発行済株式数の４倍を超えてしまうこともある。もっとも、会社法113条３項が制限しているのは定款変更により発行可能株式総数を増加させる場合または非公開会社が公開会社になる場合において発行済株式数の４倍を超えてることであって、それ以外の理由により発行可能株式総数が発行済株式数の４倍を超えることは113条３項の規定に反するものではないと解される（相澤ほか・前掲『論点解説　新・会社法　千問の道標』182頁）。よって、公開会社であっても自己株式の消却にあたり発行可能株式総数を変更することは必須ではない。

　他方、株式の併合の場合も、発行済株式数が減少するため、自己株式の消却の場合と同様に４倍規制への抵触が問題となる。この点、平成26年会社法改正前は、上記と同様、株式の併合の場合も特段定款変更は不要と解されていた。しかし、同改正により、株式の併合に関する株主総会の決議事項に効力発生日における発行可能株式総数が加えられ（会社法180条２項４号）、公開会社においては、当該発行可能株式総数が効力発生日における発行済株式数の４倍を超えることができないとされ（同法３項）、効力発生日に発行可能株式総数につき定款変更がなされたとみなされることになった（会社法182条２項）。

C 資本金の額の減少と資本の欠損の填補

　会社に資本金の欠損が存する場合に、欠損を填補することなく資本金の額の減少を行い、その減少額を剰余金に計上することが可能かが問題となる

が、これを明示的に禁止する規定がない以上、可能であると解される（そも
そも欠損がなくても資本金の額の減少は可能であり、その場合、資本金の額の減
少額は全額剰余金に計上される）。もっとも、剰余金の額が純資産額を超えて
いることという制約がある（前田庸『会社法入門〔第11版補訂版〕』581頁）。

Ⅵ　産業競争力強化法の活用

1　産業競争力強化法とは

　産業競争力強化法は、主務大臣の認定を受けた企業に対して、会社法や税
制の特例などで政策支援をする法律である。かつては産業活力の再生及び産
業活動の革新に関する特別措置法（産活法）という名称であったが、平成25
年改正（平成26年１月20日施行）により「産業競争力強化法」に名称が改め
られた（以下、改称前も含めて「産競法」）。

　産競法は、平成15年３月31日までの時限立法として平成11年10月１日に施
行されたが、その位置づけの重要性が増したため（３年半で204の計画が認
定）、平成15年４月に大幅に改正され、平成20年３月31日まで期限が延長さ
れるとともに制度の拡充が行われた。さらに、平成19年８月（平成15年４月
からの４年４カ月で252の計画が認定）、産競法の改正法が施行され、従来時限
立法であったのが改められる（施行後10年以内に見直す旨定められた）ととも
に、新たな制度が設けられた。なお、その後も複数回にわたり、改正が行わ
れ現在に至っている。

　企業は、①生産性の向上と健全な財務体質を目指し、一定の要件（基準）
を満たすⅰ事業再編計画、ⅱ特定事業再編計画を作成して、②主務大臣に
対して計画の認定を受けるための申請を行い、③主務大臣から計画について
認定を受け、④支援措置を受けるために必要な個別の手続を行うことになる。

　前記ⅰⅱの計画について、債権放棄を受ける予定の企業であっても支援の

対象とされている。

　債権放棄を受ける場合については、申請時において通常の申請に追加して以下の書類が必要とされている（産競法施行規則12条3項等）。

　　・財務の健全化目標に対する公認会計士、監査法人の報告書
　　・債権者との間の金銭消費貸借契約等の原因証書
　　・個々の債権者の放棄額および放棄率を記載した書面
　　・債権者との間での債権放棄についての合意書面
　　・資本金の額の減少など、株主責任の明確化を図ることを表明する書面
　　・再建計画に対する専門家の調査報告書

　実務的には、申請に先立ち所轄官庁に対して事前相談を行い（1〜2カ月程度前に）、正式に申請をしてから原則として1カ月以内に認定が行われることになる（産競法施行規則13条等）（申請から数日で認定を受けているケースもある）。認定されると計画が公表されることになる（産競法24条6項等）。

2　支援措置の内容

　主務大臣より計画について認定を受けると、各種の政策支援を受けられることになる。DESに関連するものとしては、以下のものがあげられる。

A　株式併合に関する特例（産競法29条）

　産競法の認定を受けて、資本金の額の減少と同時に株式併合を行う場合であって、株式併合と同時に単元株式数を減少しまたは廃止する場合、かつ、株式併合後に各株主が有する単元株式数（単元株式数を廃止する場合は株式数）が株式併合前を下回らない場合には、資本金の額の減少、株式の併合につき株主総会決議を行う必要はなく取締役会決議で行うことができる。

B　登録免許税の軽減（租税特別措置法80条1項1号）

　令和6年3月31日までの間に産競法の認定を受けた計画に従って、増資等

を行い資本金の額を増加する場合には、認定の日から1年以内に登記を行う場合に限り、登録免許税の税率が増加資本金額の0.7%から0.35%に軽減される（ただし、増加分のうち3,000億円まで）。

　上記のほかに関連するものとして、認定企業が処分を予定している資産についての評価損を損金算入することが認められる税制上の特例などがある（たとえば、簿価100、時価20の不動産について、80の評価損の損金算入が認められる税制上の特例。これにより債権放棄による債務消滅益を資産の評価損により相殺することが可能となり課税を生じさせないことができる）。

　このように産競法の適用申請をして計画の認定を受けると、DESの手続コスト、期間の短縮を図ることが可能である。多額の債権についてDESを行う場合、これまでに行われた多くのケースで産競法の認定を受けている。

VII　償還条件付DES

　償還条件付DESとは、DESに際して取得条項（および取得請求権）を付した種類株式を発行し、一定の条件が充足された後に会社が種類株式を取得（および消却）することを予定して行うDESのことをいう。

1　償還条件付DESの基本的考え方

① 　償還条件を付することにより、株式を取得した場合の売却（回収）の困難さを解消する。
② 　無議決権株式とすることにより、債権者が議決権をもつことによる債務者の抵抗感、債権者が株主責任を事実上問われるリスクを回避することが可能となる。また、銀行法・独占禁止法の5％ルールに抵触するのを回避することができる。
③ 　一定の場合には議決権を行使できることにし、債務者に対する監視・コ

ントロールを図る。

④　残債務については変更契約、特約等においてコベナンツを定めることにより、債務者に対する監視・コントロールを図る。

2　対象となりうる企業

　償還条件付DESを行う場合、DESにより債務者にとっては負債が株式に振り替わり、貸借対照表上の純資産の部に計上されることとなるため、債務者の財務内容は改善され、債務者区分の上位遷移が可能となるケースがある。

　かつて、中小企業基本法で規定する中小企業者（法定中小企業）に該当しない債務者や、法定中小企業であっても要注意先（要管理先を含む）以外に分類されている債務者に対しては、DDS（債務の劣後化。第2部参照）を行ったとしても、その劣後化された債務を資本とみなすことはできなかった（この場合の「資本とみなす」とは、金融機関の自己査定上のことである）。そのため、そのような債務者に対してDDSを行うインセンティブは低かった。また、株式の上場が見込まれない中小企業の場合、DESによって取得した株式を第三者に売却することは困難である。そのため、中小企業に対して（償還条件のない）DESを実行するインセンティブも低かった。そこで、上場が見込まれない非法定中小企業や、上場が見込まれないうえ破綻懸念先に分類されている法定中小企業に対しては、償還条件付DESが適していると考えられていた。

　もっとも、平成20年3月の金融検査マニュアル改訂において、「資本的劣後ローン（准資本型）」という新しいDDSの類型が導入された。この類型の場合には、債務者の属性は制限されていないため、これを利用すれば非法定中小企業や破綻懸念先に分類されている中小企業であっても、劣後化された債務を資本とみなすことができるようになった。そのため、償還条件付DESを活用するというニーズは減少した。

　しかし、DDSはあくまで金融機関の自己査定において、その劣後化された債務を資本とみなすことができるだけであって、会社法に基づき債務者が作

成する貸借対照表では、あくまで負債として計上される。そのため、DDSを行ったからといって、外形的には債務超過が解消されるわけではない。そこで、債務者からすれば、信用力の確保のため、外形的にも債務超過が解消できるDESのほうが望ましいという場面は多い。したがって、DDSの範囲が広がったからといって償還条件付DESのニーズがなくなったわけではない。

　法定中小企業か否か、債務者区分が破綻懸念先か否かにかかわらず、個別の案件ごとに、DDSと償還条件付DESのいずれがその債務者の再生にとって有益かを検証し、両者を使い分けていく必要がある。

3 対象となる債務

A 実質債務超過部分との関係

　実質債務超過部分の全部または一部の債務が対象となる。実質債務超過部分の一部のみについて行う場合でも、再建計画成立後3～5年程度で債務超過を解消する内容の再建計画であれば、十分合理性が認められると考えられる。

　債務超過部分を超えて償還条件のないDESを行う場合、債務者の財務内容がより改善されて再建が軌道に乗りやすくなるというメリットがある反面、債務者の株式に流通性がないと、回収可能な債権についてまで売却が困難な株式に転換することとなってしまい、過剰支援の問題が生じるおそれがある。これに対し、償還条件付DESの場合、通常のDESとは異なり償還による回収が可能であるため、債務超過部分を超えてDESを行うことにより再建の確実性、スピードを高め、既存融資全体の回収可能性が高まるといえるのであれば、債務超過部分を超えて償還条件付DESを行うことに合理性が認められる場合もあろう。

B 担保との関係

　担保権によって保全することができるのは債権のみであるため、担保によ

る保全部分についてもDESを行う場合、担保権により回収可能な債権につい
てまで株式に転換することとなってしまい、過剰支援の問題が生じるおそれ
がある。そのため、償還条件付DESの対象となるのは、原則として、最大で
も、担保により保全されている債権額を超える部分（担保割れ部分）である。

　なお、公的機関や上場企業等の保証が存在しており、保証人からの回収が
十分に見込まれる場合には、当該債権者にとって担保（物的担保）と同様に
考えるべきであり、債権額のうち当該保証部分を超える部分が償還条件付
DESの対象となると解される。

既存株式等の取扱い

Ａ 株主責任

　債権放棄やDESを伴う再建計画を実行する場合、株主責任・経営責任の問
題を検討する必要がある。債権放棄を伴う再建計画の場合には、債権放棄に
より債権者の損失が確定するため、株主責任・経営責任を明確化するのが一
般的であり、既存の株式については併合や支配株主・経営陣の有する株式の
無償消却等が行われることが多い。これに対し、DESやDDSの場合、債権
放棄の場合と異なり債権者の損失が確定するわけではなく、債権者は取得し
た株式や条件の劣後する債権からの回収が可能であるため、株主責任の明確
化が必須というわけではないが、実務上は株式併合や無償消却が行われるこ
とが多い。

　償還条件付DESの場合、償還を前提とすれば必ずしも株式併合等による既
存株式の希釈化を行う必要はないが、普通株式または議決権を有する種類株
式を対価とする取得請求権を行使して株式を売却する場合などには、経営を
コントロールできる持株比率とする必要があるため、株式併合や無償消却等
により既存株式について一定の希釈化を行っておく必要がある場合も多いで
あろう。

B 既存株式の持分割合の減少

　DESを行う場合、普通株式または議決権を有する種類株式を対価とする取得請求権を有する株式として発行する場合には、既存株式の併合や無償消却などを行い既存株式の持分割合を減少させ、取得請求権行使後の持株比率（議決権比率）が3分の2以上となるようにし、償還条件付株式を保有する株主が単独で株主総会の特別決議を行えるようにしておく必要がある。

C 資本金の額の減少

　DESを行う場合、資本の欠損の填補や減資差益の剰余金計上による分配可能額の確保を目的として、資本金の額（および資本準備金の額）を減少させることが多い。償還条件付DESを行う場合も、早期に分配可能額を確保し配当や償還を可能とするために、信用の維持に支障が出ない範囲で資本金の額（および資本準備金の額）を減少させることが望ましい。

5　償還条件付DESの基本設計

　償還条件付DESにより発行する株式の通常の条件（基本設計）と、オプションとして考えられる設計を整理すると、以下のとおりである。

株式の設計	通常の条件		オプション	
金銭を対価とする取得請求権	あり			
金銭を対価とする取得条項	なし		あり	優先配当、転換予約権等の株主の権利とのバランスをとる
優先的条件（優先的配当）	あり、参加型、累積型とする	債務者の側の償還のインセンティブを高める		

議決権	なし			
議決権を有する種類株式を対価とする取得請求権	あり	（金銭を対価とする取得請求権もあることが前提）償還条件を維持したままガバナンスを発揮できる		
普通株式を対価とする取得請求権	あり		（株主間契約におけるコール・オプションやドラッグアロング）	第三者への売却を容易にする

6 取得請求権

　償還条件付DESは、DESによって株式を取得した債権者の側が、債務者の再建後に株式を償還して（債権の場合と同様に）回収できるようにすることを目的としているため、債権者（株主）の側が取得請求権をもつ必要がある。

A 取得の条件

　分配可能額の範囲内でのみ、会社に対して株式の取得を請求することができるものと規定されている（会社法166条1項。ただし、資本金の額にかかわらず、純資産額が300万円以下の場合、剰余金があっても株式の取得を請求できない。同法458条）。

B 発行時に定款で定めるべき事項

　少なくとも、償還時に「交付する金額の算定方法」と償還可能な「期間」は定款で定める必要がある。

C 償還時に交付する金額の算定方法

　償還条件付DESによる株式取得は、DDSと同様、債務者の再建を促進し償還条件付DESの対象とならない貸付金債権（非対象債権）の回収可能性を高めることを目的として行われるものであるし、株主が会社に対して償還請求権をもつことにより株式としてのリスクが軽減されていることから、償還によるリターン(償還時に交付する金額)は発行価額とするのが原則であろう。

　償還の限度額については、債務者が早期に再建計画を達成するためには償還を促進する必要があり、償還可能な金額を多くすることが望ましいといえるため、分配可能額の留保は最低限に抑えることとし、これを超える金額については全額償還の対象とすることが考えられる。分配可能額の留保については、再建計画で予定されている利益計画の下ぶれを一定程度許容するため、再建計画で計上が予定されている税引後当期利益の一部を留保する（たとえば、毎期１億円程度の税引後当期利益の計上が予定されている場合、20%の下ぶれを見込んで2,000万円を留保する）ことが考えられる。

　また、優先配当金額については分配可能額から控除する必要があり、分配可能額のうち2,000万円を留保するものとすると、以下のような償還金額の算定方法を定める必要がある。

> 償還金額：前期末における分配可能額が、前期の優先配当金額に2,000万円を加えた金額を超えた場合、同金額を超える額を限度とし、発行価額にて償還する

D 償還の期間

　優先配当金額が確定しないと償還限度額が確定しないため、定時株主総会以降（たとえば、３月決算会社の場合、６月または７月以降）に償還請求が可能である旨定めることになる。そのため、再建計画において、分配可能額を計上し、償還請求（取得請求権の行使）されることが予定されている年度以降、定時株主総会の開催された月の翌月において、償還請求が可能であるとすれ

ばよい。

7 取得条項

償還条件付株式を保有する株主にリターンとして額面による償還（および配当）が確保されればよいとの考えに立てば、会社の側が取得条項をもつものとすることも想定される。会社（債務者）にとっては、償還株式に優先配当条項が存在する場合、配当負担を軽減するために権利（コール・オプション）を行使できるようにしておくのが望ましいといえる。また、取得条項があることで、会社側の意思で償還できるため、スポンサーを確保しやすくなるという側面もある。

8 優先的条件の有無

A 優先配当の必要性

償還条件付DESにより発行する償還条件付株式も株式である以上、分配可能額が生じない限り配当を行うことはできない。

分配可能額発生以降、すなわち一定程度の再建を達成すれば配当を行うことは可能となるが、償還条件付DESは償還を前提としているのであるから、早期に再建を図り償還を行うためのインセンティブを経営陣に与えるために、配当についての優先的条件を付する必要がある。

なお、分配可能額を確保するために、普通株式（特に、経営陣や主要株主の保有する普通株式）に対しては配当を禁止する必要がある。たとえば、経営陣や主要株主の保有する株式を配当の劣後する種類株式と交換（定款変更により可能）することもあるが、通常は株主間契約において普通株式への配当を禁止すれば足りる。

B 優先配当金額の決定方法

通常、発行価額に一定の配当利率を乗じた額、というように計算式を定める。

配当利率については特段の制限はないが、分配可能額の発生後、一定期間内に償還条件付株式の償還が可能となるよう、分配可能額の優先配当と償還への振り分けを考慮して配当利率を決定する必要がある。

C 参加型／非参加型

前述のとおり、償還条件付株式の存続期間中は普通株主への利益配当は禁止することになるため、参加型／非参加型の定めは実質的な意味はないが、債務者の償還に対するインセンティブを高めるためには参加型とするのがよいといえる。

D 累積型／非累積型

債務者の償還に対するインセンティブを高めるためには累積型とするのがよいといえる。

E 残余財産の分配

償還条件付株式は普通株式とは異なり償還を前提としているため、残余財産の分配についても普通株式に優先するものとする必要がある。

なお、償還によるリターン（償還時に交付する金額）は発行価額とするのが原則であると考えれば、残余財産についても所定の優先金額（発行価額）を超えて分配は行わない（非参加型）ことになる。

9 議決権の制限

A 趣　旨

　通常のDESの場合、債権者が議決権を行使することに対して債務者の抵抗感が強く、債権者にとっても債務者の議決権を保有することにより経営に関する事実上の株主責任を問われるリスクが生じる。また、前記のとおり、議決権株式とすると、銀行法・独占禁止法上の5％ルールに抵触してしまうという問題点もある（決議事項の一部については議決権がある議決権制限株式も、銀行法・独占禁止法上の5％ルールとの関係では5％の計算に含まれると解されている）。

　そのため、償還条件付DESにより発行する株式は、原則、議決権の制限のある株式（無議決権株式）とするべきである。

B 議決権を有する株式についての取得請求権

　無議決権株式としつつ、第三者への売却や債務者に対するガバナンスを可能とするために、再建計画策定時に定められた条件に従って償還条件付株式に対する配当や償還を行わない（行うことができない）などの一定の事由が生じた場合に、議決権を有する種類株式を対価とする取得請求権（ただし、同種類株式は、金銭を対価とする取得請求権も付されているものとする必要がある）を行使できるか、もしくは普通株式を対価とする取得請求権を行使できる種類株式とすることも考えられる。

　これにより、分配可能額が生じているものの、債務者が配当を決議しない場合、償還条件付株式を議決権を有する種類株式へ転換し、翌年度の定時株主総会において株主提案により剰余金の配当を決議することが可能となるし、場合によっては臨時株主総会を招集して取締役を解任し、新たな取締役を選任することが考えられる。

　また、無議決権株式のままでは会社に対する経営権を取得することができないため、第三者への売却は困難であるが、普通株式へ転換すれば、第三者

への売却も比較的容易となる。

　取得する株式の数は、単独で株主総会の特別決議が可決できるよう、議決権総数の3分の2以上となるように設計する必要がある。

10 株主間契約の締結

A 趣　　旨

　償還条件付DESは、通常のDESの場合に生じる株式保有に伴う経営責任の問題や債務者のモラルハザードの問題を回避しつつ、債務者の財務状態や信用状態を改善し、非対象債権の回収を促進するとともに、償還条件付株式についても最終的には償還により回収するための手法である。無議決権株式であることを前提とすると、株主権を行使することによって債務者の経営に対し監督・関与することはできないため、株主間契約を締結して既存株主（主要株主や経営陣）を通じて間接的に債務者の経営を監視し、経営の規律を高める必要がある。

　また、非対象債権について特約書や覚書を締結してコベナンツ条項を設けることも可能であるが、非対象債権完済後も償還条件付株式の未償還部分が残るのが一般的であると想定されることから、償還条件付DESの実行時に既存株主および債務者との間で株主間契約を締結し、非対象債権についてのコベナンツ条項と同様の義務を経営陣に実質的に課す必要があるといえる。

　このように、株主間契約により既存株主の議決権行使に一定の制約を加えることになるが、償還条件付株式を保有する株主が直接議案を提案したり議決権を行使して議案を否決できるわけではないため、無議決権株式であることとの整合性は維持されているといえる。

B 義務（コベナンツ）の内容

　償還条件付株式の償還が終了するまでの間、以下のような義務を既存株主

に課すことが考えられる。このうち、剰余金の配当の決議義務や決議の禁止については既存株主が直接遵守することが可能であるが、財務制限条項の多くや数値目標の達成、株式譲渡の承認、資料の提出等は実質的には取締役の義務であり、既存株主は取締役に対するコントロールを通じて間接的にこれらの義務を遵守する必要がある。

① 償還条件付株式に対する剰余金の配当を決議し、実行すること
② 普通株式に対する剰余金の配当決議の禁止
③ 償還請求（金銭を対価とする取得請求権の行使）に対する償還（金銭の支払）を実行すること
④ 重要な資産の売却、多額の投資や借入れ、債務者の組織・株主構成の変更等、債務者の経営や再建計画の実行に重大な影響を与える行為を、償還条件付株主の書面による同意を得て行う（または事前に協議する）こと
⑤ 再建計画に定めた数値目標を達成すること
⑥ 一定の事由が生じた場合には、償還条件付株主による第三者に対する償還条件付株式の譲渡を取締役会において承認すること
⑦ 決算書、確定申告書、月次試算表、収支実績、収支計画書等を経営陣から提出させること

C コベナンツ違反があった場合

既存株主がこれらのコベナンツ等の株主間契約に定める義務違反、表明・保証違反があった場合などに、償還条件付株式を有する株主の既存株主（主要株主、経営陣）に対して発行価額で株式の買取りを請求できる買取請求権（プット・オプション）や、現株主（経営陣）の保有する株式を合わせて第三者に譲渡するための売渡請求権（コール・オプション）を取得することが考えられる。また、既存株主に損害賠償義務が発生する旨を定めることが考えられる。

D 株式の譲渡制限

　債務者は、金融機関が債務者の再建計画案に賛成し、債務者の再建に協力している場合に、債務者から金融機関に対して償還することを前提として、償還条件付DESを行うのであるから、債務者としては、償還条件付株式が第三者に譲渡されることは通常想定していない。そのため、償還条件付株主は原則として第三者に株式を譲渡できないことを株主間契約において定め、債務者に一定の事由が生じた場合のみ、第三者への譲渡が可能となるようにすることも考えられる。

11 貸付金債権についてのコベナンツ

　償還条件付DESの場合、取得する株式は原則として無議決権株式であり、議決権の行使により債務者の経営に対し監督・関与することはできない。

　前記のとおり、債務者のモラルハザードの発生を防止し、債務者の経営を監視し、経営の規律を高めるために、株主間契約において株主および債務者に対してコベナンツを課すことが考えられるが、償還条件付DESの対象とならない貸付金債権（非対象債権）についても特約書や覚書を締結して同様のコベナンツを設けることにより、債権者の立場から直接、債務者の経営を監視し、経営の規律を高めることも必要である。

12 償還条件付DESの事例の紹介

　償還条件付DESの公表事例 2 件を紹介する。

A 弘南バスのケース

　青森銀行、商工中金、みちのく銀行は、平成20年 4 月、弘南バス株式会社（青森県）に対して、償還条件付DESを中心とする合計34億4,000万円の支援

を行った（平成20年2月20日付東奥日報の記事）。

① 支援の内容

・青森銀行と商工中金が合計23億円の償還条件付DESを引受け

・青森銀行と商工中金が合計4億円のDDSを実施

・みちのく銀行が4.4億円の保証債務を免除

・上記の支援により、3年間で実質債務超過を解消の予定

② 償還条件付DESの内容

・金銭、普通株式を対価とする取得請求権

・役員選任・解任権

B 中小企業2社（自動車学校およびビジネスホテル）のケース

商工中金は、平成20年3月6日、茨城県中小企業再生支援協議会と連携して再生計画を進めている中小企業A社（自動車学校）およびB社（ビジネスホテル）に対し、総額4億6,000万円を融資するとともに、償還条件付DESによる支援を実施した（商工中金の平成20年4月1日付ニュースリリース）。

茨城県信用組合はA社に対し、同信組として初めてDDSを実施した。全国信用組合連合会によると、DDSを活用した信組の再生支援は全国で5件目とのことである（平成20年4月5日付日本経済新聞記事）。

① 債務者の概要

・コンクリート関連製品業等を営む企業を中核とする企業グループであるが、過去の設備投資や経営環境の悪化により、グループ全体の借入負担が増大

・グループ内で利益を確保している2事業（自動車学校、ビジネスホテル）に対し、グループから分離し、再生支援を図った

② 支援の内容

・商工中金が1億5,000万円の償還条件付DESを実施

・茨城県信用組合が3,500万円のDDSを実施

・中小公庫が2億1,500万円のDDSを実施

Ⅷ 法的整理におけるDESの実務

1 会社更生手続におけるDES

　会社更生手続において、更生計画の一環として行われる募集株式発行については、会社法、金融商品取引法および独占禁止法等の特例が設けられている。

A 会社法の特例

　会社更生手続における募集株式発行の方法として、①更生債権者や更生担保権者に対して新たに払込みまたは現物出資をさせないで募集株式を発行する方法と、②新たに払込みまたは現物出資をさせて募集株式を発行する方法が規定されている（会更法175条）。DESとの関係では、①により、更生会社に対する債権にかえて株式を発行する方法（代物弁済方式）または、②の方法により更生会社に対する債権を現物出資させる方法により、DESと同様の効果を得ることが可能である。更生計画の一環として募集株式が発行されるため、取締役会決議も、株主総会の特別決議（公開会社以外の場合）も不要である（同法210条）。また、②により更生会社に対する債権を現物出資させる方式で募集株式を発行した場合であっても検査役の調査等は不要である（同法215条3項）。さらに、発行可能株式総数の変更や、種類株式発行に際しての定款変更も株主総会の特別決議を経ることなく更生計画に定めることにより可能となる（同法210条、213条）。

B 銀行法および独占禁止法の特例

　更生計画の定めに従って、更生債権者・更生担保権者が株式を取得する場合、独占禁止法上の5％ルールの適用除外（独禁法11条1項1号）とされている「代物弁済」による取得とみなされ（会更法229条）、同ルールは適用されない。ただし、取得日から1年を超えて保有しようとする場合には、公正取

引委員会に認可を得る必要がある（独禁法11条2項）。もっとも、非上場会社の場合には、原則として、2年間（中小企業の場合は9年間）の延長が認可される。

　これに対し、銀行法上の5％ルールとの関係では、会社更生法上、特に特則は定められていない。しかし、更生計画の定めに従って、払込みまたは現物出資をさせないで更生債権者・更生担保権者に募集株式が発行される場合、銀行法上の5％ルールの適用除外（銀行法施行規則17条の6第1項2号）とされている「代物弁済」による取得とみなされ、同ルールは適用されないと考えられる。なお、銀行は、更生計画認可決定を受けている非上場会社については5％ルールの適用対象外として、当該会社の株式を100％取得することもできる（銀行法16条の2第1項13号、同法施行規則17条の2第7項3号。ただし、銀行は、原則3年間以内、中小企業の場合は10年間以内に当該株式を処分する必要がある（同法施行規則17条13項））。

2　民事再生手続におけるDES

A　民事再生手続におけるDESの手続

　民事再生手続においてDESを行う場合、会社更生法と異なり、債務の株式化についての特別の規定が存在しないため、別途会社法上の手続を経る必要がある。したがって、募集株式発行について取締役会の決議が必要であるとともに、DESに伴い新たな種類の株式を発行できるようにするために定款変更が必要な場合や有利発行に該当する場合、また、株式譲渡につき取締役会の承認を要する旨の定款の定めのある場合（公開会社以外の場合）には、別途株主総会の特別決議も必要となる（公開会社以外の場合においても、債務超過会社の場合、裁判所の許可を得れば株主総会の特別決議を得ることなく再生計画で募集株式発行（第三者割当増資）を行うことができる（民再法154条4項、162条、166条の2、183条の2。もっとも、一般にはDESに伴い、新たな種類の株

式を発行するための定款変更が行われるため、募集株式の発行についても定款変更とセットで株主総会決議を得ることが多い。）。また、現物出資方式による場合、原則として検査役の調査も必要であるが、現物出資財産が弁済期が到来している金銭債権であって、募集事項として定めた当該債権の価額が当該金銭債権に係る負債の帳簿価額を超えない場合、検査役の調査等が不要になるため（会社法207条9項5号）、民事再生手続においてDESを行う場合にはこれらは不要となる。

なお、募集株式発行に際して必要となる発行可能株式総数の拡大については、わざわざ株主総会の特別決議を経なくても、再生計画案に資本金の額の減少の定めを置く場合（債務超過会社の場合は、会社法上要求される資本金の額の減少手続（株主総会の特別決議、債権者保護手続）を経ずに、再生計画で資本金の額を減少することが可能である）は、再生計画に授権資本枠の拡大を定めることができ、その場合は、授権資本の変更に関する会社法の規定の適用は排除される（民再法154条3項、161条、166条、183条）。したがって、すでに定款で定められ、発行可能な種類の株式を発行する場合には、再生債権者の法定多数が賛成し、当該再生計画が成立すれば、株主総会の特別決議を経ることなく発行可能株式総数を拡大することができる（株式の取得、株式の併合、資本金の額の減少についても同様に再生計画で定めることができる。民再法154条3項）。

なお、再生計画において募集株式を引き受ける者の募集に関する条項を定め、これに基づき取締役会決議によって募集事項を決定した場合、払込みまたは給付の期日（期間を定めた場合、その初日）の2週間前までに、一定の事項を公告、または、株主に対して通知をすることが必要である（民再法183条の2第2項、会社法201条3項・4項）。ただし、金融商品取引法4条1項または2項に基づき有価証券届出書を提出している場合等においては、かかる公告または通知を行わなくてよい（民再法183条の2第2項、会社法201条5項、会社法施行規則40条）。

再生手続においてDESを行う場合、登記に必要な書類は以下のとおりであ

る（通常の会社がDESを行う場合に必要な以下の①〜④の書類に加え、⑤、⑥が必要となる）。

① 取締役会議事録（株主総会議事録〔書式例④（27頁）参照〕）

② 株式の引受けの申込みを証する書面（募集株式申込証〔書式例①（23頁）〕）または株式総数引受契約書（〔書式例②（23頁）〕）

③ 現物出資する金銭債権について記載された会計帳簿（会計帳簿の該当部分のコピー）

④ 資本金の額の計上に関する証明書（〔書式例⑤（28頁）〕）

⑤ 再生計画案

⑥ 再生計画認可決定確定証明書

B 銀行法および独占禁止法の特例（非上場会社の場合）

　銀行は、再生計画認可決定を受けている非上場会社については5％ルールの適用対象外として当該会社の株式を100％取得することもできる（銀行法16条の2第1項13号、同法施行規則17条の2第7項2号。ただし、銀行は、原則3年間以内、中小企業の場合は10年間以内に当該株式を処分する必要がある（同法施行規則17条13項））。

　同様に、独占禁止法上、銀行が取得日から1年を超えて株式を保有しようとする場合には公正取引委員会に認可を得る必要があるが（独禁法11条2項）、再生計画認可決定を受けている非上場会社については、原則として、2年間（中小企業の場合9年間）の延長が認可される（公正取引委員会平成14年11月12日公表（平成18年1月4日、同22年1月1日、同26年4月1日、同27年4月1日、令和元年10月15日および、同3年11月22日改定）「債務の株式にかかる独占禁止法第11条の規定による認可についての考え方」）。

C 民事再生手続におけるDESの活用方法

　再生債権についてDESを行う場合、①再生計画で再生債権をカットした後の債権の全部または一部をDESする方法と、②再生計画で再生債権のカット

を行わず、再生債権の全部または一部についてDESする方法がある。

　共益債権（たとえば、DIPファイナンスに基づく貸付債権）をDESによって株式に振り替えることも可能である。共益債権は、再生計画でその権利を変更することはできないから、その全額または一部をDESによって、自由に株式にかえることができる。再生債権、共益債権のDESのイメージを図にすると、次のようになる。

〔再生債権・共益債権のDESのイメージ（券面額説を前提とする）〕

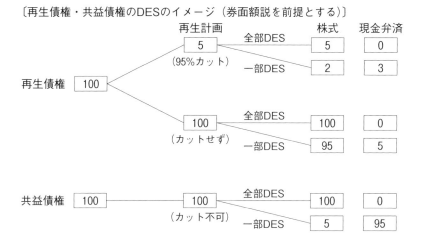

D DESと再生債権者間の平等

　再生計画で再生債権をカットせず、再生債権全額についてをDESする場合には、再生債権者間の平等に配慮する必要がある。また、DESを定めた再生計画について、再生債権者から法定多数の賛成を得られるか否かという点に配慮する必要がある。

　すべての再生債権について、いっさい現金による弁済をせず（あるいは同じ弁済率で現金弁済した上で）、一律にDESをする再生計画を立てる場合には、債権者間の平等の問題はまったく生じない。また、このような再生計画が認可されれば、再生債務者も、再生債権をまったくキャッシュアウトなく（あ

るいは許容可能なキャッシュアウトのみで）消滅させることができる。

　しかし、取引債権者は、再生債務者の株式を取得するよりも、現金弁済を受けることを希望するのが通常であり、いっさい現金弁済を受けずに一律再生債権を株式に振り替えるという再生計画に賛成票を投じるとは考えにくい。再生債権者の数の大多数は、少額の取引債権者であるから、そのような再生計画では、債権者集会で否決されてしまう可能性が高い（頭数で可決要件を満たさない）。また、高額の再生債権者であっても、DESには法律、会計、税務それぞれにおいてさまざまな問題があること、特に金融機関等については、銀行法・独占禁止法上の5％ルールの適用があること等もあって、DESに対しては難色を示す場合も多い。

　そこで、再生債権についてDESを行うにしても、①現金弁済とDESを併用する（併用型）、または、②現金弁済とDESを選択（選択型）できるような再生計画を策定しておく必要がある。このように、すべての再生債権について、「現金弁済を基本としつつ、オプションとしてDESを行う」という再生計画であれば、債権者平等の問題は生じないし、債権者の納得も得られやすい。また、債権者平等といっても、債権額に応じて、弁済条件や権利変更の内容に差異を設けることは法律上認められていることから、一定額未満の再生債権者に対しては、一律に現金弁済を行うこととし、それ以上の額の再生債権者に対しては、DES併用型またはDES選択型の再生計画とすることも可能である。なお、DES併用型の場合、債権者が一定期間内にDES株式を引き受けなかった場合には、DESが予定されていた金額については、債権放棄の効力が生じる内容とすることが考えられる。このような内容の再生計画であっても、債権者が希望する限り、債務者がDES株式を発行する義務を負うことにすれば、全債権者が平等にDESを引き受ける（債権放棄を免れる）機会が与えられることから問題ないと考える。

　問題は、債権額の多寡にかかわらず、DESを希望する特定の再生債権者についてのみ、その再生債権全額あるいは他の債権者と同様のカットをした後の残額をDESすることとし、それ以外の再生債権者に対しては一定のカット

をしたうえで残額について現金弁済を行うという再生計画が民事再生法上許容されるかである。特定の再生債権者に対してのみDESをする場合でも、DESを実行する再生債権者が再生債務者のスポンサーであり、当該スポンサーがその再生債権全額あるいはカット後の残額をDESしていっさいの現金弁済を受けないような場合で、DESで取得する株式の価値が、再生計画に定められた弁済率によって当該債権者（スポンサー）に現金弁済したときの金額以下の場合には（スポンサーが支援をする前の価値で判断すれば足りる）、債権者間の実質的平等を害しないものとして、許容されるものと考えられる。

〔再生手続でDESを行う場合のスキーム（DES併用型とDES選択型）〕

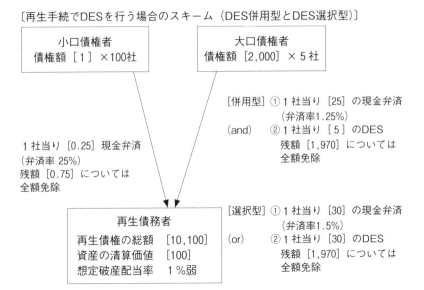

IX DESの会計、税務上の取扱い

1 会計上の処理について

額面200、時価100の債権について、DESを行ったときの債務者および債権

者の会計処理は、以下のとおりである。

A 債務者側の会計処理

　現物出資型のDESの場合、券面額説（債権の額面額をDESに際して発行される募集株式の払込金額とする説）に従って処理した場合と、評価額説（債務者の財務内容を反映した債権の評価額をDESに際して発行される募集株式の払込金額とする説）に従って処理した場合とで、以下のような違いがみられる[注1]。

（注1）　会社法の立案担当官は、DESをする場合の債務者側の会計処理について、「会社計算規則上は、（券面額説と評価額説の）いずれの処理によることも、それが公正なる会計慣行である限り、特に問題はない」としている（郡谷大輔・和久友子編著『会社法の計算詳解〔第2版〕』200頁）。

a　券面額説による会計処理

　額面200、時価100の債権について現物出資型のDESを行った場合、200の債務が消滅し、資本金は、消滅した債務に相当する分（200）増加する。評価額説に従った会計処理の場合と異なり、債務消滅益は発生しない。

b　評価額説による会計処理

　額面200、時価100の債権について現物出資型のDESを行った場合、200の債務が消滅するが、資本金の増加額は、消滅した当該債務の時価100である。したがって、資本金の増加額100と債務の額面金額200の差額分100について債務消滅益が発生する。

　なお、現金払込型DESの場合、上記aと同様になる。

B 債権者側の会計処理

a　DES実行時における処理

　DESの実行は、債権者側においては金融資産に係る取引であるため、その会計処理も金融商品会計基準および金融商品実務指針に基づいて行われる。実務上の取扱いを確認するためにDES実行時の会計処理に関して、平成14年

10月、企業会計基準委員会より実務対応報告第6号として「デット・エクイティ・スワップの実行時における債権者側の会計処理に関する実務上の取扱い」が公表された（巻末資料2参照）。同実務対応報告によれば、DESにより債権者が取得する株式は新たな資産と考えられ、消滅した債権の帳簿価額[注1]と取得した株式の時価の差額を当期の損益として処理し、当該株式は時価で計上するとされている[注2]。

なお、取得した株式の取得時における「時価」については、市場価格がある場合には、「市場価格に基づく価額」であり、市場価格がない場合には「合理的に算定された価額」とされている。

「合理的に算定された価額」は、債権放棄額や増資額などの金融支援額の十分性、債務者の再建計画等の実行可能性、優先株か否か等の株式の条件等を適切に考慮したうえで、金融商品実務指針54項に掲げられる方法[注3]によって算定されると説明されている。また、「合理的に算定された価額」の算定が困難な場合、取得した株式の取得時の時価を直接的に算定する方法にかえ、適切に算定された実行時の債権の時価を用いて当該株式の時価とすることも考えられるとされている。

また、同実務対応報告は、「債務者側の会計処理にかかわらず適用されることに留意する」とされている。

したがって、券面額説に従って債務者側で債務消滅益が生じない場合でも、債権者側において会計上損失が発生する場合があることになる。

同実務対応報告は、債務者が財務的に困難な場合に行われるDESを対象としている。また、同実務対応報告は、現物出資型のDESを想定して作成されているものの、現金払込型（金銭出資と債権の回収が一体と考えられる場合）のDES実行時にも同様の会計処理をすべきであるとされている。

（注1）　同報告書によれば、消滅した債権の帳簿価額は、取得原価または償却原価から貸倒引当金を控除した後の金額とされている。

（注2）　DESを実施し、債務者がDESに応じた債権者の子会社・関連会社となる場合などは、債権者において現物出資に伴う移転資産についての譲渡損益を認識せず、債権の簿価がそのまま株式の簿価となることもある（企業結合会計

基準及び事業分離等会計基準に関する適用方針（企業会計基準適用指針10号））。

(注3) 同項においては、合理的な価額算定方法として、①取引所等から公表されている類似の金融資産の市場価格に、利子率、満期日、信用リスクおよびその他の変動要因を調整する方法、②対象金融資産から発生する将来キャッシュフローを割り引いて現在価値を算出する方法等があげられている。

b 期末における処理

平成15年3月13日、企業会計基準委員会は、「種類株式の貸借対照表価額に関する実務上の取扱い」（企業会計基準委員会実務対応報告第10号）を公表した（巻末資料3参照）。これは、前記企業会計基準委員会実務対応報告第6号が、債務の株式化（デット・エクイティ・スワップ）の実行時における債権者の株式の取得についての会計処理を定めているのに対し、その株式の期末評価が検討されたところ、種類株式の貸借対照表価額に関する実務上の取扱基準として定められたものである。これは、DESにあたって発行される株式が種類株式であることが多いため、DESにより取得する株式に限定せず種類株式全体の評価について規定している。なお、同報告においても、債務者（株式発行者）側の会計処理は取り扱われていない。同報告の内容は以下のとおりである。

① 種類株式中、一定の時期に償還されることが確実に見込まれるものは、債券と同様の性格をもつと考えられるため、債券の貸借対照表価額と同様に取り扱う。

② それ以外の種類株式の貸借対照表価額については、市場価格のある種類株式（種類株式自体は市場で取引されていないが、容易に市場価格のある普通株式に転換可能なものも含む）は市場価格に基づく価額であり、売買目的以外の市場価格のある種類株式については時価の著しい下落により減損処理がなされる。市場価格のない種類株式については、取得原価であり、発行会社の財政状態の悪化による実質価額の著しい低下により減損処理がなされる。

③ 市場価格のない種類株式（①に該当するものを除く）の減損処理での実質

価額の算定は、原則的には評価モデル（割引将来キャッシュフロー法やオプション価格モデルなど）により行い、それが困難である場合は、発行会社の時価を反映した純資産額または優先的な残余財産分配請求額を基礎とする方法による。この実質価額が取得原価に比べて50%以上低下した場合は、減損処理がなされなければならない。

c　転換型優先株式の評価

普通株式や社債等の「市場価格のある有価証券」であれば、実際に市場で取引されている価格で評価すればよいが、DESによって取得する種類株式が普通株式や社債を対価とする取得請求権（取得条項）を有する場合（転換型（転換予約権付）優先株式）は「市場価格のない種類株式」であるため、企業会計基準委員会実務対応報告第10号に基づき、減損処理の可否を判定する際に用いる評価モデルによって評価額（実質価額）を算定するのが一般的である。

この評価モデルとして、実務では、旧Monis社が開発したMonis Convertibles XLというシステムで算出することが多いといわれている（なお、"MONIS"による評価額は一般的に高い評価額が算出されるようである）。この"MONIS"に代表される、評価モデルの考え方は、単純化すると転換型優先株式を、これを構成する2つの要素、「株式オプション」と「社債（クレジット）」に分解して、それぞれの価値を合算することによって評価する。

「社債」部分の価値については、優先配当率が通常TIBOR＋1〜2％程度であるのに対し、内包するクレジットリスクは経営不振企業に対する最劣後部分として非常に高いことから、実際にはほとんど価値が生まれないことが多い。したがって優先配当率が多少上下したとしても優先株式全体の価値にはそれほど大きな影響を及ぼさない。

結局、優先株式の価値の大半は「株式オプション」部分で構成されることになるが、通常この株式オプションの転換価格は優先株式発行時の株価に設定されるため（転換価格が時価に連動して設定されるケースも多い。その場合、

上限および下限価格が設けられるのが一般的である）、時間価値も含めたオプション価値だけで額面以上の価値を有することになるといわれている。

2 税務上の処理について

額面200、時価100の債権について、DESを行ったときの債務者および債権者の税務上の処理は、以下のとおりである。

A 債務者側の税務上の処理

a 現金払込型の場合

現金払込型のDESは、実際に現金で払込みがなされており、債務者において資本取引である。よって、債務者に債務消滅益は発生しない[注1]。

（注1） 現金払込型を利用する目的が租税負担を減少させる目的のみであって、当初から計画された一体の取引と認定されるような場合には、現物出資型との対比において公平の観点から否認される可能性も否定できないとの見解もある（太田・前掲『「純資産の部」完全解説―「増資・減資の実務」を中心に―〔改訂増補版〕』449頁）。

b 現物出資型の場合

法人税法2条16号は「資本金等の額」についての定義規定を設けているが、これを受けた法人税法施行令8条1項は、募集株式発行に際して現物出資を受けた場合に「給付を受けた資産の価額」が資本金等の増加額になることを定めている。この点について、財務省発行の平成18年税制改正についての解説書は、「法人が現物出資を受けた場合には、給付を受けた資産の価額（すなわち時価）をもって増加させる資本金等の額とすることとされたため、いわゆるDES（デット・エクイティ・スワップ）により自己宛債権の現物出資（適格現物出資を除きます。）を受けた場合についても、債務者である法人の増加する資本金等の額は、その券面額ではなく税制上の時価によるということとなります。また、債務者である法人が現物出資を受けた自己宛債権に対応す

る債務について、その券面額と自己宛債権の時価との差額が債務の消滅益として計上されることとなります。」と解説している。すなわち、適格現物出資の場合を除き、DESの場合に券面額と債権の「時価」の差額を債務消滅益として認識することが必要である^(注1)。

上記財務省発行の解説書記載のとおり、適格現物出資^(注2)の場合には、債権の簿価（券面額）が資本金等の額に組み入れられることになり、債務消滅益は生じない。

(注1)　東京地判平成21年4月28日は、DESが資本等取引に該当するため、債務消滅益は認識する必要がないという納税者側の主張に対して、DESは①債権の現物出資、②混同による債権の消滅、③新株発行という複数の各段階の過程によって構成される複合的な行為であり、これらをもって一の取引行為とみることはできず、②の過程では資本等の金額の増減は発生しないことから資本等取引に該当するとは認められないと判示し、券面額と「時価」の差額を債務消滅益として認識した課税庁の更正処分を適法とした（控訴審で維持（東京高判平成22年9月15日））。

(注2)　現物出資会社と非現物出資会社が100%の資本関係を有するか、100%未満であっても従業者や事業の継続、株式継続保有といった要件を満たす場合（グループ内部での現物出資の場合）、税務上、適格現物出資（税制適格）に該当し、簿価取引として認識する必要がある。一般的にDESは、グループ会社間で行われるというよりも銀行と事業会社との間で行われることが多いが、親子会社間でDESが行われる場合やスポンサーがあらかじめ株式と債権を買い集めたうえでDESを行う場合などは、適格現物出資に該当する可能性があり、その場合、簿価取引として認識することになる。

c　債務消滅益の処理

DESは経営不振企業の再建策として行われるものであるが、債務消滅益に対する課税による資金負担が生じるとすれば、当該企業のキャッシュフローは悪化し、再建目的でDESを行った趣旨が没却されることになってしまう。

そこで、会社更生、民事再生等の法的整理においてDESが行われる場合、DESにより発生する債務消滅益の額を、期限切れ欠損金と相殺することが可能となっている（法人税法59条1項1号・2項1号）^(注1)。また、会社更生法、民事再生法に基づく手続の場合には、資産の評価損の計上が認められている

（法人税法33条 3 項・ 4 項等）。これにより、法的整理の場合にDESにより多額の債務消滅益が発生する場合、債務消滅益を、まず最初に期限切れ欠損金と相殺し、次に、青色欠損金と相殺すること、また、資産の評価損と相殺することにより、ケースによっては課税の発生を回避することができる。

　なお、期限切れ欠損金の損金算入については、法的整理だけでなく「一定の私的整理」の場合にも認められる。経済産業省が公表した平成22年 1 月付「事業再生に係るDES研究会報告書」によれば、上記の「一定の私的整理」とは、法人税法施行令24条の 2 第 1 項の要件を満たす、民事再生法等の法的整理に準じた私的整理のことをいい、主要なものとして、私的整理ガイドライン、中小企業活性化協議会（旧中小企業再生支援協議会）の支援、RCC企業再生スキーム、事業再生ADR手続、地域経済活性化支援機構（旧企業再生支援機構）、中小企業事業再生等ガイドラインの支援によるものがある。

　また、経済産業省は、上記報告書公表とともに、国税庁に対して照会を行い（平成22年 2 月15日付「企業再生税制適用場面においてDESが行われた場合の債権等の評価に係る税務上の取扱いについて（照会）」）、国税庁からは、一般的には同省の見解でさしつかえない旨の回答がなされた（同月22日付）。上記報告書、同照会および回答によれば、企業再生税制適用場面における債務者側のDESの税務上の取扱いは、概要以下のとおりとなる。

① 　現物出資される債権の時価は、合理的に見積もられた再生企業からの回収可能額に基づき評価する。

② 　再生企業からの回収可能額は、実態貸借対照表（法人税法施行令24条の 2 第 1 項 2 号）の債務超過金額に、当該貸借対照表における資産および負債の額、債務処理に関する計画における損益の見込み等（同 3 号）を考慮して算定される。

③ 　具体的な事例への当てはめとしては、(a)回収不可能部分のDESの場合には現物出資債権の評価はゼロとなり、債権の券面額を債務消滅益として認識し、(b)回収可能部分を含むDESの場合には現物出資債権の評価は回収可能額となり、債権の券面額と当該回収可能額との差額を債務消滅益として

認識する。また、(c)償還請求権が債権者に付された種類株式であっても、その評価は上記のように回収可能額に基づいて行い、償還条件の内容にかかわらない。

④　債権者が有する債権のうちにDESの対象とされなかった債権（非対象債権）が存在する場合、DESの対象となる債権（対象債権）が株式に変わるため、非対象債権は対象債権に優先して回収されることになる。このため、たとえば、債権者の有する1,000（簿価）の債権について、その合理的な回収可能額が900と見込まれる場合において、そのうち800を非対象債権とし、200を対象債権としたときは、対象債権の評価額は、非対象債権を含んだ回収可能額（900）から、非対象債権（800）を控除した金額（100）となり、債務消滅益100を計上することになる。

（注1）　従来、会社更生手続、民事再生手続等の法的整理の場合、債務免除益を期限切れ欠損金と相殺することができると理解されていた。

B　債権者側の税務上の処理

a　現金払込型の場合

見解は分かれているようであるが、現金払込型の場合、法形式上はあくまで金銭出資であるため、取得した株式の取得価額は、税務上払い込んだ金額となる。

したがって、200の出資により、200の債権を回収して取得した株式についての取得価格は200となり、DESの実行時において税務上損失として損金処理することはできないと考えられる。

また、増資払込み後の株式の評価減についても、厳しく制限されている（法人税基本通達9－1－12参照）。

b　現物出資型の場合

現物出資が税制非適格か税制適格に該当するかによって処理が異なる[注1]。DESの場合には、通常税制非適格に該当するので、以下では非適格を前提とし

ている。

　債権者側の取扱いについては、会計処理と同様に券面額説か評価額説であるかを問わず、取得した株式をその時の時価で受け入れることになる（法人税法施行令119条1項2号）^(注2)。

　この点について、法人税基本通達2－3－14において、以下のとおり規定されている。

> 「子会社等に対して債権を有する法人が、合理的な再建計画等の定めるところにより、当該債権を現物出資（適格現物出資を除く。）することにより株式を取得した場合には、その取得した株式の取得価額は、法人税法施行令119条1項2号（有価証券の取得価額）の規定に基づき、当該取得の時における価額となることに留意する。」なお、「子会社等」には、当該法人と資本関係を有する者のほか、取引関係、人的関係、資金関係等において、事業関連性を有する者が含まれる。

　債権200について、時価100の株式を取得した場合には、100の譲渡損失を認識することになる。

　この債権譲渡損が税務上認められるのは、合理的な再建計画によるDESに限られることになる（法人税基本通達9－4－1、9－4－2）。

　再建計画の合理性については、①損失負担額の合理性、②支援者による適切な再建管理、③支援者の範囲の相当性、④支援割合の合理性等を総合的に勘案して判断される（利害の対立する複数の支援者の合意により策定されるものと認められる再建計画は、原則として、合理的なものと取り扱う）。

　上記の「事業再生に係るDES研究会報告書」とこれに関する経済産業省による照会および国税庁の回答は、企業再生税制適用場面において、債権者の現物出資債権の時価は債務者にとっての被現物出資債権の評価額と一致させるのが合理的との見解に立っている。この結果、債権の帳簿価額からDESにより交付を受ける株式の取得価額（上記の評価額）を控除した金額が、債権者における債権の譲渡損の額となる。

（注1）　債権者の現物出資が、適格要件を満たした適格現物出資である場合、債権

者は現物出資を税務上簿価取引として認識する必要がある。他方、債権者の現物出資が適格要件を満たさない非適格現物出資である場合、債権者は現物出資を税務上時価取引として認識する必要がある。一般的にDESは、グループ会社間で行われるというよりも銀行と事業会社との間で行われることが多く、通常は、適格要件を満たさない非適格現物出資に該当すると考えられる。ただし、親子会社間でDESが行われる場合やスポンサーがあらかじめ株式と債権を買い集めたうえでDESを行う場合などは、適格現物出資（グループ内現物出資）に該当する可能性があり、該当する場合、簿価取引として認識することになる。この場合、募集株式取得後の簿価と時価とが通常大きく乖離することになるが、取得した株式について評価損（法人税基本通達9－1－11）を計上できるかが問題となるが、現物出資直後の評価損は計上できないと考えられる（法人税基本通達9－1－12参照）。その後、相当期間経過後に株式の評価が著しく下落した場合には、評価損の計上が認められる余地もあろう。

(注2)　平成19年2月26日に国税庁課税部より、「相続等により取得した種類株式の評価について」（資産評価企画官情報第1号）が公開された。あくまで相続等により取得した場合についてであるが、種類株式について評価方法を以下のとおりとしている。DESにより発行する株式はこれに該当することがある（特に償還条件付DESの場合、設計次第では②の社債類似株式に該当することになる）ため、DESに際して債権者が取得する株式の評価の参考になるといえる。

① 配当優先の無議決権株式
・配当優先株式：類似業種比準方式により評価する場合は、株式の種類ごとにその株式に係る配当金によって評価する。純資産価額方式により評価する場合は、配当優先の有無にかかわらず、財産評価基本通達の定めにより評価する。
・無議決権株式：同族株主が無議決権株式を相続または遺贈により取得した場合には、原則として、議決権の有無を考慮せずに評価する。遺産分割協議が確定している等の条件を満たす場合、その価額に5％を乗じて計算した金額を控除して評価する。

② 社債類似株式（次の条件を満たす株式）……財産評価基本通達197－2（3）（利付公社債の評価）に準じて発行価額により評価する。
・優先配当、累積型（ただし、優先配当金を超えて配当しない）
・残余財産の分配については非累積型
・一定期日において、株式全部を発行価額で償還
・無議決権
・他の株式を対価とする取得請求権を有しない

③ 拒否権付株式……普通株式と同様に評価する。

◉ IFRS

平成21年6月30日、金融庁企業会計審議会は、「我が国における国際会計基準の取扱いについて〔中間報告)」を公表した。当該中間報告においては、平成24年をメドに上場企業の連結財務諸表について日本における国際財務報告基準（International Financial Reporting Standards；IFRS）の強制適用の是非が判断されることとなっていた。この点、平成23年6月21日付で公表された金融担当大臣の見解によれば、少なくとも平成27年3月期についての強制適用は考えておらず、仮に強制適用する場合であってもその決定から5〜7年程度の十分な準備期間の設定を行うこと、平成28年3月期で使用終了とされている米国基準での開示は使用期限を撤廃し、引き続き使用可能とすることとされている^(注1)。

IFRSでは、負債または資本の分類は主にIAS32号により取り扱われる。IASとは、現在の国際会計基準審議会（International Accounting Standards Board；IASB）の前身である国際会計基準委員会（International Accounting Standards Committee；IASC）が公表した基準書の表記である。同号においては資本に区分される持分金融商品は負債を控除した後の残余概念として整理されており（同号11項）、資本（持分金融商品（または資本性金融商品））か負債（金融負債）か否かは、法形式ではなく実質に着目して決定される（同号18項）。これに対して、従来の日本では、資本と負債の区別は法的な形式により会計処理され、会社法上の株式として発行された場合には資本として扱ってきた。このように、IFRSのもとでは、従来の資本と負債の区別基準が異なるため、IFRSが適用された場合、DESにより発行された種類株式が必ずしも資本として扱われない可能性がある点に留意する必要がある。

（注1）　これを受けて、連結財務諸表の用語、様式および作成方法に関する規則等について米国基準の使用期限を撤廃する旨の改正がなされ、平成23年8月31日付で公布・施行された。

X DESの実例研究

1 上場企業のDES

上場企業におけるDESについては、大幅な資本金の額の減少、株式の併合・消却による発行済株式数の減少、1単元の株式数の減少とセットで行われている事例が多い。

DESにより発行される株式については、それぞれの事例に適するように設計された優先株式と普通株式が併用されている。

また、産業競争力強化法（旧産活法）上の認可を得た再建計画に基づきDESを行っている事例も多い（たとえば、ダイエー、長谷工のケースなど）。産競法に基づきDESを行うことにより、DESによる増資の際の登録免許税が軽減される（令和6年3月31日までの間、増加資本金額に対する0.7％の税率から0.35％に軽減。ただし、3,000億円までの部分に限る。また、平成24年4月1日以降に産競法上の認可を得た場合で、かつ会社分割を伴う場合は0.5％）。また、DESを含めた再建計画について、産競法上の認可を得ることにより、再建計画の合理性・妥当性が担保され、銀行がDESに応じる際、銀行法・独占禁止法上の5％ルールの適用除外事由である、合理的な経営改善計画の一環として行われたDESとして認められやすくなるというメリットもある。

以下、DESの事例について、いくつか紹介する。

A シャープ

シャープは、平成27年6月30日、ジャパン・インダストリアル・ソリューションズ第1号投資事業有限責任組合から250億円の出資を受けるとともに、みずほ銀行および三菱東京UFJ銀行（当時）からの借入金のうち各1,000億円（合計2,000億円）についてDES（現金払込型）を実行し、財務体質の改善を図った。なお、シャープは、同時に約1,200億円の減資（資本金および資本

準備金の額の減少）も実行している。

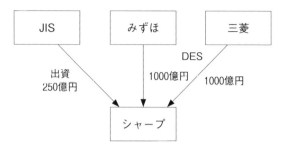

DESにより発行した優先株の概要は下表のとおりである（巻末資料6参照）。

1株当りの発行価額 （発行株数）		1,000,000円 （200,000株）
払込期日 配当		平成27年6月30日
	利率（年率）	TIBOR（6ヵ月）＋2.5％
	累積／非累積	累積
	参加／非参加	非参加
残余財産分配	分配額	(i)1,000,000円（払込金額相当額）、 (ii)累積未払優先配当金額の合計額
	参加／非参加	非参加
議決権		なし
譲渡制限		あり
取得請求権（金銭対価）		あり
取得条項（金銭対価）		あり
取得請求権（株式対価）		あり
取得条項（株式対価）		なし

　その後、シャープは、平成28年8月、台湾の鴻海精密工業股份有限公司から出資を受け、同社の子会社となり、同社の下で再建を図った。そして、みずほ銀行および三菱東京UFJ銀行が引き受けた優先株は、平成30年10月および令和元年6月の2回に分けて全額償還された。

B 文教堂グループホールディングス

　大手書籍チェーンを展開する株式会社文教堂グループホールディングスは、債務超過に陥り上場廃止に係る猶予期間入りの指定を受けるなかで、令

和元年6月に事業再生ADR手続の利用申請をした上で、金融機関および主要株主（大口取引先）から以下のような支援を受けた。

① 主要株主（大口取引先）による支援
- ・追加出資5億円（DESにより発行される優先株と同種）
- ・仕入債務の支払期限の延長等による資金繰り支援

② 金融支援（41億6,000万円）
- ・金融債務合計141億3,000万円（8行）のうち合計41億6,000万円（6行）をDES
- ・残債務（約100億円）について令和7年8月末日までリスケジュール

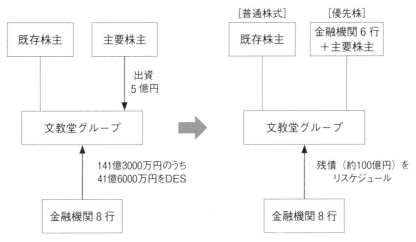

主要株主の追加出資および金融機関6行によるDESにより発行された優先株の概要は下表のとおりである（巻末資料7参照）。なお、金融債務の借入人が文教堂グループホールディングスだけではなく事業子会社も含まれていたことから、現金払込型によりDESが実行された。

1株当りの発行価額		10,000,000円
（発行株数）		（466株）
払込期日		令和元年12月2日
配当	利率（年率）	0.1%
	累積／非累積	累積
	参加／非参加	非参加

残余財産分配	分配額	(i)1,000,000円（払込金額相当額）、(ii)累積未払優先配当金額の合計額
	参加／非参加	非参加
議決権		なし
譲渡制限		あり
取得請求権（金銭対価）		あり
取得条項（金銭対価）		あり
取得請求権（株式対価）		あり
取得条項（株式対価）		なし

C 児玉化学工業

　自動車部品事業・住宅設備事業を柱とする児玉化学工業株式会社は、資本強化・成長資金確保のためスポンサー選定を行うとして3年間の暫定リスケジュール中であったが、スポンサー探索の結果、いずれの候補者からの提案も金融支援を条件とするものであったことから、令和2年1月、事業再生ADR手続の利用申請をした上で、金融機関およびスポンサーから以下のような支援を受けた。

① 　金融支援（22億円）

　　・有利子負債約69億円のうち23億円を、スポンサーに対して1億円（額面の4.3%）で譲渡

　　・中国子会社の持分や遊休資産の売却代金を原資として被保全部分に対してプロラタ弁済（合計2億円）

　　・残債務（約44億円）はリスケジュール（収益に基づく現預金残高増加額を原資としたプロラタ弁済）

② 　スポンサーによる支援

　　・有利子負債23億円を1億円で買取り

　　・23億円のうち3億円を債権放棄、残りの20億円をDES（優先株）

　　・第三者割当増資（普通株式）により10億円の出資

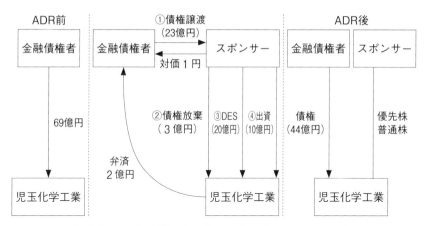

　DESにより発行した優先株の概要は下表のとおりである（巻末資料8参照）。本件は発行される株式数（優先株における潜在株式を含む）が多いため、東京証券取引所における上場廃止基準であるいわゆる「300％ルール」に抵触しないよう留意する必要があった。

1株当りの発行価額 （発行株数）		256円 （78,125,000株）
払込期日		令和2年6月30日
配当	利率（年率）	2％
	累積／非累積	累積
	参加／非参加	非参加
残余財産分配	分配額	(i)256円（払込金額相当額）、 (ii)累積未払優先配当金額の合計額
	参加／非参加	非参加
議決権		なし
譲渡制限		あり
取得請求権（金銭対価）		あり
取得条項（金銭対価）		あり
取得請求権（株式対価）		あり
取得条項（株式対価）		なし

D 株式会社コスモスイニシアのケース

　不動産デベロッパーである株式会社コスモスイニシアは、平成21年4月に事業再生ADR手続の利用申請をした上で、再建計画を立案した。その概要は以下のとおりである。下記②のとおり金融支援を受けた675億円のうち305億円がDESによる支援であった。

① 　筆頭株主およびアライアンス先の支援（総額121億円の資本増強）

・子会社による40億円の債権放棄

・子会社株式をアライアンス先に売却することで株式譲渡益61億円を計上

・アライアンス先による10億円の出資（優先株式の引受け。巻末資料9参照）

・筆頭株主による10億円の出資（劣後株式の引受け）

② 　金融支援（675億円）

・金融機関13行による370億円の債権放棄

・金融機関13行による305億円のDES

③ 　リスケジュール（約1,005億円）

・金融機関全行（38行）による借入金合計約1,005億円を鑑定評価に基づき有担保部分、無担保部分に区別

・有担保部分は物件売却時に返済（一定期間経過後は物件売却ができなかった場合も分割弁済を開始）

・無担保部分は分割弁済

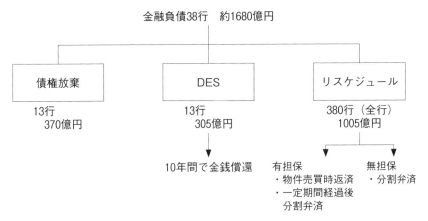

なお、コスモスイニシアの臨時株主総会における議案は以下のとおりである。

[臨時株主総会の議案]

第1号議案　定款一部変更の件(1)

　本議案は、現行定款の一部を下記2．記載の変更案1のとおり変更することにつき、ご承認をお願いするものであります。

1．変更の理由

　　当社は、本事業再生計画を実行するため、第1種優先株式及び劣後株式を発行するとともに、普通株式及びA種優先株式について株式の併合を実施し、さらに、平成21年12月30日を一斉取得日としてA種優先株式を普通株式に転換（取得と引換えに普通株式を交付することをいいます。以下同じ。）することといたしました。かかる株式の発行、株式の併合及びA種優先株式の転換に備えるため、以下のとおり定款変更を行うものであります。

(1)　新たな種類の株式として第1種優先株式及び劣後株式を追加するため、現行定款第5条に第1種優先株式及び劣後株式の発行可能種類株式総数の規定を新たに追加し、現行定款第7条に第1種優先株式及び劣後株式の単元株式数の規定を新たに追加するとともに、各種類の株式の普通株式への転換に備えて、発行可能株式総数及び普通株式の発行可能種類株式総数を増加させるものであります。

(2)　A種優先株式に対する剰余金の配当及び残余財産の分配を第1種優先株式に劣後させるため、現行定款第11条の2第3項及び第5項並びに現行定款第11条の5の変更を行うものであります。

(3)　A種優先株式の併合を可能とするため、現行定款第11条の2第9項の

変更を行うものであります。

(4)　A種優先株式全てを平成21年12月30日をもって普通株式に転換するため、変更案１第11条の２第10項の追加を行うものであります。また、A種優先株主による普通株式への転換請求権を定めた現行定款第11条の２第10項は削除するものであります。

(5)　第１種優先株式及び劣後株式を発行するため、変更案１第11条の３及び第11条の４において、第１種優先株式及び劣後株式に関する規定を追加するものであります。

(6)　B種優先株式及びC種優先株式は、現在発行されておらず、今後発行する予定もないため、関連する規定を修正及び削除するものであります。

(7)　その他所要の変更を行うものであります。

2．変更の内容
　変更の内容は次のとおりであります。
　（略）

第２号議案　普通株式併合の件

1．株式の併合を必要とする理由
　　当社は、本事業再生計画を実行するため、株主責任の一環として、下記２.記載の割合で普通株式の併合を行うものであります。

2．併合の割合
　　当社の発行済の普通株式について、10株を１株に併合いたします。
　　かかる株式の併合の結果、１株に満たない端数が生じた場合には、会社法第235条に従い、売却又は買取りを実施し、端数が生じた普通株主様に対し、その代金を端数に応じて交付いたします。

3．株式の併合の効力発生日
　　平成21年11月６日

4．併合する株式の種類
　　普通株式

第３号議案　A種優先株式併合の件

1．株式の併合を必要とする理由
　　当社は、本事業再生計画を実行するため、株主責任の一環として、下記２.記載の割合でA種優先株式の併合を行うものであります。
　　なお、本議案に係るA種優先株式の併合は、第１号議案「定款一部変更の件(1)」に係る定款変更の効力が発生することを条件といたします。

2．併合の割合
　　当社の発行済のA種優先株式について、20株を１株に併合いたします。
　　かかる株式の併合の結果、１株に満たない端数が生じた場合には、会社法第235条に従い、売却又は買取りを実施し、端数が生じたA種優先株主様

に対し、その代金を端数に応じて交付いたします。ただし、A種優先株式の併合によって1株に満たない端株は生じない予定です。

3．株式の併合の効力発生日

平成21年11月6日

4．併合する株式の種類

A種優先株式

第4号議案　定款一部変更の件(2)

本議案は、第1号議案「定款一部変更の件(1)」による変更後の定款の一部を下記2．記載の変更案2のとおり変更することにつき、ご承認をお願いするものであります。

なお、本議案に係る定款変更は、第1号議案「定款一部変更の件(1)」に係る定款変更の効力が発生すること及び第2号議案「普通株式併合の件」に係る普通株式の併合の効力が発生することを条件といたします。

1．変更の理由

第2号議案「普通株式併合の件」にて上程しております普通株式に係る株式の併合に伴って、普通株主様の議決権等の権利や株式市場における投資の利便性・流動性を損なわないよう、普通株式の単元株式数を1,000株から100株に変更するとともに、A種優先株式の単元株式数を1,000株から100株に変更するものであります（変更案2第7条）。

また、附則において、かかる定款の変更は、第2号議案「普通株式併合の件」に係る普通株式の併合の効力発生日に効力を生じる旨及び効力発生後かかる附則を削除する旨を規定するものであります（変更案2附則第4条）。

2．変更の内容

変更の内容は次のとおりであります。

（略）

第5号議案　募集株式（第1種優先株式）の募集事項の決定の取締役会への委任の件

本議案は、本事業再生計画を実行するため、会社法第199条及び第200条の規定に基づき、第三者割当による募集株式（第1種優先株式）の発行に関し、以下の要領により募集事項の決定を当社取締役会に委任することについてご承認をお願いするものであります。

本議案をご承認いただいた場合は、臨時株主総会後に開催予定の当社取締役会において募集事項の決定を行い、下記3記載のとおり主要取引先金融機関に対して債務の株式化（デット・エクイティ・スワップ）の方法により第1種優先株式を発行することを予定しております。

なお、本議案に係る募集株式の発行は、第1号議案「定款一部変更の件(1)」

に係る定款変更の効力が発生することを条件といたします。

1．募集株式の種類及び数の上限
   第1種優先株式　　　30,500,000株
   （第1種優先株式の内容については第1号議案「定款一部変更の件(1)」を
   ご参照ください。）

2．払込金額の下限
   1株につき金1,000円

3．募集方法
   第三者割当により、下記の者に以下のとおり割り当てる予定です。

株式会社三菱東京UFJ銀行	5,100,000株
株式会社みずほコーポレート銀行	4,300,000株
株式会社三井住友銀行	2,600,000株
三菱UFJ信託銀行株式会社	2,400,000株
三菱UFJリース株式会社	2,400,000株
住友信託銀行株式会社	2,300,000株
中央三井信託銀行株式会社	2,100,000株
株式会社あおぞら銀行	2,100,000株
株式会社横浜銀行	1,900,000株
みずほ信託銀行株式会社	1,600,000株
株式会社りそな銀行	1,400,000株
株式会社関西アーバン銀行	1,300,000株
信金中央金庫	1,000,000株

4．特に有利な払込金額で募集株式（第1種優先株式）を引き受ける者の募
   集をすることを必要とする理由

   当社は、本事業再生計画を実行して、財務体質の抜本的な改善を図るた
   め、主要取引先金融機関に対して債務の株式化（デット・エクイティ・スワッ
   プ）の方法により第1種優先株式を発行することといたしました。

   当社は、株価変動率、流動性、第1種優先株式の配当条件、第1種優先
   株主が負担することとなるクレジット・コスト等の諸条件を考慮し、当社
   の置かれた事業環境及び財務状況等を総合的に勘案の上、一般的な価格算
   定モデルであるモンテカルロ・シミュレーションを基礎として算定した結
   果を参考に、第1種優先株式の発行条件を決定しており、かかる発行条件
   は概ね合理的とされる水準と判断しております。また、第1種優先株式の
   価値の算定につきましては、公正性を期すため、第三者機関が作成する評
   価報告書を取得しております。

   しかしながら、第1種優先株式の公正価値については、その計算が非
   常に高度かつ複雑であるため、会社法上、払込金額が株式を引き受ける者
   に特に有利な金額であるとされる可能性も存すること、また大規模な第三

者割当増資であることから、株主の皆様の意思を確認すべく株主総会にお諮りするものであります。

第6号議案　第三者割当による募集株式（第1種優先株式）発行の件

　本議案は、本事業再生計画を実行するため、会社法第199条の規定に基づき、下記1. 記載の内容で、募集株式（第1種優先株式）を発行することについてご承認をお願いするものであります。

　なお、本議案に係る募集株式の発行は、第1号議案「定款一部変更の件(1)」に係る定款変更の効力が発生することを条件といたします。

1. 募集株式（第1種優先株式）の内容
　(1)　募集株式の種類及び数
　　　第1種優先株式　1,000,000株
　　　（第1種優先株式の内容については第1号議案「定款一部変更の件(1)」をご参照ください。）
　(2)　払込金額
　　　1株につき金1,000円
　(3)　払込期日
　　　平成21年10月30日
　(4)　増加する資本金及び資本準備金
　　　資本金　　　　　5億円（1株につき500円）
　　　資本準備金　　　5億円（1株につき500円）
　(5)　募集方法
　　　第三者割当により、下記の者に以下のとおり割り当てる。
　　　大和ハウス工業　1,000,000株
2. 特に有利な払込金額で募集株式（第1種優先株式）を引き受ける者の募集をすることを必要とする理由

　　当社は、本事業再生計画を実行するため、新たなアライアンス先との提携等による事業基盤の強化及び当社の財務基盤の抜本的な改善を図るべく、大和ハウス工業との間の業務提携の一環として、同社に対して第1種優先株式を発行することといたしました。

　　当社は、株価変動率、流動性、第1種優先株式の配当条件、第1種優先株主が負担することとなるクレジット・コスト等の諸条件を考慮し、当社の置かれた事業環境及び財務状況等を総合的に勘案の上、一般的な価格算定モデルであるモンテカルロ・シミュレーションを基礎として算定した結果を参考に、第1種優先株式の発行条件を決定しており、かかる発行条件は概ね合理的とされる水準と判断しております。また、第1種優先株式の価値の算定につきましては、公正性を期すため、第三者機関が作成する評価報告書を取得しております。

しかしながら、第1種優先株式の公正な価値については、その計算が非常に高度かつ複雑であるため、会社法上、払込金額が株式を引き受ける者に特に有利な金額であるとされる可能性も存すること、また大規模な第三者割当増資であることから、株主の皆様の意思を確認すべく株主総会にお諮りするものであります。

第7号議案　第三者割当による募集株式（劣後株式）発行の件

　本議案は、本事業再生計画を実行するため、会社法第199条の規定に基づき、下記1.記載の内容で、募集株式（劣後株式）を発行することについてご承認をお願いするものであります。

　なお、本議案に係る募集株式の発行は、第1号議案「定款一部変更の件(1)」に係る定款変更の効力が発生することを条件といたします。

1．募集株式（劣後株式）の内容
　⑴　募集株式の種類及び数
　　　劣後株式　　　20,000株
　　　（劣後株式の内容については第1号議案「定款一部変更の件(1)」をご参照ください。）
　⑵　払込金額
　　　1株につき金50,000円
　⑶　払込期日
　　　平成21年10月30日
　⑷　増加する資本金及び資本準備金
　　　資本金　　　　　5億円（1株につき25,000円）
　　　資本準備金　　　5億円（1株につき25,000円）
　⑸　募集方法
　　　第三者割当により、下記の者に以下のとおり割り当てる。
　　　Unison Capital Partners II, L. P.　　　　4,603株
　　　Unison Capital Partners II(F), L. P.　　6,004株
　　　UC Stand – By Facility 1, L. P.　　　　1,571株
　　　UC Stand – By Facility 2, L. P.　　　　4,597株
　　　UC Stand – By Facility 3, L. P.　　　　3,225株

2．特に有利な払込金額で募集株式（劣後株式）を引き受ける者の募集をすることを必要とする理由

　　当社は、ユニゾン・ファンド（CL）からコスモスライフの発行済全株式を買い取ることについて平成21年9月11日に合意しておりますが、譲渡代金の一部を株式引受に充当することにつき協議した結果、ユニゾン・ファンド（CL）に対して劣後株式を発行することといたしました。

　　当社は、株価変動率、流動性、劣後株式の配当条件、劣後株主が負担することとなるクレジット・コスト等の諸条件を考慮し、当社の置かれた事

業環境及び財務状況等を総合的に勘案の上、一般的な価格算定モデルであるモンテカルロ・シミュレーションを基礎として算定した結果を参考に、劣後株式の発行条件を決定しており、かかる発行条件は概ね合理的とされる水準と判断しております。また、劣後株式の価値の算定につきましては、公正性を期すため、第三者機関が作成する評価報告書を取得しております。

　しかしながら、劣後株式の公正な価値については、その計算が非常に高度かつ複雑であるため、会社法上、払込金額が株式を引き受ける者に特に有利な金額であるとされる可能性も存すること、また大規模な第三者割当増資であることから、株主の皆様の意思を確認すべく株主総会にお諮りするものであります。

第8号議案　資本金の額の減少の件

1．資本金の額の減少の理由

　当社は、本事業再生計画の実行によって第1種優先株式・劣後株式を発行し合計325億円の資本増強を計画する一方で、平成21年3月期において539億72百万円（個別）の債務超過であり、人員削減に伴う早期退職費用の追加負担等により平成22年3月期においても、損失計上額が拡大する見込みであります。

　このような状況におきまして、欠損金の一部填補に備えるため、また資本構成の是正を図り、今後の柔軟な資本政策の展開を可能とするために資本金の額の減少を実施することについてご承認をお願いするものであります。

　なお、本議案に係る資本金の額の減少は、第5号議案「募集株式（第1種優先株式）の募集事項の決定の取締役会への委任の件」、第6号議案「第三者割当による募集株式（第1種優先株式）発行の件」及び第7号議案「第三者割当による募集株式（劣後株式）発行の件」に基づく募集株式の発行により、資本金の額が28,214,485,000円、資本準備金の額が21,623,958,000円になることを条件といたします。

2．資本金の額の減少の内容

⑴　減少する資本金の額
　　23,214,485,000円

⑵　資本金の額の減少の効力発生日
　　平成21年11月2日

第9号議案　資本準備金の額の減少の件

1．資本準備金の額の減少の理由

　本議案は、第8号議案においてご説明申しあげましたとおり、欠損金の一部填補に備えるため、また資本構成の是正を図り、今後の柔軟な資本政策の展開を可能とするために資本準備金の額の減少を実施することについてご承認をお願いするものであります。

なお、本議案に係る資本準備金の額の減少は、第5号議案「募集株式（第1種優先株式）の募集事項の決定の取締役会への委任の件」、第6号議案「第三者割当による募集株式（第1種優先株式）発行の件」及び第7号議案「第三者割当による募集株式（劣後株式）発行の件」に基づく募集株式の発行により、資本金の額が28,214,485,000円、資本準備金の額が21,623,958,000円になることを条件といたします。

2．資本準備金の額の減少の内容

(1)　減少する資本準備金の額
　　21,623,958,000円

(2)　資本準備金の額の減少の効力発生日
　　平成21年11月2日

第10号議案　取締役2名選任の件

　取締役A氏が平成21年4月30日をもって辞任し、取締役B氏、C氏及びD氏並びに社外取締役E氏が平成21年9月30日をもって辞任いたしましたので、新たに取締役2名の選任をお願いするものであります。

　取締役候補者は、次のとおりであります。

　（略）

以　上

E 株式会社オリエントコーポレーションのケース

　株式会社オリエントコーポレーションの再建計画の概要は以下のとおりである。金融支援を受けた1,400億円は、すべてDESによるものであった。

①　資本金の額2,202億円を2,152億円減少し、同額を資本準備金に振替

②　既存の優先株式10株を1株に併合、普通株式2株を1株に併合

③　普通株式の1単元を1,000株から500株に変更

④　金融機関からのDES1,400億円（Ⅰ種優先株式：1株当り1,000円）実施（巻末資料10参照）。引受先は、みずほコーポレート銀行。

⑤　第三者割当増資1,500億円（J種優先株式：1株当り1,000円）実施。引受先は、みずほコーポレート銀行、みずほ銀行、伊藤忠商事、モルガン・スタンレー証券、DBJコーポレート投資事業組合、KKR PEI Japan Investment I Ltd.

⑥　資本準備金の額4,144億円を減少し、欠損を填補（④、⑤により、資本金

の額1,450億円、資本準備金の額1,450億円増加）

⑦　産活法の認定

　　DESにより発行するI種優先株式の内容は、議決権はないが、優先配当、普通株式を取得の対価とする取得請求権（発行から10～20年が行使期間）、普通株式を取得の対価とする取得条項（取得請求権の行使期間の末日の翌日をもって取得）、金銭を取得の対価とする取得条項（発行から10年間が行使期間。交付する金銭の額は、1株当り1,050円に未払優先配当金相当額を加えた額）が付されている。

F 株式会社長谷工コーポレーションのケース

a　再建計画（平成14年に発表されたもの）の内容

①　534億円の無償（大会社としての最低資本金5億円を残して減資（資本金の額の減少））、156億円の資本準備金取崩し

②　普通株式5株を1株に併合

③　1単元を1,000株から500株に変更

④　DES1,500億円（普通株式：100億円（1株当り72円で発行）、5種類の優先株式：1,400億円（1株当り500円で発行）実施。引受先は、りそな銀行、中央三井信託銀行、みずほ銀行。現金払込型DESを採用

⑤　産活法の認定

　優先株式の内容は、次頁の表のとおりである。

　5種類すべての優先株式について、議決権はないが、普通株式への転換予約権が付与されている（転換請求期間が、優先株式の発行から、4年後、5年後、6年後、10年後、13年後と各優先株式によって異なっている）。また、すべて強制転換条項付株式となっている。

　5種類すべての優先株式について、随意償還株式となっているが、第1回B種優先株式については、発行日から13年目以降、当期未処分利益が200億円を超えている場合には、その2分の1まで、1株当り発行価額と同額の金額での償還の選択権が株主に認められている義務償還株式となっている。

〔優先株式の発行案件の概要（平成14年8月22日付の株式会社長谷工コーポレーションの開示資料より）〕

優先株式の種類		第1回A種	第2回A種	第3回A種	第4回A種	第1回B種
発行総額		188億円	200億円	200億円	390億円	450億円
発行株数		3,760万株	4,000万株	4,000万株	7,800万株	9,000万株
発行価額		@500円	@500円	@500円	@500円	@500円
議決権		なし	なし	なし	なし	なし
優先配当金		日本円TIBOR（6ヵ月物）+0.50%	日本円TIBOR（6ヵ月物）+0.75%	日本円TIBOR（6ヵ月物）+0.75%	日本円TIBOR（6ヵ月物）+1.00% 13年目以降 〃 +1.80%	日本円TIBOR（6ヵ月物）+1.00% 13年目以降 〃 +1.80%
	上限額	7年後まで10円（2%） 8年目以降50円（10%）	同左	同左	同左	同左
	参加条項	非参加	同左	同左	同左	単純参加
	累積条項	非累積	同左	同左	同左	8年目以降 翌営業年度に限り累積
残余財産の分配		@500円	@500円	@500円	@500円	@500円
消却条項		株主に配当すべき利益をもって消却可能				13年目以降、当期末処分利益が200億円を超えている場合はその2分の1まで可能
償還請求権		なし	なし	なし	なし	同左
転換予約権		普通株式への転換	同左	同左	同左	同左
転換請求期間		4年後から5年間 （2006/10～2011/9）	5年後から7年間 （2007/10～2014/9）	6年後から18年間 （2008/10～2026/9）	10年後から16年間 （2012/10～2028/9）	13年後から17年間 （2015/10～2032/9）
当初転換価額		発行決議時点の時価 （72円）	同左	同左	同左	転換開始日の1年前の時価 （ただし、@72円を下回らない）
転換価額の修正		上下方修正 5年後から毎年、9月・3月	同左 6年後から毎年、9月・3月	同左 7年後から毎年、9月・3月	同左 11年後から毎年、9月・3月	同左 14年後から毎年、9月・3月
上限転換価額		当初転換価額の150%	当初転換価額の200%	当初転換価額の300%	当初転換価額の300%	同左
下限転換価額		当初転換価額の60%	当初転換価額の50%	同左	同左	同左
強制転換条項		9年後（2011/10）	12年後（2014/10）	24年後（2026/10）	26年後（2028/10）	30年後（2032/10）

b DES等によるバランスシートの変化

なお、長谷工の上記DESによるバランスシート（純資産の部）の変更は122頁の図のとおりである。

c 優先株式の買受消却、償還

長谷工は平成14年9月に上記のとおり総額1,428億円のDESを実施したが、平成15年3月期以降業績のV字回復をみせ、めざましく収益力を回復させた（平成14年末に約50円にまで落ち込んだ株価は、平成16年には最高約400円まで上昇した）。

そのため長谷工は、平成17年8月、新中期経営計画（2005～2007年度）を策定し、平成14年に発行した優先株式の買受けならびに償還方針についての資本再編プランを公表した。同プランは、再建が順調に進んだことを受け、財務体質の健全性の維持と本業収益の安定確保、優先株式の普通株式への転換による希薄化の軽減を図り、普通株式についての復配の早期実現を図るため、配当可能利益（分配可能額）と期間利益の積上げを原資とした優先株式の買受消却、償還を行うことを内容とするものであり、123頁のスケジュールが公表され、スケジュールどおり、買受消却、強制償還等が行われている（第1回B種優先株式以外については、全株式が普通株式に転換または買受消却を完了している）。

〔財務体質の健全化〕 （単位：億円）

■保有不動産の抜本処理	
［平成14年3月期］	
・販売用不動産評価損	381
・固定資産評価損	167
・関係会社投融資損失	1,380
・その他	72
合　計	2,000

平成14年3月期	
資本金	539
資本準備金	156
剰余金	△1,610
資本合計	△ 915

■欠損金の填補	
（第1号損失処理案、第2号減資議案関連）	
・資本準備金の取崩し	156
・資本の減少	534
合　計	690

準備金取崩し・資本減少後	
資本金	5
資本準備金	－
剰余金	△ 920
資本合計	△ 915

■資本の充実・有利子負債削減	
（第4号優先株式発行のための定款変更議案関連）	
・債務の株式化	1,500

債務の株式化後	
資本金	755
資本準備金	750
剰余金	△ 920
資本合計	585

平成17年3月期計画	
資本金	755
資本準備金	－
剰余金	30
資本合計	785

（出典）　株式会社長谷工コーポレーション平成14年6月10日付招集通知より抜粋

DES優先株式	1年目 H18/3期 2006/3期	2年目 H19/3期 2007/3期	3年目 H20/3期 2008/3期	4年目 H21/3期 2009/3期	5年目 H22/3期 2010/3期	6年目 H23/3期 2011/3期	7年目 H24/3期 2012/3期	8年目 H25/3期 2013/3期	9年目 H26/3期 2014/3期	10年目 H27/3期 2015/3期	11年目 H28/3期 2016/3期
第1回A種	（買受け 380）	転換開始 2006/10～									
第2回A種			転換開始 2007/10～								
第3回A種				転換開始 2007/10～							
第4回A種		償還 182	償還 182	償還 182	転換開始 2008/10～						
第1回B種				償還 150	償還 150	償還 150	償還 150		転換開始 2012/10～	2015/10～ 転換価格決定 ※	
償却価格	380	182	182	182	150	150	150				

転換開始 2008/10～

7年間での買受けと償還の方針を決定

第1回A種優先株式　・平成19.2までに全株式を普通株式へ転換　（取得請求権行使の対価として普通株式を交付）
第2回A種優先株式　・平成18.7にw％を1株当り2,200円（発行価額の440％）で買受けして消却
第3回A種優先株式　・平成20.3までに全株式を普通株式に転換（取得価額の190％）で買受けして消却
第4回A種優先株式　・平成17.9に全株式を1株当り950円（発行価額の190％）で買受けし、強制償還（現金を対価とする取得条項）および義務償還
　　　　　　　　　　条項（現金を対価とする取得条項）を設定・平成17.9に臨時株主総会および種類株主総会を開催（定款変更）・平成20.5までに全株式を1株当り701.55～701.96円（発行価額の500円の140％に経過配当金相当額を加算した金額）
　　　　　　　　　　で強制償還
第1回B種優先株式　・平成17.9に臨時株主総会および種類株主総会を開催し、強制償還条項（現金を対価とする取得条項）および義務償還
　　　　　　　　　　条項（現金を対価とする取得条項）を設定（定款変更）

G 株式会社ケンウッドのケース

a 再建計画（平成14年公表のもの）の内容

① 筆頭株主等に対する約20億円の第三者割当増資の実施

② 借入金250億円についてDESを実施。引受先は、りそな銀行１行

A種およびB種の２種類の優先株式を発行、現物出資の方法によるDES。

③ 全金融機関との間で返済協定締結

優先株式の内容は、２種類（発行価額は１株につき400円）、A種、B種ともに発行株式数各3,125万株、発行価額総額各125億円、合計250億円。

A種、B種とも普通株式への転換予約権が付されている。転換価額は時価に連動して修正されるが、下限と上限（上限は当初転換価額）が設けられている（巻末資料11参照）。

b 優先株式の消却（有償資本金の額の減少）

ケンウッドは平成14年12月に上記のとおり総額250億円のDESを実施したが、平成15年３月期と16年３月期において２年連続で純利益において過去最高益を更新するなど、短期間でめざましく収益力を回復させた（平成14年５月当時約100円であった株価は、平成16年３月期の最高値は398円まで上昇した）。

その後の平成16年５月、下記の「新財務戦略」の実施を取締役会で決議し、①の無償減資および③の有償減資については、同年６月の定時株主総会、③の有償減資については、あわせてA種優先株主による種類株主総会において承認決議のうえ、実行された。

① 200億円の無償減資—繰越損失の解消

② 230億円規模の公募による増資—増資資金により、下記③の優先株式の消却と有利子負債の削減に充当

③ 161億円の有償減資—上記②の資金により、A種優先株式（発行総額125億円）を161億円で有償消却

④ 400億円の借入れ—新たなシンジケートローンを設定し、上記②の資金

　　　　　　の一部等とあわせて、既存借入金を返済して前記a

　　　　　　の③の返済協定を終了

　上記のとおり、ケンウッドは、DESによって発行した優先株式のうち半数

（A種優先株式、発行総額125億円）を161億円で有償消却している。結果として、

りそな銀行は、DESにより債権の額面以上の回収を実現したことになる。

　なお、同優先株式については、買受け・消却等について以下のとおり定め

られていた。

〔買受け・償却等についての定款記載事例〕

> 株式の併合又は分割、募集株式引受権、買受、消却
> 　当会社は、A種優先株式及びB種優先株式について、株式の併合又は分割を
> 行わない。当会社は、A種優先株主及びB種優先株主に対しては、募集株式の
> 引受権又は募集株式予約権もしくは募集株式予約権付社債の引受権を与えな
> い。当会社は、株主に配当すべき利益をもって普通株式、A種優先株式又はB
> 種優先株式のいずれか一つのみ、二つのみ又は全部の種類につきその全部又
> は一部の買受けを行うことができる。当会社は、取締役会の決議をもって、
> その有する普通株式、A種優先株式又はB種優先株式のいずれか一つのみ、二
> つのみ又は全部の種類につきその全部又は一部の消却を行うことができる。

〔優先株式の有償消却による資本金の額の減少の議案例

　──平成16年6月29日開催のケンウッドの株主総会議案〕

> **第1号議案　第75期損失処理案承認の件**
> 　損失処理案の内容は、前記添付書類（28頁）に記載のとおりであります。
> 　当期は2年連続過去最高益で当期純利益を計上することとなりましたが、
> 前記繰越損失を解消するにはいたらず、株主の皆様には誠に申し訳なく存じ
> ますが、当期の配当につきましては、無配とさせていただきたいと存じます。
> 　当期の配当につきましては、次期繰越損失といたしたいと存じます。
> 　今後新たな飛躍へとつなげ、一刻も早く株主の皆様のご支援にお応えでき
> るよう、努力を続けてまいる所存であります。
>
> **第2号議案　資本金の額の減少（発行済株式総数の減少を伴わない無償資本
> 　　　　　　　金の額の減少）の件**
> 　1．資本金の額の減少の理由

第 1 号議案の「第75期損失処理案承認の件」が承認可決されますと、
当社は18,140,871,296円の損失を次期に繰り越すことになります。
　　つきましては、平成16年 5 月21日に発表いたしました「新財務戦略」の
とおり、繰越損失の解消を実施するとともに、財務基盤の再構築をはかり、
復配に道筋をつけるため、下記の内容による資本金の額の減少を致したい
と存じます。なお、本議案の資本金の額の減少により、発行済株式総数
や 1 株あたりの自己資本の額の変化は何らございません。なお、「新財務
戦略」の詳細につきましては、後記47頁から53頁をご参照ください。
 2 ．資本金の額の減少の内容
⑴　減少すべき資本の額
　　本議案の資本金の額の減少によって、当社の資本の額を20,000,000,000
円減少致したいと存じます。
⑵　資本金の額の減少の方法
　　本議案の資本金の額の減少においては、発行済株式総数の変更は行わ
ず、帳簿上の資本の額のみを無償で減少致したいと存じます。
⑶　資本の欠損（繰越損失）の填補に充てる金額
　　本議案の資本金の額の減少において減少すべき資本の額20,000,000,000
円のうち18,140,871,296円を資本の欠損（繰越損失）の填補に充てること
に致したいと存じます。欠損の填補後の残額1,859,128,704円につきまして
は「その他資本剰余金」に振り替えられる予定です。
⑷　その他必要事項につきましては、取締役会にご一任願いたいと存じま
す。

**第 3 号議案　資本金の額の減少（第一回A種優先株式の有償消却による資本金
　　　　　　　の額の減少）の件**
 1 ．資本金の額の減少の理由
　　前記「新財務戦略」のとおり、第 2 号議案としてご審議いただく資本
金の額の減少により繰越損失の解消を実施することに加え、第一回A種優
先株式の有償消却による資本金の額の減少を行うことで、将来当該優先
株式が普通株式に転換され普通株主の皆様の持ち株比率が希薄化される
ことを防ぎ、また、将来の配当負担を軽減したいと存じます。なお、第
一回A種優先株式は、上限転換価額98円で全部転換されたと仮定した場
合、普通株式127,551,020株となるものであり、本議案がご承認いただけ
た場合、普通株式の希薄化のインパクトを縮減する効果が期待されます。
 2 ．資本金の額の減少の内容
　⑴　減少すべき資本の額
　　本議案の資本金の額の減少によって、当社の資本の額を16,100,000,000
円減少致したいと存じます。

(2) 資本金の額の減少の方法

第一回A種優先株式のすべて（31,250,000株）を有償消却する方法により、第一回A種優先株主様に16,100,000,000円を払い戻します。

(3) その他必要事項につきましては、取締役会にご一任願いたいと存じます。

(4) 本議案の決議の効力の発生は、上記平成16年5月21日開催の当社取締役会決議に基づく募集株式発行の効力が発生することを条件とするものとします。

なお、本年3月末時点の当社の資本の額は39,469,876,771円でしたが、上記募集株式発行の効力が生ずれば（募集株式発行の効力発生は本年7月上旬を予定しております。）、資本の額は49,469,876,771円となる予定です（発行総額のうち100億円を資本に組入れた場合）。かかる募集株式発行の効力が発生し、かつ、第2号議案および第3号議案の資本金の額の減少の効力がそれぞれ発生した場合には当社の資本の額は13,369,876,771円となる予定です。

2 非上場企業のDES

前述（第1部Ⅲ1B）のとおり、銀行法および同法施行規則の平成25年、令和元年および同3年改正により、銀行が、自らまたは投資専門子会社を通じて、事業の再生を図る会社を子会社にできる範囲、期間が拡充した。すなわち、銀行以外の第三者が事業計画の策定に関与した事業再生子会社については、原則3年、中小企業は10年間にわたり、銀行本体または投資専門子会社において、議決権を100%保有することができることになったのである。銀行に対しては、融資のみならず、出資、特に投資専門子会社を通じた出資も積極的に行うことによって、資本性の資金の出し手となり、株主として経済を積極的に支えていく役割が期待されるようになったと考えられる。

エグジットの不透明さ等の観点から、銀行が非上場企業のDES株を引き受けるケースは少ない。もっとも、たとえば、貸金業や建設業などの許認可業種においては、債務超過に陥ると許認可取消になったり、公共工事を受注できなくなったりといった事業への悪影響がある。そのため、早期の債務超過解消は、上場企業のみならず非上場企業でも喫緊の課題である。

以下では、非上場企業においてDESが実行された事案を紹介する。

A 事案の概要（金融支援の概要）

　金融業を営むA社は、いわゆる過払金問題により財務体質及び資金繰りが悪化した。そこで、A社は、メインバンクに相談し、以下のような再建計画を立案して、全取引金融機関に対して、以下のような支援を要請し、同意を得た。

> ①　消費者金融中心から事業者ローン・不動産担保ローン中心の事業に転換する。
> ②　有利子負債（約200億円）のうちメインバンクに対する金融負債の一部（20億）をDESし財務体質を強化するとともに、残債務（約180億円）をリスケジュールし、年間のFCFの範囲内でのプロラタ弁済とする。
> ③　残債務に対しては、A社の営業債権（貸付債権）につき全行同順位（第1順位）の債権譲渡担保を設定する（債権者間協定の締結）。

B DESにより発行した株式の内容

　DESにより発行した優先株の概要は下表のとおりである。

1株当りの発行価額 （発行株数）		1,000,000円 （2,000株）
払込期日		XX年YY月ZZ日
配当	利率（年率）	TIBOR（6ヵ月）＋2％
	上限	発行価額の10％
	累積／非累積	累積
	参加／非参加	非参加
残余財産分配	分配額	(i)1,000,000円（払込金額相当額）、 (ii)累積未払優先配当金額の合計額
	参加／非参加	非参加
議決権		なし
譲渡制限		あり

取得請求権（金銭対価）	あり
取得条項（金銭対価）	あり
取得請求権（株式対価）	あり
取得条項（株式対価）	なし

C エグジット

　金融機関による支援を得た後、3事業年度が経過し、事業者ローン・不動産担保ローンへの転換に成功する中で、消費者金融事業の承継先を確保した。

　そこで、事業者ローン・不動産担保ローンを会社分割により分社化した上で、A社の創業家が保有する普通株式とメインバンクが保有する優先株を一括で当該承継先に売却することになった。これにより、メインバンクは優先株を売却することができ、また、新生A社としても財務体質が改善され、各金融機関との取引も正常化した。

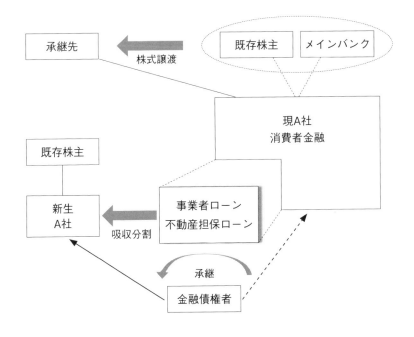

非上場企業のDESは、エグジットが容易ではないため敬遠されがちであるが、こういった成功例も少なからず存在する。銀行としては、銀行法等の改正をふまえ、たとえば、投資専門子会社において、再建中の会社の株式を引き受け、その出資金で銀行に対する有利子負債を返済することでDESを実行するなどして、投資専門子会社において当該会社の株式を保有し、その後、積極的に事業の再建に関与した上で、株式を売却する等してエグジットは確保していくといったことも考えられる。

第 **2** 部

DDS

Ⅰ　DDSとは何か

DDS（デット・デット・スワップ）とは、債務者が債権者に対して負担する既存の債務を別の条件による債務に変更することをいう。通常、金融機関の既存の貸付金を他の債権よりも劣後する劣後ローンや劣後債に変更する意味で使われる。

債権放棄やDESなどと同様に、経営不振企業の財務再構築のためのデット・リストラクチャリングの一手法として利用される。

以下では、DDSが利用されるようになった背景事情と財務再構築の手法である債権放棄やDESのメリット、デメリットとの比較の観点からDDSの内容（契約条件）や具体的実行方法などについて解説を行う。

Ⅱ　DDSの制度的背景

1　新しい中小企業金融の法務に関する研究会報告

平成15年３月に金融庁が公表した「リレーショップシップバンキングの機能強化に関するアクションプログラム」を受けて、新しい中小企業金融の法務に関する研究会（以下「研究会」という）が金融庁監督局長の諮問に基づき設置された。研究会は、担保・保証に過度に依存しない新たな中小企業金融のあり方について研究を行い、平成15年７月16日に「研究会報告書」および「中小企業の事業及び財務再構築のモデル取引に関する基本的考え方」（以下「基本的考え方」という）を取りまとめ公表した。

研究会報告書では、わが国の中小企業は、一般的に自己資本比率が低く借入依存度が高い傾向にあり、事業インフラを支える「根雪的」な資本的性格の資金も、リスクマネーとしての性格を明確にせず、法形式上、資本ではな

く債務という手段により調達されてきた点を指摘している。そのうえで、当該資金に関する権利義務関係を、実態に合わせて法律上明確にしていくことが、企業と資金供給者である金融機関の双方にとって有益であるとし、その手段として債務の株式化（DES、デット・エクイティ・スワップ）と債務の劣後ローン化（DDS、デット・デット・スワップ）を提案している。そして、「基本的考え方」において、DESとDDSについてのモデル取引を提示した。

2 平成16年旧金融検査マニュアルの改訂

旧「金融検査マニュアル別冊〔中小企業融資編〕」（以下「旧金融検査マニュアル別冊」という）は、金融検査マニュアルに基づく中小・零細企業等の債務者区分の判断に際して、具体的な検証ポイントを掲げ、さらにそれらの実際の運用例を示して、対象企業の経営実態をふまえた債務者区分の実現を図るよう、策定されたものである。平成16年2月26日に、金融機関が資金仲介機能をいっそう活発に発揮していくための環境整備を図っていく観点から改訂が行われた。

改訂による検証ポイントとして、①「代表者等との一体性」、②「企業の技術力、販売力、経営者の資質やこれらをふまえた成長性」、③「経営改善計画」、④「貸出条件及びその履行状況」、⑤「貸出条件緩和債権」、⑥「企業・事業再生の取組みと要管理先に対する引当て」、⑦「資本的劣後ローンの取扱い」の7点があげられ、それぞれにつき、具体的チェック事項が記載されている。

上記⑦において「資本的劣後ローン」（現在は「資本的劣後ローン（早期経営改善特例型）」）の取扱いが初めて規定された。具体的には、貸出債権の全部または一部を債務者の経営改善計画の一環として、一定の要件を満たす貸出金（資本的劣後ローン（早期経営改善特例型））に転換している場合には、債務者区分等の判断において、当該資本的劣後ローン（早期経営改善特例型）を資本（会社法上の純資産。以下本章においては「資本」という）とみなすこと

としている。また、資本的劣後ローン（早期経営改善特例型）に転換された部分が貸出条件緩和債権に該当する場合であっても、当該債権の残債および当該債務者に対するその他の債権については、あらかじめ要管理先に対する債権として扱うことはしないものとしている。

3 平成20年旧金融検査マニュアル別冊の改訂

平成20年の旧金融検査マニュアル別冊の改訂により、新たなDDSの類型として「資本的劣後ローン（准資本型）」が導入された。これは、債務者区分が破綻懸念先等の債務者や、法定中小企業以外の債務者に対してもDDSの対象を広げるものであり、既存の債務を「十分な資本的性質が認められる借入金」に転換するという要件さえ満たせば、DDS実行後の劣後ローンを資本とみなすことができるというものである。なお、旧金融検査マニュアルに関するよくあるご質問（FAQ）（以下「旧金融検査マニュアルFAQ」という）においては、資本的劣後ローン（准資本型）に転換した借入金および資本的劣後ローン（准資本型）として新規融資をした借入金を「資本性借入金」と呼称している。

4 中小企業金融円滑化法の「出口戦略」としてのDDS

平成20年に導入された資本的劣後ローン（准資本型）は、借入金の「十分な資本的性質」という要件が不明瞭で利用しにくい面があったため、当初はあまり活用されていなかった。そこで、金融庁は平成23年11月22日に「「資本性借入金」の積極的活用について」を公表し、旧金融検査マニュアルFAQを改訂することにより、「十分な資本的性質」の要件を明確化した（旧金融検査マニュアルFAQ 9 - 18〜22）。

あわせて、金融庁は平成23年12月以降、平成25年 3 月末まで期限延長され

た中小企業者等に対する金融の円滑化を図るための臨時措置に関する法律（中小企業金融円滑化法）（平成25年3月末にすでに終了）の「出口戦略」における再生手法としてDDSの活用を謳っており、活用事例の増加を促進している。

　特に、内閣府・金融庁・中小企業庁が平成24年4月20日に公表した「中小企業金融円滑化法の最終延長を踏まえた中小企業の経営支援のための政策パッケージ」においては、中小企業の経営改善・事業再生の促進を図るための出口戦略として、①金融機関によるコンサルティング機能のいっそうの発揮、②企業再生支援機構（現地域経済活性化支援機構）および中小企業再生支援協議会（令和4年4月1日より、「中小企業活性化協議会」に名称変更）の機能および連携の強化（標準処理方式を2カ月とする協議会の新方式の確立、24年度に全国で3,000件程度の目標件数）、③「中小企業支援ネットワーク」の構築、事業再生ファンドの設立促進、資本性借入金（DDS）を活用した事業再生支援の強化等、その他経営改善・事業再生支援の環境整備という「パッケージ」が提示されており、中小企業再生支援手法の柱として DDSを位置づけている。また、中小企業再生支援協議会においては平成24年4月6日に中小企業再生支援協議会版「資本的借入金」が導入され、現在、同協議会においては資本性借入金（DDS）が再生手法の柱となっている。

　中小企業庁が令和4年6月に公表した「中小企業再生支援協議会の活動状

〔支援協議会における金融支援の手法（令和4年3月末まで累計）〕

	企業数（社）	割合（%）
債務免除の実施	1,509	9.1
うち直接放棄	364	2.2
うち第二会社方式	1,145	6.9
金融機関、取引先によるDES	79	0.5
金融機関によるDDS	455	2.7
協議会版資本的借入金	583	3.5
リスケジュール	14,575	87.8
合　　計	16,608	100.0

（注）　上記手法を複数実施している案件がある

況について」によれば、同協議会の支援を受けて再建計画を策定・完了した16,608社のうち、455社（全体の2.7％）にてDDSによる金融支援が実施され、583社（全体の3.5％）に協議会版資本的借入金が用いられた。なお、令和2年4月1日以降、新型コロナウイルスの感染拡大を受けて窮境に陥った企業を対象として、中小企業再生支援協議会では「新型コロナウイルス特例リスケジュール計画」（特例リスケ）の策定支援が中心となったため、DDSの活用割合は減少しているが、今後、特例リスケの出口等において、比較的簡単に実行可能なDDSの活用は増加すると予想される。

5 旧金融検査マニュアルの廃止

金融庁は、金融機関が自らの融資方針や債務者の実態等をふまえ、認識している信用リスクをより的確に引当てに反映させることを目的として、令和2年12月18日、旧金融検査マニュアルを廃止した。もっとも、従来の実務を否定するものではなく、令和3年5月27日に改正された「中小・地域金融機関向けの総合的な監督指針」Ⅱ－4－1において、資本性借入金（DDS）について、「急激な経営環境の変化により資本の充実が必要となった企業に対する支援においては、貸付けの条件の変更等だけでなく、資本性借入金や出資等も活用し、顧客企業の経営改善等につなげていくことが強く求められる」としている。

金融庁はまた、令和3年5月27日に「資本性借入金関係FAQ」を公表し、資本性借入金の利用（DDSの実施）に際しては、旧金融検査マニュアル廃止以降も、同マニュアルにおける考え方が基準となることを明らかにしている。同FAQには、「金融検査マニュアルは廃止されましたが、新型コロナウイルス感染症の影響により改めて資本性借入金の活用が期待される中、従来から考え方が変わっていないことを明らかにするため、今般、監督指針に明記したもの」であるとも説明されている（同FAQ23）。

Ⅲ 財務再構築（デット・リストラクチャリング）のための各手法の比較・検討

1 債権放棄

A 債権放棄とは

　債権放棄とは、債権者（主に金融機関）が債務者に対して有する債権（主に貸付金）の一部を放棄する（債務者の側からみると免除を受ける）ことをいう。たとえば、A社が2億円の債務超過に陥っており、B銀行がA社に対し5億円の貸付金を有している場合、B銀行のA社に対する貸付金のうち2億円を放棄すると、A社の債務超過は解消する。

　債権者が債権を放棄する場合、債権の一部を放棄し、その残額を一括受領するディスカウント・ペイ・オフ（DPO）という手法と、残額について何年もかけて分割弁済を受ける手法がある。わが国において一般に債権放棄というと、後者の分割弁済の方法がとられることが圧倒的に多い。

　DPOではなく単純な債権放棄を行うことが許容されるのは、以下の理由による。債権放棄によって債務者の財務状態が改善し、元利金返済の負担が軽減し資金繰りも改善するため、債務者が合理的な再建計画を実行することが可能となる。これにより残元本についての回収可能性が高まるため、債権放棄を行わなかった場合と比較して債権者が回収する債権の総額が多くなる可能性が高いからである。

B 債権放棄のメリット

　債権放棄は、債務者の債務を確定的に消滅させる手法であるため、①過剰債務を解消し、有利子負債を削減することができ、これにより債務者の信用力が高まり、再建可能性が高まる。②免除を受けた債務については元利金の返済がなくなるため、資金繰りも改善される。資金繰りが改善することによ

り、他の借入金の返済能力が向上し、③他の借入金についても不履行となる危険性（デフォルトリスク）が減少する。④債務免除益により、累積損失（繰越欠損金）等の解消が可能となる。

また、合理的な再建計画に基づいて債権放棄を実行し、これにより債務超過が解消され財務状態が改善するのが通常であることから、⑤放棄後の残債権についての債務者区分を上位遷移することが可能となる。

C 債権放棄のデメリット

債権放棄によって債権者の債権は完全に消滅することから、①放棄によって確定的に損失が生じることになる。引当金の計上が不足していた場合などは、債権放棄に伴う損失により債権者の損益に影響が及ぶ。また、債権放棄によって債務者の負担は完全に消滅するにもかかわらず、債権放棄を行っただけでは債権者による経営への関与・監視が強化されることはないことから、②債務者のモラルハザードを招くおそれがある。

他方、債務者にとっては、債権放棄を伴う私的整理の実行により、法的倒産手続を申し立てた場合ほどではないにせよ、③事業価値の毀損や信用低下が生じうるというデメリットもある。

なお、債務免除を受ける場合、④税務上は債務免除益として益金算入され、課税の対象となってしまう。前事業年度以前の事業年度から繰り越された欠損金がある場合、欠損金額が免除益と相殺されるため、相殺された益金については課税の対象とならないが、欠損金と当期損失の合計額が免除額に満たない場合、課税が発生し、資金の流出を招くおそれがある。

2 DES

A DESとは

DESとは、債権者（主に金融機関）が債務者に対して有する債権（主に貸付

金）を債務者の株式と交換することをいう。

　たとえば、A社が2億円の債務超過に陥っており、B銀行がA社に対し5億円の貸付金を有している場合、B銀行のA社に対する貸付金のうち1億円を放棄し（債権放棄）、1億円をA社の株式と交換（DES）すると、A社の債務超過は解消する。

B DESのメリット

　DESによっても債権放棄と同様、債務は完全に消滅するため、①債務者は過剰債務を解消し、有利子負債を削減することができるため、これにより債務者の信用力が高まり、再建可能性が高まる。DESの場合、債権放棄に比べると事業価値の毀損や信用の低下が生じないともいえる。②DESを行った債務の元利金返済がなくなるため、資金繰りも改善される点、資金繰りが改善することにより、他の借入金の返済能力が向上し、③他の借入金についても不履行となる危険性（デフォルトリスク）が減少する点も、債権放棄の場合と同様である。

　債権放棄と大きく異なるのは、DESにより、債権者は債権よりもリスクの高い株式を取得するが、債務者が再建に成功した場合、④債権者は債権よりも高いリターン（キャピタルゲイン）を得ることが可能となる点である。また、債権放棄の場合、債務者のモラルハザードの発生の可能性が大きな問題となるが、DESの場合には、デットからエクイティへの転換という債権者のいわば投資スタンスの変更であるといえ、債務者に対する一方的な利益供与とならないため、⑤債権放棄と比較して債務者のモラルハザードを一定程度防止することができる。

　このほか、⑥配当収入の確保、⑦議決権付株式を保有する場合、債務者の経営に対する監督・関与を確保することができる。合理的な再建計画に基づいてDESを実行し、これにより債務超過が解消され財務状態が改善するのが通常であることから、⑧DES後の残債権についての債務者区分を上位遷移することが可能となるのは、債権放棄の場合と同様である。

C 中小企業を対象としたDESの限界

　中小企業の場合、通常株式の流通性がなく、株式の売却によりキャピタルゲインを得られる可能性が少ないため、債権者にとってDESを実行するインセンティブが働きにくい（そのため、中小企業を対象にDESを行う場合、債務者自身による金銭での償還をエグジットとするのが一般的である。前記第1部Ⅶ参照）。また、中小企業の場合、経営者個人の力量により経営が左右されることが通常であり、所有と経営の分離が進んでいないため、金融機関がDESにより株式を所有し経営をコントロールすることは、多くの場合現実的ではないし、逆に経営のモラルハザード、無責任化を招きやすい。

　他方、債務者である中小企業の側にとっても、金融機関が自らの株主として株式を保有することは想定していないのが通常である。

　そもそも、取引金融機関による金融支援とは、当該債務者の財務状態を改善し、信用力を高め、早期に当該債務者を再建させることによって、保有する債権の回収可能性を確実化、極大化することを目的とするものである。中小企業が対象の場合、債権放棄やDESよりも、既存の貸付金の条件を変更（劣後化）することによって、債務者の財務状態を実質的に改善し、信用力を高め、時間をかけても最終的には債権として回収することがより現実的であり、中小企業のモラルハザードを防止する観点からも有効な手法であると考えられる（第二地方銀行協会のワーキンググループが平成16年2月に発表した報告書においても同様の意見が報告されている）。

3 DDS

A DDSとは

　DDSとは、債権者（主に金融機関）が債務者に対して有する既存の債権（主に貸付金）を、別の条件による債権に変更することをいう。通常、金融機関

の既存の貸付金を他の債権よりも劣後する劣後ローンや劣後債に変更する意味で使われる。債権放棄やDESの場合と異なり、債権（債務）としては存続するものの、劣後化することによって実質的に債務者の財務状態を改善し、信用力を高めることにより、再建可能性を高める手法である。また劣後させた債務については、金融機関側の事情によって元本回収・返済が突如行われるということもなくなり、債務者を含めた利害関係人の「予測可能性」が高まるため、安定的な経営を行うことができるようになる。

　たとえば、A社が２億円の債務超過に陥っており、B銀行がA社に対し５億円の貸付金を有している場合、B銀行のA社に対する貸付金のうち２億円を劣後ローンに変更しても、負債は減少しないためA社の債務超過は解消しない。しかし、DDSの対象となった２億円の債務（劣後ローン）を旧金融検査マニュアル別冊の要件を充足し資本的劣後ローンとすることにより資本とみなすことができれば、実質的には債務超過が解消される。また、再建計画に定める計画期間の終了時にA社の企業価値が２億円増加していた場合には、DDSの対象となった資本的劣後ローン２億円分を債務とみても、債務超過が解消されることになる。

B DDSが金融機関・中小企業のニーズに合致する

　DDSが債権放棄やDESと最も異なるのは、債権を別の条件の債権に転換（正確には変更）するだけの手法であり、債務者が最終的には返済義務を負う点に変わりはないことから、他の手法と比べて比較的容易に実行できるし、債務者のモラルハザードの問題が生じにくい点である。このため、地域金融機関や中小企業のニーズにも合致しやすい。

　DDSによって債務の一部を劣後化すると、債権放棄やDESの場合と同様、①実質的には過剰債務の状態が解消され、債務者の信用力が高まり、再建可能性が高まる。DDSの対象となった債務が劣後化されている間は、②当該債務については元本返済がなくなるため、資金繰りが改善されるし、それにより、他の借入金の返済能力が向上し、③他の借入金についても不履行とな

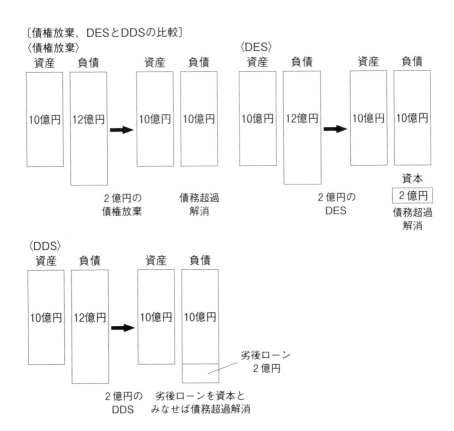

〔債権放棄、DESとDDSの比較〕

〈債権放棄〉

〈DES〉

〈DDS〉

る危険性（デフォルトリスク）が減少する。

　債権者は、DDSによって劣後化された債権についても、④約定で定められた期間経過後に元本を回収することが可能であるし、⑤劣後化している間も利息を受け取ることが可能である。また、⑥DDSの実行に際して債務者に特約（コベナンツ）を課せば、株式所有による経営支配、経営責任の問題を回避しつつ、債務者の経営内容や財務状態・キャッシュフロー等の監視やコントロールが実質的に可能となる。

　さらに、DDSが一定の条件を満たす場合には、⑦DDSの対象外の債権について債務者区分を上位遷移することが可能となる。

Ⅳ DDSの要件

1 資本的劣後ローン（早期経営改善特例型）の要件

旧金融検査マニュアル別冊においては、貸出債権の全部または一部を債務者の経営改善計画の一環として、以下の要件をすべて満たす貸出金（資本的劣後ローン（早期経営改善特例型））に転換している場合には、債務者区分等の判断において資本的劣後ローン（早期経営改善特例型）を資本とみなすことができるとされている。

なお、令和2年12月18日の旧金融検査マニュアル廃止後、令和3年5月27日に金融庁が公表した「資本性借入金関係FAQ」（以下「資本性借入金FAQ」という）問23において、資本的劣後ローン（早期経営改善特例型）についても、資本性借入金とみなして扱うことが可能とされている。

・対象債務者は、中小企業基本法[注1]で規定する中小企業者およびこれに準じる医療法人、学校法人等とする（ただし、出資比率や経営の状況からみて大企業の関連会社と認められる企業を除く）

・債務者の区分が要注意先（要管理先を含む）以上であること

・合理的かつ実現可能性が高い経営改善計画[注2]と一体として、資本的劣後ローン（早期経営改善特例型）への転換が行われること

・資本的劣後ローン（早期経営改善特例型）についての契約が金融機関と債務者との間で合意の上締結されていること[注3]

・契約内容に原則として以下のすべての条件を付していること

　イ　資本的劣後ローン（早期経営改善特例型）への転換時に存在する他のすべての債権および計画に新たに発生することが予定されている貸出債権が完済された後に償還を開始すること[注4]

　ロ　デフォルト時の請求権が他のすべての債権が弁済された後に発生すること（すべての債権に劣後すること）

　ハ　債務者による財務状況の開示が約束されていること、および、債務者のキャッシュフローに対して金融機関が一定の関与の権利をもつこと

　ニ　資本的劣後ローン（早期経営改善特例型）が期限の利益を喪失した場

合、当該金融機関に対する他のすべての債務が期限の利益を喪失すること
・資本的劣後ローン（早期経営改善特例型）について、会計ルールに基づいた適正な引当てを行うこと^(注5)

（注1）　中小企業の条件は以下の表のとおりである。資本金基準もしくは従業員基準のどちらか一方を満たせば、中小企業と認められる。

業種分類	資本金の額	従業員数
製造業その他	3億円以下	300人以下
卸売業	1億円以下	100人以下
小売業	5,000万円以下	50人以下
サービス業	5,000万円以下	100人以下

　　　　資本金の額が基準を超えていたとしても、減資により資本金を基準以下に下げることにより、適用対象企業となることができる。資本金の額の減少を行うためには、株主総会の特別決議や債権者保護手続などの会社法上の手続が必要となる。

（注2）　合理的かつ実現可能性の高い経営改善計画とは、「中小・地域金融機関向けの総合的な監督指針」Ⅲ－4－9－4－4③要管理債権中のイ～ニの要件（おおむね5年以内の計画期間、金利減免・残高維持等の支援内容等の要件）を満たす経営改善計画が策定されている場合の計画のことをいう。

（注3）　研究会報告において、「DDSは擬似エクイティの法律構成が実態に即していないことから、当事者の権利義務関係を法的に明確にすることが当事者双方にとって有益である」として提示された考え方に基づく。契約の締結は、債務者、他の債権者等の利害関係人の「予測可能性の確保」としての観点からも重要である。

（注4）　経営改善計画が達成され、債務者の業況が良好になり、かつ資本的劣後ローンを資本とみなさなくても財務内容に特に問題がない場合には、債務者のオプションにより早期償還することができる旨の条項を設けることは可能とされている。

（注5）　資本的劣後ローンを資本とみなす場合、金融機関において当該劣後ローンの引当てについて、その特性を勘案し、たとえば市場価格のない株式の評価方法（1株当りの純資産額を基礎とする方法等）をふまえて算出するなど会計ルールに基づいて適正な引当てを行うことが必要である。

　　　　この点について日本公認会計士協会より、平成16年11月2日付で会計処理についての指針が出されている（その後の同指針の改正については、後記「4　DDSの会計処理」、巻末資料4参照）。

　　　　旧金融検査マニュアル別冊〔中小企業融資編〕3.検証ポイントに関する運用例「事例26」において「資本的劣後ローン（早期経営改善特例型）」の引当については、上記日本公認会計士協会の指針のうち、準株式法（時価

を把握することが極めて困難と認められる株式又は種類株式の評価に準じて劣後性を有する適格貸出金の貸倒見積高を算出する方法）により、100％の引当を実施している」との参考事例が紹介されている。

2 資本性借入金（資本的劣後ローン（准資本型））の要件

　旧金融検査マニュアル別冊においては、貸出債権の全部または一部を「十分な資本的性質」が認められる劣後ローン（資本的劣後ローン（准資本型））に転換している場合には、債務者区分等の判断において資本的劣後ローン（准資本型）を資本とみなすことができるとしている。

　従来の旧金融検査マニュアルにおける「資本的劣後ローン（准資本型）」が旧金融検査マニュアルFAQにおいて「資本性借入金」とされていたが、旧金融検査マニュアルの廃止後に公表された資本性借入金FAQにおいても、従来のFAQをほぼそのまま踏襲し、資本性借入金として認められるための要件を定めている。

　資本性借入金は、あくまでも借入金の実態的な性質に着目したものであり、債務者の属性（企業の規模等）、債権者の属性（金融機関、事業法人、個人等）や資金使途等により制限されるものではないとされている（資本性借入金FAQ問2）。そのため、資本性借入金は、債務者区分の制限もなく、中堅企業や大企業に対して用いることも可能である[注1]。

　「十分な資本的性質」と認められるためには、「貸出条件の面において、資本に準じた性質が確保されていることが必要であり、基本的には、償還条件、金利設定、劣後性といった観点から、資本類似性を判断することとなる」とされている（資本性借入金FAQ問3）。具体的には、資本性借入金FAQにおいて、以下のとおり説明されている。

---

① 償還条件（FAQ問4）
・資本に準じて、原則として、「長期間償還不要な状態」であることが必要
・契約時における償還期間が5年を超えるものであることが必要

・期限一括償還が原則。ただし、長期の据置期間が設定されており、期限
　　　一括と同視し得る場合を含む
　②　金利設定（FAQ問5）
　　・原則として、「配当可能利益（筆者注：会社法上は「分配可能額」）に応
　　　じた金利設定」であることが必要
　　・具体的には、業績連動型が原則であり、赤字の場合には利子負担がほと
　　　んど生じないことが必要となるが、株式の株主管理コストに準じた事務
　　　コスト相当の金利であればよい
　　・債務者が厳しい状況にある期間の具体的な金利水準については、たとえ
　　　ば、日本政策金融公庫等の新型コロナウイルスの影響拡大をふまえた資
　　　本性劣後ローン等では0.5％等となっているが、金融機関や債務者の状況
　　　等に応じた事務コストも勘案して判断される
　　・コスト計算を行い算出することが原則であるが、コスト計算を行ってい
　　　ない場合、簡便法として、「経費率」を用いて、事務コストを算出して差
　　　し支えない（FAQ問6）
　③　劣後性（FAQ問7）
　　・原則として、「法的破綻時の劣後性」が確保されていることが必要
　　・ただし、既存の担保付借入金から転換する場合のように、担保解除を行
　　　うことが事実上困難であるような場合、例えば、法的破綻以外の期限の
　　　利益喪失事由が生じた場合において、他の債権に先んじて回収を行わな
　　　いことを契約するなど、少なくとも法的破綻に至るまでの間において、
　　　他の債権に先んじて回収しない仕組みが備わっていれば、担保付借入金
　　　でもよい（担保付借入金については後記Ⅴ1Bｂ参照）

　なお、償還までの相当の期間（5年以上）を有する負債については、残高
の100％を資本とみなす一方で、残存期間が5年未満の負債については、1
年ごとに下記のとおり20％ずつ資本とみなす部分を逓減させる取扱いとする
こととされている（FAQ問18）。

　また、他の金融機関からの借入金であっても、条件が確保されていれば、
「資本性借入金」として、当該借入金を債務者の資本とみなして取り扱うこ
とが可能とされている（FAQ問14）。他の金融機関からの借入金の条件につ
いては、たとえば、債務者自身から契約内容を直接確認する方法によること
があげられており、決算書を徴求する際に条件変更の有無を確認するなどし
て、条件が満たされているか否かを定期的にチェックする必要があるとされ
ている（FAQ問15）。

残存期間	資本とみなす部分	負債とみなす部分
5年以上	100%	－
4年以上5年未満	80%	20%
3年以上4年未満	60%	40%
2年以上3年未満	40%	60%
1年以上2年未満	20%	80%
1年未満	－	100%

（注1）　資本的劣後ローン（准資本型）の導入後より、金融庁検査局総務課課長補佐（当時）である繁本賢也氏による「金融検査における『十分な資本的性質が認められる借入金』の取り扱い」（金融法務事情1853号48頁）において、「資本的借入金」の適用対象について、「借り手は大企業、中小企業のいずれであっても構わないし、その財務状況や債務者区分等によって、対象外となることはない」と説明されていた。

3 債務者区分等における資本性借入金の特例

A 資本性借入金の特例

　DDSによって貸出金の一部を資本性借入金へと転換した場合、「貸出条件緩和債権」^(注1)の判定においては、通常の貸出金と同様、「債務者の経営再建または支援を図ること」が目的か、「債務者に有利となる取決め」を行っているかという基準で行う（銀行法施行規則19条の2第1項第5号ロ(4)）。具体的には、「中小・地域金融機関向けの総合的な監督指針Ⅲ－4－9－4－3　銀行法及び再生法に基づく債権の額の開示区分」に沿って判断することになる（巻末資料5参照）。資本性借入金に転換された部分が貸出条件緩和債権に該当する場合であっても、当該債権の残債および当該債務者に対するその他の債権自体が貸出条件緩和債権に該当しないときには、当該債権の残債および当該債務者に対するその他の債権を「要管理先に対する債権」としては扱うことはしないものとしている。

　要注意先に対する債権は、要管理先債権とそれ以外の債権に分別して管理するものとされているが、資本性借入金部分以外の債権自体が貸出条件緩和

債権に該当しないのであれば、その他要注意債権として貸倒引当金を計上すれば妥当なものとして認められる。

　また、同様に資本性借入金部分以外の債権自体が貸出条件緩和債権に該当しなければ、債権者である金融機関は当該債権をリスク管理債権および金融再生法開示債権として開示する必要がなくなることになる。

　したがって、旧金融検査マニュアル別冊に従って、DDSを実行した場合には、当該金融機関は貸倒引当金の軽減、開示債権の減少というメリットを受けることが可能となる。具体例を示すと以下のとおりとなる。

（事案の概要）

・融資金額7億円、元本の返済猶予2億円、返済猶予分について貸出条件緩和債権とする。債務者区分は要管理先。

・DDSを組み込んだ抜本的な再建計画を策定し、債務超過部分の一部である8,000万円について資本性借入金に転換。資本性借入金を資本としてみなすことを前提として5年後には債務超過解消、正常先への移行予定。

　計画策定については中小企業活性化協議会が関与し、妥当性について検証ずみ。

〔引当金、開示債権の状況〕

DDS実行前	引当金	1億500万円（7億円×15％）
	開示債権	リスク管理債権として、条件緩和を実施している2億円を開示
DDS実行後	引当金	9,860万円（8,000万円（劣後ローン部分）×100％＋ 6億2,000万円（残額）×3％）
	開示債権	リスク管理債権なし （資本性借入金部分についても貸出条件緩和債権に該当しないとして）

　なお、資本性借入金FAQにて述べられているDDSの要件の個別の論点については、後記Ⅴ以下の各箇所においても適宜検討することとする。

（注1）「貸出条件緩和債権」とは、債務者の経営再建または支援を図ることを目的として金利減免、利息の支払猶予、元本の返済猶予、債権放棄、DES等

の債務者に有利となる取決めを行った貸出金（もしくは貸出金の残債）をいう（銀行法施行規則19条の2第1項5号ロ(4)）。貸出条件緩和債権に該当する対象債務者は要管理先となる。過去において上記の貸出金であったとしても、債務者の経営状態が改善し信用リスクが減少した結果、当該貸出金に対して基準金利（同等の信用リスクを有する債務者群に対して通常適用している金利）が適用される場合と実質的に同等の利回りが確保されていると見込まれる場合には、当該貸出金（もしくは貸出金の残債）は、貸出条件緩和債権に該当しない。

　残債務の元利金の返済について、適用金利が基準金利を上回れば貸出条件緩和債権でなくなり、要管理債権とされず要注意先以上にランクアップする。

　金融庁の中小・地域金融機関向けの総合的な監督指針Ⅲ－4－9－4－3(3)③では、「特に、実現可能性の高い抜本的な経営再建計画に沿った金融支援の実施により経営再建が開始されている場合には、当該経営再建計画に基づく貸出金は貸出条件緩和債権には該当しないものと判断して差し支えない。また、債務者が実現可能性の高い抜本的な経営再建計画を策定していない場合であっても、債務者が中小企業であって、かつ、貸出条件の変更を行った日から最長1年以内に当該経営再建計画を策定する見込みがあるときには、当該債務者に対する貸出金は当該貸出条件の変更を行った日から最長1年間は貸出条件緩和債権には該当しないものと判断して差し支えない」ものとしている（以下、これらの基準を「卒業基準」という）。

　ここで「実現可能性の高い」とは、①計画実現に必要な関係者との同意が得られており、②計画における債権放棄などの支援額が確定していて追加的支援が必要と見込まれる状況にはなく、③計画における売上げ・費用・利益の予測等が十分に厳しいものとなっているという要件をいずれも満たしていることを意味する。また、「抜本的な」とは、④おおむね3年（ただし、企業の事業特質を考慮した合理的な期間延長を排除しない）後の当該債務者の業況が良好であり、かつ、財務内容にも特段の問題がないと認められる状態となることをいう。

　中小企業再生支援協議会（産業復興相談センターを含む）または整理回収機構が策定支援した再生計画、産業復興相談センターが債権買取支援業務において策定支援した事業計画、事業再生ADR手続に従って決議された事業再生計画、株式会社地域経済活性化支援機構が買取決定等した事業者の事業再生計画および株式会社東日本大震災事業者再生支援機構が買取決定等した事業者の事業再生計画については、当該計画が上記①～④の要件を満たしていると認められる場合に限り、「実現可能性の高い抜本的な経営再建計画」であると判断してさしつかえないものとされている。さらに、既存の計画に基づく経営再建が上記①～④の要件をすべて満たすことと

Ⅳ　DDSの要件　　　　　*149*

なった場合も、当該計画に係る貸出金は貸出条件緩和債権に該当しないものとされている。

なお、債務者が中小企業である場合には、大企業と比較して経営改善に時間がかかることが多いことから、中小・地域金融機関向けの総合的な監督指針Ⅲ－4－9－4－3(4)における「合理的かつ実現可能性の高い経営改善計画」が策定されている場合には、当該計画を実現可能性の高い抜本的な計画とみなしてさしつかえないものとされている。

「合理的かつ実現可能性の高い経営改善計画」とは、以下のすべての要件を満たしている計画をいう。

① 経営改善計画等の計画期間がおおむね5年以内であり、かつ、計画の実現可能性が高いこと。

　　ただし、計画期間が5年を超えおおむね10年以内となっている場合で、進捗状況がおおむね計画どおり（売上高および当期利益が事業計画に比しておおむね8割以上確保されていること）であり、今後もおおむね計画どおりに推移すると認められる場合を含む。

② 計画期間終了後の当該債務者の業況が良好であり、かつ、財務内容にも特段の問題がないと認められる状態（ただし、計画期間終了後の当該債務者が金融機関等の再建支援を要せず、自助努力により事業の継続性を確保することが可能となる場合は、金利減免・棚上げを行っているなど貸出条件に問題のある状態、元本返済もしくは利息支払が事実上延滞しているなど履行状況に問題がある状態のほか、業況が低調ないしは不安定な債務者または財務内容に問題がある状態など今後の管理に注意を要する状態を含む）となる計画であること。

③ すべての取引金融機関等において、経営改善計画等に基づく支援を行うことが合意されていること。

　　ただし、単独で支援を行うことにより再建が可能な場合または一部の取引金融機関等が支援を行うことにより再建が可能な場合は、当該支援金融機関等が同計画に基づく支援を行うことについて合意されていれば足りる。

④ 金融機関等の支援の内容が、金利減免、融資残高維持等に止まり、債権放棄、現金贈与などの債務者に対する資金提供を伴うものではないこと。

　　ただし、すでに債権放棄等を行い、今後はこれを行わないことが見込まれる場合等を含むとされている。なお、制度資金を利用している場合で、国が補助する都道府県の利子補給等は債権放棄等には含まれない。

B 自己査定と開示債権

a 債務者区分と債権分類

平成10年に導入された早期是正措置により、金融機関の資産内容の実態が
できる限り正確かつ客観的に反映された財務諸表が作成され、これに基づく
正確な自己資本比率が算出される必要がある。「自己査定」は、金融機関が
保有する資産について、金融機関自らが適正な償却・引当てを行うための準
備作業である。旧金融検査マニュアルは、検査官が金融機関を検査する際に
用いていた、自己査定の適切性を検証する際のポイントを記載したいわば手
引書であった。

自己査定は、まず、原則として信用格付（債務者の信用リスクの程度に応じ
た格付のこと）に基づき、債務者の状況等により、債務者を「正常先」「要注
意先」「破綻懸念先」「実質破綻先」「破綻先」の5つに区分する。

次に、個々の資産状況に着目して、資金使途や担保、保証の状況に基づき、
回収の可能性の多寡に応じて、債権をⅠ、Ⅱ、Ⅲ、Ⅳの4段階に分類する手
順で行われる（Ⅰ分類は非分類と呼ばれる）。この分類に応じて引当てが行わ
れる（分類が大きくなるほど引当ての額は大きくなる）。

〔債務者区分と債権分類〕

債務者区分 ＼ 債権分類	正常な運転資金等	優良担保・保証分	その他の担保・保証分		担保・保証で保全されていない部分
			一般担保の処分可能見込額および一般保証による回収が可能と認められる部分	優良担保および一般担保の担保評価額と処分可能見込額との差額	
正　常　先	非分類	非分類	非分類		非分類
要注意先	非分類	非分類	その他要注意先　非分類		非分類
			要管理先　　　　　Ⅱ分類		Ⅱ分類
破綻懸念先	－	非分類	Ⅱ分類	Ⅲ分類	Ⅲ分類
実質破綻先	－	非分類	Ⅱ分類	Ⅲ分類	Ⅳ分類
破　綻　先	－	非分類	Ⅱ分類	Ⅲ分類	Ⅳ分類

b 開示債権

銀行法21条、銀行法施行規則19条の2第1項5号により、銀行は、財産の状況に関する事項の1つとして、破綻先債権、延滞債権（未収利息不計上貸出金）、3カ月以上延滞債権（元金または利息の支払が約定支払日の翌日から起算して3カ月以上延滞している貸出金）、貸出条件緩和債権を開示しなければならない（リスク管理債権）。

リスク管理債権のほかに、金融再生法に基づき、銀行は、不良債権の開示として、破綻先、実質破綻先に対する破産更生債権、破綻懸念先に対する危険債権、3カ月以上延滞債権と貸出条件緩和債権を合わせた要管理債権を開示することとされている。

「リスク管理債権」は、債権の状況に着目したものであり、他方、「金融再生法開示債権」は、債務者の状況に着目して区分を行っているものであるが、以下の表のとおり、両制度に基づく開示はほぼ一致したものとなっている。

〔自己査定と開示債権の対応関係〕

自己査定による分類債権 （旧金融検査マニュアル）		リスク管理債権 （銀行法施行規則）	金融再生法開示債権 （金融再生法）
破綻先・実質破綻先		破綻先債権	破産更生債権および これに準ずる債権
破綻懸念先		延滞債権	危険債権
要注意先	要管理先	3カ月以上延滞債権	要管理債権
		貸出条件緩和債権	
正常先			

4 DDSの会計処理

日本公認会計士協会は、平成16年2月に金融検査マニュアルが改訂され、資本的劣後ローンの規定が設けられ、同マニュアルのなかで、その引当ての

ルールについては、「企業会計基準委員会又は日本公認会計士協会において引当のルールが明確化された場合には、当該ルールに則り取り扱うものとする」とされたことを受けて、監査上合理的と判断される会計処理を取りまとめ、同年11月2日業種別委員会実務指針第32号として公表した（平成16年11月2日付「資本的劣後ローン等に対する貸倒見積高の算定及び銀行等金融機関が保有する貸出債権を資本的劣後ローン等に転換した場合の会計処理に関する監査上の取扱い」）。

平成23年11月の金融検査マニュアルFAQ改訂をふまえ、資本的劣後ローン（准資本型）（資本性借入金）が広く活用されることが見込まれることから、平成24年1月12日、日本公認会計士協会の上記指針が改正された。さらに、令和元年12月に、金融検査マニュアルも廃止されたが、令和2年5月27日付で「資本性借入金の取り扱いの明確化に係る「主要行等向けの総合的な監督指針」等の一部改正について」が公表され、資本性借入金関係FAQが公表されたことを受け、再度、上記指針が改正された（巻末資料4参照）。

同実務指針では、債務者の評価において、契約条件が資本に準じた十分な資本的性質が認められる借入金であるため資本とみなして取り扱うことが可能となるような貸出金（以下「資本性適格貸出金」という）が供与されている債務者に対する債権の貸倒見積高の算定方法および資本性適格貸出金を供与した金融機関の会計処理を対象とするものとされている。

資本性適格であるかどうかは、あくまでも当該貸出金の実態的な性質に着目し、基本的には、償還条件、金利設定、劣後性といった観点から、資本類似性を判断することが適切と考えられるとし、令和2年5月27日付の上記監督指針の一部改正および資本性借入金FAQと同様の判断基準をあげている。

（1）　資本性適格貸出金に対する貸倒引当金の算定方法

資本性適格貸出金は金銭債権であることから、貸倒引当金の計上を必要とする。その劣後性という特性を考慮し、実態に合った貸倒見積高の算定を行う。具体的には、以下のような方法で引当てを行う。

① 　発生が見込まれる損失見積額により貸倒見積高を算定する方法（原則法

または簡便法）

② 劣後性を有する資本性適格貸出金の回収可能見込額をゼロとみなして貸倒見積高を算定する方法

（2） 劣後性を有しない資本性適格貸出金に対する貸倒見積高の算定方法

　法的破綻時の劣後性がなくても資本性借入金として認められる場合があるが、貸倒見積高の算定にあたっては、その点を考慮する必要がある。したがって、当該債権を資本とみなし、あわせて提示される経営改善計画等その他の条件も考慮して適正な自己査定手続により決定された債務者区分等に応じて、予想損失額を算定する。

（3） その他の債権（通常債権）に対する貸倒見積高の算定方法

　通常債権については、資本性適格貸出金を債務者区分等の判断において資本とみなし、あわせて提示される経営改善計画等その他の条件も考慮したうえで、適正な自己査定手続により決定された債務者区分等に応じて、予想損失額を算定する。

5　DDSの税務処理

　債務者側においては、債権放棄の場合の債務免除益やDESの場合の債務消滅益に対応する益金は生じないため、課税の問題は発生しない。

　債権者側においては、従来、DDSの対象となる債権についての貸倒引当金計上に関しての処理が明確ではなかったが、平成25年2月5日、金融庁は国税庁への確認内容をふまえ、「十分な資本的性質が認められる借入金（資本的劣後ローン（准資本型））」に転換した貸付金について、法人税法52条1項の適用により税務上の損金算入が可能であることを公表した。

　具体的には、以下のいずれかに該当する事由に基づいて、弁済期限の延長が行われた資本性借入金のうち、6年目以降に弁済される金額（担保等による取立見込額を除く）については、原則として、損金算入できるとされている。

① 「債権者集会の協議決定」で、合理的な基準により債務者の負債整理を

定めているもの。合理的な基準とは、基本的には、すべての債権者につい
ておおむね同一の条件で負債整理の内容が定められていることをいうが、
たとえば、利害の対立する複数の債権者の合意により負債整理の内容が定
められている場合は、一般的には合理的な基準に該当する。また、少額債
権について有利な定めをする場合も該当する

② 「行政機関、金融機関その他第三者のあっせんによる当事者間の協議に
より締結された契約」で、その内容が①に準ずるもの

各事案における税務上の取扱いについては、個別に判断することとなる
が、次のようなものについては、上記①または②に該当する。

・実質債務超過の状態にある債務者に係る「債権者集会の協議決定」または
「行政機関、金融機関その他第三者のあつせんによる当事者間の協議によ
り締結された契約」において、負債整理が合理的な基準に基づいて行われ、
債権者が債務免除とともに弁済期限の延長を行ったもの

・実質債務超過の状態にある債務者に係る「債権者集会の協議決定」または
「行政機関、金融機関その他第三者のあつせんによる当事者間の協議によ
り締結された契約」において、負債整理が合理的な基準に基づいて行われ、
ほかに債務免除を行った大口債権者が存在する一方で、債権者（少額債権
者）が債務免除を行わず弁済期限の延長のみを行ったもの

・特定調停において、大部分の債権者が特定調停手続に参加し、負債整理が
合理的な基準に基づいて行われ、いずれの債権者も債務免除を行わないも
の、一定の金融支援を行う一方で、債権者が弁済期限の延長を行ったもの

Ⅴ　DDSの対象と具体的実行方法

1　DDSの対象

A　対象となる企業

　DDSは、債権を劣後化することによって実質的に債務者の財務状態あるいは信用状態を改善し、再建可能性を高めるとともに、既存融資（特に通常ローン）の回収可能性を高める手法である。このようなDDSの目的・趣旨からすれば、以下の条件を満たす企業が対象になると想定される。

a　実質債務超過であること

　DDSの対象は、原則として、実質債務超過に陥っている企業である。実質債務超過とは、負債が、事業の継続を前提とした企業価値（負債は考慮外。将来の収益力や、資産の時価評価等によって算定するのが一般的である）を上回っていることをいう。

　なお、債権放棄の場合、放棄分の損失は確定し、債務者としては放棄分を支払う必要がなくなるため、債務超過ではない企業に対して債権放棄を行うことは過剰支援になってしまう。しかし、DDSは債権を別の条件の債権に変更する手法であり、債務者が最終的には債務全額の返済義務を負う点に変わりはないことから、再建の確実性やスピードを高め、既存融資全体の回収可能性を高めるために、債務超過ではない企業に対して行うことや、実質債務超過部分を超えて行うことも可能と考えられる。

　債務者区分としては、要注意先（要管理先）が主たる対象となると考えられるが、資本性借入金（資本的劣後ローン（准資本型））によるDDSは、破綻懸念先であっても、以下のｂ、ｃの要件を充足する場合には、対象となりうると考えられる。

b 事業再生の可能性があること

DDSの対象は、財務状態・信用状態を実質的に改善することにより事業再生の可能性がある企業である。すなわち、事業の収支（キャッシュフロー）が黒字（プラス）であり、事業の継続によって、金利負担を含めて借入金残高を減少できることが必要である。指標としては、営業利益や経常利益、EBITDA（金利・税・減価償却前利益）等がある。

経営改善計画に定める経費削減等を実行すれば収支を黒字化できる場合や、複数の事業を営んでおり、企業全体としての収支は赤字であっても、事業のスクラップ・アンド・ビルドにより、今後も存続・維持する予定の事業についてこの条件を満たす場合には、当該企業は対象に含まれると考えられる。

c 合理的な再建計画（経営改善計画）を策定すること

DDSの対象となる企業は、合理的な再建計画（経営改善計画）を策定し、再建計画に基づいてDDSを行う必要がある。

DDSは債権の条件変更であるから、DDSの実行にあたり、通常ローンを含めて、元本および利息の支払時期、金額、条件等を新たに定めなければならない。当然のことながら、当該債務者が現実に返済可能なスケジュールや条件を設定する必要があり、その判断・決定にあたっては、当該債務者が合理的な再建計画（経営改善計画）を策定している（策定できる）ことが必要不可欠である。旧金融検査マニュアル別冊も、資本的劣後ローン（早期経営改善特例型）については、「債務者区分等の判断において、資本的劣後ローンを資本とみなす」ためには、合理的かつ実現可能性が高い経営改善計画と一体として行われることが必要であるとしている。

これに対し、資本性借入金FAQにおいて、資本性借入金を資本とみなすこと等も通じて経営の改善を図る場合、詳細かつ具体的な経営改善計画の策定までは求められないとしても、一定の経営改善の見通しをもてることが重要であるとしている（資本性借入金FAQ問20）。

なお、再建計画の計画期間は、当該企業が中小企業の場合、いわゆる「合理的かつ実現可能性の高い経営改善計画」において認められている、5年から10年程度の期間となることが一般的であるといえる（前記Ⅳ3A参照）。

d　取引関係

　DDSの実行により、劣後期間中（少なくとも計画期間中）は元本の回収ができなくなるため、資金が固定化し、また（返済順位において）他の債権よりも劣後するため、DDSを実行しない場合と比べて重い負担を負うことになる。したがって、各行の残高プロラタで実行する場合のほか、当該債務者のメイン行や準メイン行的立場にあり、必要に応じて運転資金の新規融資を行うなど、今後も取引関係を継続する意向がある取引先を対象とすることもあるといえる。

B　対象となる債務

a　実質債務超過部分との関係

　実質債務超過の企業が対象となる場合、実質債務超過部分の全部または一部の債務が、DDSの対象となる。当該債務者の財務状態の抜本的改善という観点からは、実質債務超過部分の全部をDDSの対象とすることが望ましい。しかし、DDSを実行する金融機関（メイン行等）が有する貸付金のDDSのみでは実質債務超過を解消できない場合や、近い将来企業価値が向上し、一定程度の内部留保が可能と十分見込まれるような場合などについては、実質債務超過部分の一部のみについてDDSが行われることも十分考えられる。たとえば中小企業再生支援協議会（令和4年4月1日より、「中小企業活性化協議会」に名称変更）における再生計画の場合、再生計画成立後に最初に到来する事業年度開始の日から5年から10年以内をメドに実質的な債務超過を解消すれば合理的かつ実現可能性が高い経営改善計画に該当するとされており、実質債務超過の解消が直ちに要求されることは必ずしも一般的なわけではない。したがって、DDSを実行する場合でも、再生計画成立後5年

から10年程度で、劣後ローンを除いた負債を基準として債務超過を解消する内容の再生計画であっても、十分合理性が認められると考えられる。

　前述のとおり、DDSは債権放棄と異なり、債権を別の条件の債権に転換する手法であり、債務者が最終的には債務全額の返済義務を負う点に変わりはない。したがって、早期かつ確実な再建の実現の観点から、債務超過部分を超えてDDSを行うことも可能であると考えられる。債務超過部分を超えてDDSを行う部分については、少なくとも債務者区分等の判断において資本とみなされる必要がないため、比較的自由に劣後ローンの条件を設定することができる。

b　担保との関係

　通常DDSの対象となるのは、最大でも、担保により保全されている債権額を超える部分（担保割れ部分）である。たとえば、融資残高が100あり、担保価値が60（被担保債権が100）の場合、DDSの対象となるのは、担保価値を超える40の部分についてである。担保付劣後ローンは劣後ローンの趣旨に反し基本的には認められないという考え方からは、被担保債権額（極度額）から劣後ローン相当部分を縮減する必要がある。上記の例でいえば、無担保部分40のうち30についてDDSを行った場合、被担保債権額（極度額）は70（通常ローン部分）まで減額することになる。

　担保の時価評価はDDS実行時点での評価を基準とすることになるが、DDS実行後、担保価値が上昇することも当然のことながらありうる。もともと当該担保物件はその他の債権者の引当財産となっていなかったので、担保価値の増加分については当該DDSを行った債権者への（劣後ローンの）弁済に充てても公平性を害するものではない。そこで、被担保債権額（極度額）には変更を加えず、劣後条項（特約）において、担保により回収できる部分については劣後しない（担保権により回収できる）という条項を設けることが可能であると考えられる。

　当初、担保付劣後ローンについてのDDSが可能であるか旧金融検査マニュ

〔DDSによるバランスシートの変化〕

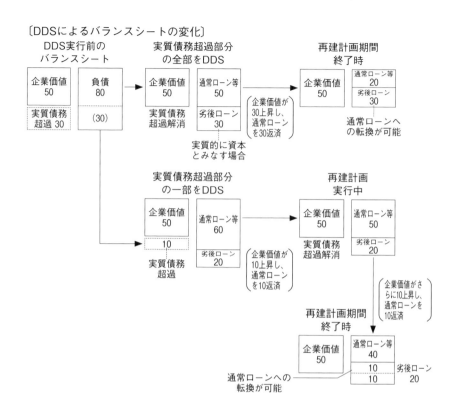

アル上は明記されていなかったが、平成23年11月の旧金融検査マニュアルFAQの改訂により、既存の担保付借入金からの転換に際して担保解除を行うことが事実上困難であるような場合、たとえば、法的破綻以外の期限の利益喪失事由が生じた場合において、他の債権に先んじて回収を行わないことを契約するなど、少なくとも法的破綻に至るまでの間において、他の債権に先んじて回収しない仕組みが備わっていれば、担保付借入金でも資本性借入金（資本的劣後ローン（准資本型））への転換が可能であるとされた（資本性借入金FAQも同様。以下、担保付借入金についてのDDSを「有担保型DDS」という）。

　担保解除を行うことが事実上困難であるような場合とは、転換時の担保評価額で、一部でも担保からの回収が見込まれる場合や、大規模災害の被災地などで復興による担保の価値上昇が見込まれる場合のことをいうとされてい

るが、さまざまな事例がありうるものと考えられ、上記の事例に限定されるわけではないとされており（資本性借入金FAQ問8－9）、広く担保付DDSを行えると解してよい。

なお、物上保証（第三者担保提供）および第三者保証の取扱いについては、後記Ⅵ3H「保証・物上保証の取扱い」184頁参照。

c　経済合理性の確保

DDSの実行の当否および対象債権の金額をいくらとするかについては、前記a、bの観点のほかに、DDSの対象債権について全額回収できなくなることを想定して、その場合であってもDDSを実行する場合と、①現状維持、②破産になった場合等の回収想定額と比較して、金融機関にとって有利であるかどうかを検証しておく必要がある（③民事再生等の再建型手続の場合の回収想定額も比較できるのが望ましいが、実際には想定困難な場合が多い）。この点については、債権放棄やDESを実行する場合の検討と基本的には同様となろう。また、実務的には引当ての範囲内であるか否かも重要な基準となろう。

２　DDSの実行方法

対象となる債務者は、通常以下の手順でDDSを実行することになる。

A　再建計画の策定

当然のことながら、債務者が主体となって再建計画を作成する必要があるが、中小企業の人的リソースにかんがみると、実務的にはメイン行が全面的に協力して作成する必要がある場合も多い。この場合、メイン行自身やメイン行の紹介する会計士等の専門家、中小企業活性化協議会等は、デューデリジェンスなどを行い、債務者の財務内容、資産状態等を十分に調査し、把握しておく必要がある（すでに債務者の財務内容、資産状態等を十分に把握している場合は、新たなデューデリジェンス等は不要であろう）。

再建計画の具体的内容としては、通常策定される再建計画の内容に加え、以下の各点が必要となる。

① DDSの対象となる債務の範囲、金額

② 劣後ローンの元本および利息の支払時期、金額、支払条件、劣後条件等

③ DDSを行う債権者（メイン行等）の通常ローンの元本および利息の支払時期、金額、条件等

④ 他の金融機関（非メイン行等）からの借入金の取扱い（残高維持、元本返済のリスケジュール、金利の減額、DDS等）

〔再建計画における通常ローン、劣後ローンの元利返済の考え方〕

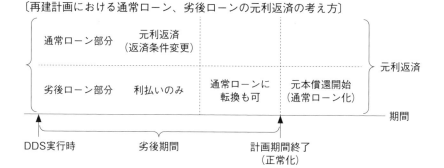

B 再建計画についての説明、債権者等の了解

メイン行から再建計画について了解を得たうえで、メイン行の協力を得て、非メイン行に対して再建計画を説明し、了解を得る必要がある。

なお、メイン1行や一部の金融機関のみで債務者を支援することにより再建が可能な場合でも、合理的かつ実現可能性の高い経営改善計画に該当しうるため、メイン1行または一部の金融機関のみがDDSを行い、その他の金融機関はリスケジュールという計画も可能である。

なお、保証人が存在し、保証を解除しない場合は、求償権を劣後化することについての保証人の同意を得る必要もある。

C 契約書、債権者間の協定書の締結

　劣後ローンについては既存の契約条件が必ず変更されるため、債務者は、DDSを実行する金融機関との間で、劣後ローンについての契約書を締結する必要がある。また、通常ローン部分についても、既存の契約条件を変更する場合には、変更契約書を締結する必要がある。

　DDSを実行しない金融機関との間でも、再建計画についての同意書等を取得することが望ましい。もっとも、同意書を実際に取得することが困難な場合も考えられるが、非メイン行からもなんらかの支援を受ける場合（元本返済のリスケジュール、金利の減額等に応じてもらう場合）には、債務者と全金融機関との間での協定書等の締結、同意書の取得、個別の条件変更のいずれかが必要となる。

D 経営者責任

　債権放棄の場合、本来株式よりも優先的地位にある債権を債権者が放棄することから、一定の株主責任、経営責任を問うことが要請される。DESについても債権を原則として既存の株式と同順位の権利に変更することから、債権放棄の場合までででなくとも一定の株主責任、経営責任を問うことが要請されることが多い。他方、DDSについては、債権を他の条件の債権に変更するだけで、株式よりも回収において優先的地位にあるものにとどめている。したがって、DDSを行う場合、当然に株主責任、経営責任を問うということにならないと考えられる。

　DDSを実行する場合の経営者責任については、経営不振に陥った原因と経営者の関与、責任の程度、今後の再建計画を進めるうえでの経営者の役割等を総合的に考慮して、ケースバイケースで以下のような措置を検討すべきこととなろう。

① 　役員（代表取締役、取締役）の退任
② 　役員報酬の一定期間の削減

③　私財提供（金銭の会社への提供、役員の個人資産の無償使用、会社への無償提供）

④　配当、役員賞与、退職慰労金の支払の禁止

VI　劣後ローンの設計

　過去において、わが国の金融機関等に対し供与されていた「劣後ローン」は、以下の特徴をもつものであった。

①　期間は10年程度の長期

②　法的倒産手続において他のすべての債権が弁済された場合のみ、劣後ローンについての返済を受けられる

③　利息の支払を遅滞した場合を含め、劣後ローンの元本についての期限の利益は喪失しない

　過去の劣後ローンは、主に金融機関が自己資本充実を目的として種類株式（配当優先株式）に類するものとして設計されていたが、DDSは主として中小企業の財務再構築を図り再建可能性を高めることを目的とするものであり、両者は趣旨・目的が異なる。したがって、DDSによる劣後ローンの具体的内容は、従来の劣後ローンの設計を参考としつつ、適宜変更を加える必要がある。

1　劣後性についての検討

　DDSの実行による転換後の劣後ローンの「劣後性」には、①元本返済の時期についての「劣後」と、デフォルト時・法的倒産手続開始時の②返済の順位についての「劣後」という２つの意味がある。

A 元本返済の時期

　元本返済の時期についての「劣後」とは、DDSの対象となった貸付金の元本返済の開始時期をいつにするかという意味での「劣後性」のことであり、以下の4つのパターンが考えられる（下図参照）。

① 時期を劣後させず、通常ローンと同様に返済する

② 再建計画の計画期間終了時や、計画期間終了後一定の時期から返済を開始する

③ 既存の通常ローンと計画期間中に実行された新規ローンがすべて完済された時から返済を開始する

④ すべての通常ローン（既存の通常ローン、計画期間中に実行された新規ローン、計画期間後に実行された新規ローンのいずれも）が完済された時から返済を開始する

　このうち、①時期を劣後させずに通常ローンと同様に返済するパターンについては、DDS実行後も劣後ローンの元本返済が必要となるので、債務者

〔元本返済の時期〕

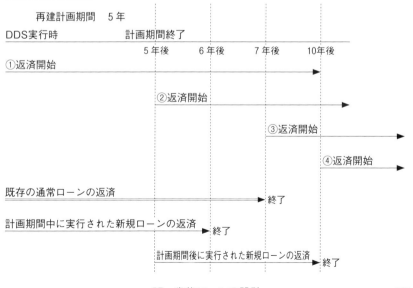

のデフォルトリスク・信用リスクの軽減につながらないため、有効性に欠ける。

　劣後ローンの資本的性格を重視する立場からは、資本は負債の完済後に初めて残余財産の分配として返還を受けられるものであることから（デフォルト時以外では、現金を対価とする取得請求権付株式・取得条項付株式（償還株式）などの例外はあるが）、劣後ローンについても、通常ローンの完済以降に初めて返済を開始するものとするのが自然である（前記③④のパターン）。再建計画の円滑な遂行のため、メイン行が運転資金として新規のローンを供与することがあるが、同ローンは共益性のあるものとして優先性が認められるものであり、劣後ローンはもちろん、既存の通常ローンよりも優先して弁済することにも合理性が認められる。もっとも、債務者の事業が継続する以上、計画期間終了後も一定の借入金（運転資金）が残存（ローンが継続）するのが通常であり、すべての通常ローンの借入残高がゼロになるまで劣後ローンについてはいっさい弁済を受けられないとすると、事実上劣後ローンについて弁済を開始できないことも考えられるので、前記③のパターンが実際的と考えられる。旧金融検査マニュアル別冊は、資本的劣後ローン（早期経営改善特例型）について、「資本的劣後ローンへの転換時に存在する他の全ての債権及び計画に新たに発生することが予定されている貸出債権が完済された後に償還が開始すること」を、当該劣後化された債権を資本としてみなすための要件としている（前記③のパターンのことを想定しているものと考えられる）。

　なお、中小企業の通常ローンの完済には相当長期間を要することが多いと考えられ、その場合、前記③④のパターンでは劣後ローンの回収は相当長期間先となる。再建計画が順調に進捗し、計画期間終了時に債務者の経営状況、財務状態が健全化していれば、デフォルトリスク、信用リスクは十分に減少しているといえる。そこで、その時点以降に劣後ローンの元本返済を一部開始することは、劣後ローン債権者のニーズにも合致するし、債務者の再建を阻害することもないと考えられるので、②のパターンを活用することにも合理性があろう。

そのため、たとえば、「支援協議会版資本的借入金」の場合、最短で５年後の一括弁済という返済条件から、15年後一括の返済条件まで、償還時期については事案に応じて決定することができる（後記Ⅸ A参照）とされているなど、元本返済の時期については比較的柔軟な設計が可能であるといえる。

B　デフォルト時・倒産時の返済の順位

　返済の順位についての「劣後」とは、債務者がデフォルトを起こした場合や法的倒産手続が開始した場合（以下「デフォルト時」という）に、劣後ローン（元本および利息）について、①通常ローンと同順位で返済を受けられるとするか（プロラタでの返済）、②通常ローンよりも後順位でしか返済を受けられない（通常ローンが完済された後初めて弁済が受けられる）とするかという意味での「劣後性」のことである。

　劣後ローンの資本的性格を重視する立場からは、デフォルト時には資本は負債の完済後に初めて残余財産の分配として返還を受けられるものであることから、デフォルト時において、劣後ローンは、②通常ローンよりも後順位でしか返済を受けられないものとするのが自然である。旧金融検査マニュアル別冊も、資本的劣後ローン（早期経営改善特例型）については、「債務者にデフォルトが生じた場合、金融機関の資本的劣後ローン（早期経営改善特例型）の請求権の効力は、他の全ての債権が弁済された後に生ずること」が、当該劣後化された債権を資本としてみなすための要件としている。

　また、他の債権者（通常ローン債権者）も、同順位であったローンの一部の返済順位が劣後化されることによって自己の債権の回収可能性が高まることから、債権者による既存融資の継続や新規融資が円滑になり、債務者はメリットを受けることができる。

　資本性借入金（資本的劣後ローン（准資本型））についても原則は同様に②の意味での劣後性が必要であるが、前記Ⅴ 1 A bのとおり、平成23年11月の旧金融検査マニュアルFAQ改訂によって、既存の担保付借入金について、法的破綻に至るまでの間において、他の債権に先んじて回収しない仕組みが

備わっている場合には、担保解除を行わずに資本性借入金への転換を図ることが可能とされている（有担保型DDS）[注1]。

(注1)　金融庁検査局総務課課長補佐である唐澤英城氏による「「資本性借入金」の条件明確化を踏まえた契約上の留意点」（金融法務事情1938号96頁）において、担保付資本性借入金の契約条項についての試案が述べられている。

　　　　また、中小企業再生支援協議会版「資本的借入金」の契約書ひな型については、加藤寛史・三澤智「中小企業再生支援協議会版「資本的借入金」契約書（ひな型）の逐条解説（上）（下）」（金融法務事情1979号14頁、1980号109頁）を参照。

2 契約形態

A 法的構成

既存の融資契約に基づく貸金債権を目的とした①準消費貸借契約[注1]を締結するか、もしくは既存の融資契約の②条件変更契約を締結することが考えられる。

複数の貸付債権がある場合に、(i)既存の貸付債権をまとめたものや、既存の一貸付債権についてその一部のみをDDSにより劣後化する場合は、①の「準消費貸借契約」となり、(ii)既存の一貸付債権全部をDDSにより劣後化する場合には、②の条件変更契約で足りる。

(注1)　準消費貸借契約においては、既存の消費貸借契約に基づく債務と新たな準消費貸借契約に基づく債務は同一であり、旧債務に伴う担保・保証等は原則として存続すると解するのが判例・通説である。

B 契約の当事者

契約の当事者としては、①劣後ローン債権者と債務者の2者契約、②劣後ローン債権者、通常ローン債権者との2者契約、③劣後ローン債権者と通常ローン債権者と債務者の3者契約が考えられるが、通常①または③の形態となろう。最も簡便なものは①の形態となる。なお、保証人が存在し、保証を

解除しない場合、保証人も契約当事者に含めておくことが必要となる（別途同意文書を保証人から差し入れてもらってもよい）。

3 契約の内容

A 元本・元本返済の時期

a 対　象

劣後ローンの対象となる元本の範囲、金額を、契約において確定する必要がある。

b 資本的劣後ローン（早期経営改善特例型）の返済時期

資本的劣後ローン（早期経営改善特例型）への転換時に存在する他のすべての債権および計画に新たに発生することが予定されている貸出債権が完済された後に償還が開始することが要件とされているため、計画上、この要件を満たす返済時期を定める必要がある。

c 資本性借入金（資本的劣後ローン（准資本型））の返済時期

資本性借入金FAQ問4において、「長期間償還不要な状態」であることが必要であり、具体的には契約時における償還期間が5年を超え、期限一括償還が原則であるとされている。資本性借入金への転換から10〜15年後の返済時期とされることが一般的である。

B 金　利

a 資本的劣後ローン（早期経営改善特例型）

DDSによって劣後化された劣後ローンは信用リスクが高まるから、リスクに見合った高い利率を設定し、他方、通常のローンは、既存のローンの一部が劣後化されることにより信用リスクが低下するので、リスクに見合った

低い利率に変更するのが、理論的には整合的である（劣後ローンと通常ローンの金利を加重平均すると、DDS実行前の金利と同一程度とすることが考えられる）。

　DDS実行の前後で支払利息の総額を増額すると、債務者の収益を圧迫することになるため、支払利息の総額を増額することはできない。そのため、劣後ローンの金利を上げるためには、理論どおり通常ローンの金利を下げる必要があるが、現行の通常ローンの金利はさほど高くないことが通常であるため、通常ローン債権者の同意を得ることが困難な場合も多いと想定される。そのため、実務的にはDDSにより劣後化されたローンについて、従来どおりの利率を維持するか、支援目的で利率を相当程度下げることになろう。

　金融機関がDDSを行うインセンティブを確保するために、DDSにより劣後化されたローンについては、業績が再建計画の利益計画を上回った場合に金利が一定程度上昇するといった業績連動型の金利設定とすることも考えられる。

b　資本性借入金（資本的劣後ローン（准資本型））

　金利については、原則として、「配当可能利益（筆者注：会社法上は「分配可能額」）に応じた金利設定」であることが必要とされている。具体的には、業績連動型など、債務者が厳しい状況にある期間は、これに応じて金利負担が抑えられるような仕組みが講じられていることが考えられるが、その場合、株式の株主管理コストに準じた事務コスト相当の金利であれば、利子負担が生じないものとして「資本性借入金」と判断できる（資本性借入金FAQ問5）。具体的にはDDSにより資本とみなされる資本的劣後ローンを考慮したうえで、実質債務超過が解消されているか否かを基準とすることが考えられる。また、再度、実質債務超過となった場合や、利益水準が一定の基準を下回った場合、再度、金利を引き下げるといった設計も考えられる。

　債務者が厳しい状況にある期間の具体的な金利水準については、たとえば、日本政策金融公庫等の新型コロナウイルスの影響拡大をふまえた資本性

劣後ローン等では0.5％等となっているが、この水準に限定されるものではなく、金融機関や債務者の状況等に応じた事務コストも勘案して判断される。コスト計算を行い算出することが原則であるが、コスト計算を行っていない場合、簡便法として、「経費率」を用いて、事務コストを算出してさしつかえない（資本性借入金FAQ問6、13）。

　なお、業績連動型の金利とする場合、業績に応じて2～3段階程度の金利設定のいずれかが適用されるとするのが、簡便で実務的には用いやすい金利設定であるといえよう。日本政策金融公庫の上記制度の場合、4年目以降黒字の場合は、2.60％、2.70％、2.95％の3段階の金利設定（当初3年間および4年目以降赤字の場合0.50％）がされている。

C 返済の順位についての劣後条項

a　無担保型

　デフォルト時に、劣後ローンについて通常ローンよりも後順位でしか返済を受けられないとする場合、具体的な法律構成としては、①デフォルト時には、劣後ローンに条件（たとえば、劣後ローン以外の債権が全額弁済されることを、劣後ローンの支払請求権発生の条件とする）を付すなどのなんらかの制約を設けることにより、結果的に（反射的に）劣後ローン以外の債権の弁済を優先させることとする構成、②劣後特約を第三者のためにする契約として構成し、劣後ローン以外の債権者になんらかの「権利」（たとえば、債務者の法的倒産手続開始時等には、当該債権者は劣後ローン債権者が受け取るべき元利金を自己に引き渡すよう債務者に請求できることとする権利）を付与する構成が考えられる。②の構成による債権者・債務者間の合意が法的倒産手続開始時の管財人等に対し有効といえるか疑問がないとはいえないため、金融機関等に供与されている劣後ローンのこれまでの実務では①の方法がとられている。

　なお、債権者と債務者が劣後ローンの返済を破産法99条1項各号の劣後的破産債権よりも後れる債権とする旨合意した場合、破産手続においても、その合意に従って、劣後ローンについての返済が後順位となる（破産法99条

2項）^{（注1）}。民事再生法および会社更生法においても同様である（民再法155条2項等、会更法168条1項等）^{（注2）}。すなわち、停止条件付きで反射的に劣後ローン以外の債権を優先させるという技巧的な手法を使わずとも、破産法の条文をふまえた条項（債権者と債務者間の劣後の合意）にすれば、劣後ローンの返済を後順位とすることができるが、特別清算においては、約定劣後債権の規定がないため、特別清算に関しては停止条件付きで劣後ローンの返済を後順位とする旨の規定を設ける必要がある。また、民事再生、会社更生においても、絶対優先・劣後の原則が必ずしも採用されていないことに注意する必要がある。

〔劣後ローンの条項例〕

> 第○条　甲及び乙は、乙について破産手続が開始した場合、甲の乙に対する本契約に基づく一切の債権は、乙の破産手続における配当の順位が劣後的破産債権に後れることに合意する。
> 2　甲について特別清算手続開始決定がなされ、かつ、甲の特別清算手続が継続している場合、乙の劣後債務の元利金についての支払請求権は、以下の条件が成就したときに発生し、第3条1項の定めにかかわらず弁済期が到来するものとする。
> 　　甲について協定認可決定が確定したときにおける協定に記載された変更されるべき権利のうち、劣後債務に係る債権及び前項と同様の条件を付された債権を除くすべての債権が、その債権額につき全額（元本、利息及び遅延損害金）の弁済を受けたこと。

（注1）　破産債権者と破産者との間において、破産手続開始前に、当該債務者について破産手続が開始されたとすれば、当該破産手続におけるその配当の順位が劣後的破産債権に後れる旨の合意がされた債権（以下「約定劣後破産債権」という）は、劣後的破産債権に後れる（破産法99条2項、配当の順位の劣後につき同法194条1項参照）。
　　　　　破産法99条1項各号の劣後的破産債権とは、破産手続開始決定後の利息、破産手続開始決定後の不履行による損害賠償および違約金、破産手続の参加費用等の破産債権である。
（注2）　民事再生法について（約定劣後再生債権）
　　　　・再生債権者と再生債務者との間において、再生手続開始前に、当該再生債務者について破産手続が開始されたとすれば当該破産手続におけるそ

の配当の順位が破産法99条1項に規定する劣後的破産債権に後れる旨の合意がされた債権（民再法35条4項）

・約定劣後再生債権の届出がある場合における再生計画においては、再生債権（約定劣後再生債権を除く）を有する者と約定劣後再生債権を有する者との間においては、（民再法）35条4項に規定する配当の順位についての合意の内容を考慮して、再生計画の内容に公正かつ衡平な差を設けなければならない（同法155条2項）

・関連する条文として同法87条3項（議決権について）、同法35条4項（通知について）
会社更生法について（約定劣後更生債権）

・更生債権者と更生会社との間において、更生手続開始前に、当該会社について破産手続が開始されたとすれば当該破産手続におけるその配当の順位が破産法99条1項に規定する劣後的破産債権に後れる旨の合意がされた債権（会更法43条4項1号）

・168条1項各号に掲げる種類の権利の順位を考慮して、更生計画の内容に公正かつ衡平な差を設けなければならない。この場合における権利の順位は、当該各号の順位による（同法168条3項）

・同法168条1項各号の順位　①　更生担保権
　　　　　　　　　　　　　　②　優先的更生債権
　　　　　　　　　　　　　　③　一般更生債権
　　　　　　　　　　　　　　④　約定劣後更生債権
　　　　　　　　　　　　　　⑤　残余財産分配に関し優先する株式
　　　　　　　　　　　　　　⑥　⑤以外の株式

・関連する条文として同法136条3項（議決権について）、同法43条4項1号（通知について）

b　有担保型DDS

担保付借入金を資本性借入金（資本的劣後ローン（准資本型））に転換する場合（有担保型DDS）、法的倒産手続開始時等においては担保権の行使が許容されることになり、担保権により保全されている債権（資本性借入金）については、法的整理において劣後的な取扱いはされないことになる。そのため、契約書において、返済の順位についての劣後条項は定められず、法的倒産手続開始時には担保権の行使が可能である旨の条項が定められる。

D 表明・保証

　債権者は、債務者から開示された情報や提供された資料に基づき、再建計画およびDDSの実行について同意し、支援を行うのであるから、DDS実行時までに開示された情報・資料が正しい内容であることがDDS実行の大前提となる。そのため、債務者が債権者に対し開示した情報・提出した書類について正確であり虚偽がないことについて、債務者に表明・保証させる必要がある。

　以下において、コベナンツ条項および表明保証条項の参考例として、平成16年3月に全銀協が作成した「劣後特約付金銭消費貸借契約証書」の該当箇所を記載している。

〔全銀協参考契約書例〕

第5条（借入人の表明及び保証）
　借入人は劣後貸付人及び優先貸付人に対し、本契約締結日において、以下の事項が真実かつ正確であることを表明し、かつ、保証する。
- （1）　借入人は日本法に基づき［適法に］設立され、かつ、有効に存続する［株式会社］である。
- （2）　借入人は、本契約を締結し、また、本契約の定めに基づく義務を履行する権限及び権利を有している。
- （3）　借入人による本契約の締結及びその履行は、借入人の目的の範囲内の行為であり、借入人が本契約を締結し、これを履行することにつき、法律上及び借入人の社内規則上要求されている一切の手続を履践した。
- （4）　本契約は、その締結により、適法、有効かつ拘束力ある借入人の債務を構成し、破産法、民事再生法、会社更生法その他債権者の権利を一般的に制約する法律に基づく場合を除き、本契約の定めに従い強制執行可能な借入人の義務が生じる。
- （5）　本契約につき、借入人を代表して記名捺印する者は、当該署名につき借入人により適法に授権されている。
- （6）　本契約の締結及び本契約に基づく義務の履行が、借入人又はその財産に対して適用のある法令に違反せず、借入人が当事者であり、若しくは、借入人又はその財産が拘束される契約その他の書面に違反せず、また、借入人又はその財産に適用される判決、決定若しくは命令の条

項に違反しない。

（7）　借入人は、日本において、本契約の締結及びその履行に必要な裁判所及び政府機関の一切の承認、許可及び認可（もしあれば）を取得している。

（8）　借入人は、日本において本契約の締結及びその履行に重大な悪影響を及ぼし、又は、及ぼすおそれのある借入人に対する判決、命令若しくは決定はなく、また、日本において借入人の本契約上の義務の履行又は業務に重大な悪影響を及ぼし、又は、及ぼすおそれのあるいかなる司法上又は行政上の手続も係属しておらず、また、日本において借入人の（適正な調査の後に）知る限りそのおそれもない。

（9）　借入人は、破産、会社更生手続開始、民事再生手続開始、特別清算開始その他これらに類似する法的倒産処理手続開始の申立てをしておらず、また、借入人の（適正な調査の後に）知る限り第三者によるかかる手続の申立てもなされていない。借入人は支払不能、支払停止又は債務超過の状態になく、かつ、本契約が予定する取引を行うことによって支払不能又は支払停止に陥ることがない。

（10）　借入人による本契約の締結及びその履行は、借入人の財産若しくは事業に対し、抵当権その他の担保権を成立させ、又は、そのような権利を設定する義務を生ぜしめるものではない。

（11）　借入人につき、第8条に定める期限の利益喪失事由は生じていない。

（12）　本契約の締結及び履行に関連して借入人が優先貸付人及び劣後貸付人に提供した情報は、書面によるものか否かを問わず、重要な点において正確かつ真実である。

（13）　借入人は、借入人が納税義務を負っている支払期限の到来したすべての公租公課を支払済みであり、また、これらを延滞していない。

E コベナンツ

　DDSは、DESの場合に生じる株式所有による経営支配、経営責任の問題や中小企業のモラルハザードの問題を回避しつつ、債務者の財務状態や信用状態を実質的に改善し、時間をかけても最終的には債権として回収するための手法である。DDSの場合、DESとは異なり株主権を行使することによって債務者の経営に対し監督・関与することはできないため、契約書にコベナンツを設けることにより債務者の経営を監視し、経営の規律を高める必要がある。また、債務者の再建計画の実行を担保するために、債権者において財

務状態・キャッシュフロー等の監視やコントロールを確保する必要がある。

旧金融検査マニュアル別冊も、資本的劣後ローン（早期経営改善特例型）について、「債務者が金融機関に対して財務状況の開示を約していること及び、金融機関が債務者のキャッシュフローに対して一定の関与ができる権利を有していること」を、当該劣後化された債権を資本としてみなすための要件としている。資本的劣後ローン（准資本型）の場合も、同様のコベナンツを設けるのが一般的である。

a　数値目標

主に債務者の再建計画の実行を担保するため、債務者の財務内容や業績に関して、再建計画期間内での債務超過解消や、具体的な数値目標等の達成を義務づけることが考えられる。再建計画に定めた売上高や、EBITDA（金利・税・減価償却前利益）・営業利益・経常利益等が数値目標となろう。通常ローンおよび劣後ローンについても、金利を支払うことが大前提となっている以上、一定の経常利益の確保は重要な指標となる。なお、中小企業や零細企業の場合、一般的に経済情勢の変動による経営上の影響を受けやすいため、再建計画を100％実行できないことも少なくないと考えられる。したがって、再建計画において定めた計画そのものの達成を義務づけるのではなく、ある程度の幅（たとえば計画の8割以上）をもたせた数値とすることも実際的と考えられる。

b　財務制限条項

債権者が債務者の経営を監視し財務状態・キャッシュフローに対するコントロールを確保するために、重要な資産の売却、多額の投資や借入れ、債務者の組織・株主構成の変更等、債務者の経営や再建計画の実行に重大な影響を与える行為を行う場合などに、債権者の事前の同意や協議等を義務づけることが考えられる。

c　情報開示

　債権者が債務者の経営を監視し財務状態・キャッシュフローに対するコントロールを確保する前提として、一定の期間ごとにまたは債権者の要請に応じて、情報の開示を義務づけることが必要である。具体的には、決算書、確定申告書、月次試算表、収支実績、収支計画書等の提出を義務づけることになる。また、債務者の経営や再建計画の実行に重大な影響を与える事象が発生した場合には債権者に対し速やかに報告することを定めた報告義務を課すことも必要である。

d　キャッシュフローのモニタリング

　債務者のキャッシュフローのモニタリング、コントロールの一手法として、債務者の資金の入出金について劣後ローン債権者の自行の銀行口座に集中させて管理することも考えられる。

e　優先、劣後関係の整合性

　DDSにより劣後ローンとされた債務（貸出金）について厳格なコベナンツを設け、通常ローンについては従前の銀行取引約定書、金銭消費貸借契約書が適用され、特段のコベナンツが設けられないと、実際には、劣後ローンの債権者のほうがあたかも優先するかのような取扱いとなってしまうことも考えられる。

〔コベナンツと優先、劣後関係〕

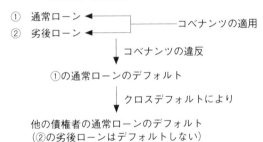

この点について、通常、劣後ローン債権者は劣後ローンのほかにも通常ローンを保有していることから、実質的に通常ローンについてもコベナンツが適用されることになり、劣後ローンについての期限の利益喪失事由を限定し、逆にコベナンツ違反については、通常ローンの期限の利益喪失事由と定めておけば（巻末資料１、商工中金の契約書（参考例）第14条参照）、通常ローンの優先、劣後ローンの劣後という関係は維持されているといえよう。

〔全銀協参考契約書例〕

第6条（誓約事項）

1　借入人は本契約日以降、本契約に基づく劣後貸付人に対するすべての債務の弁済が完了するまで、次に定める事項を実行又は充足することを誓約する。

（１）　解散の決議を行わないこと。

（２）　本契約に基づく取引を行うために適用ある法令に基づき要求されるすべての手続を履践すること。

（３）　本契約の履行若しくは強制執行について影響を与える訴訟、仲裁及び行政手続の提起、開始若しくはそのおそれ、その他借入人の財務又は営業状態に重大な影響を与える事由が発生した場合には遅滞なく劣後貸付人に通知すること。

（４）　適用法令により借入人に課される公租公課をその支払期限までに支払うこと。

（５）　借入人の主たる事務所に会計帳簿及びその他の財務記録を保管し、貸付人が要求したときは、貸付人又はその代理人が借入人の営業時間中にかかる書類等を調査し、それらの写しを作成することを認めること。

（６）　借入人の事業に関連するあらゆる法令（環境関連法規を含む。）を遵守すること。

（７）　日本において、本契約の締結及びその履行に必要な裁判所及び政府機関の一切の承認、許可及び認可（もしあれば）を維持すること。

（８）　借入人が劣後貸付人に対して設定した抵当権の有効性を維持し、抵当権設定登記手続を完了すること。

（９）　借入人及び劣後貸付人の間の担保権の設定に関する契約（もしあれば）に従い対抗要件の具備に必要な手続を完了し、又は、劣後貸付人の請求に応じて新たに担保権を設定し、また、対抗要件の具備に必要な手続を行うこと。

（10）　借入人の売上金等の受入を指定銀行口座に集中させること。

（11）　その他各貸付人が必要と認める事項を行うこと。

2　借入人は、本契約日以降、本契約に基づく劣後貸付人に対するすべての債務の弁済が完了するまで、［劣後貸付人の事前の承諾がない限り、］以下に定める行為を行わないことを誓約する。

（1）　借入人の既存の株主以外の第三者に対して株式、新株予約権及び新株予約権付社債を発行し、借入人の株式を引き受ける権利を既存の株主以外の第三者に対して与え、又は他の法人との合併、事業譲受、事業譲渡、会社分割その他組織法上の重要な変更を行うこと。

（2）　経営改善計画に定められている場合を除き、第三者から金銭を借入れ、第三者のために保証契約を締結し、又は、第三者のために借入人の財産の上に抵当権、質権その他一切の担保権の設定を行うこと。

（3）　重要な財産の処分又は譲り受けを行うこと。

（4）　［借入人の資本の［　］分の［　］］以上の金額にあたる設備投資を行うこと。

（5）　別紙○に定める方法以外の方法で、借入人の余剰資金を運用すること。

（6）　定款について、重要な事項の変更を行うこと。

（7）　［借入人の既存の取締役以外の第三者を新たに借入人の取締役として選任すること。／社内組織又は人事制度について、重要な変更を行うこと。］

（8）　株主に対し、配当金を支払うこと。

（9）　取締役又は監査役に対し、賞与を支払うこと。

（10）　毎月［　］円以上の交際費等を支出すること。

（11）　第三者（役員及び役員の親族を含む。）に対し金銭の貸付け又は投資を行うこと。

（12）　その他すべての貸付人による合意に基づき禁止された事項を行うこと。

3　借入人は、本契約日以降、本契約に基づく劣後貸付人に対するすべての債務の弁済が完了するまで、経営改善計画にて定められた以下の財務制限事項を遵守しなければならない。

（1）　借入人は各決算期及び中間期における過去12ヶ月間のデットサービスカバレッジ比率（別紙○のとおり算出される。）が［　］を下回らないこと。

（2）　借入人は各決算期及び中間期における過去12ヶ月間のレバレッジ比率（別紙○のとおり算出される。）が［　］倍を上回らないこと。

（3）　借入人は各決算期及び中間期における過去12ヶ月間のインタレストカバレッジ比率（別紙○のとおり算出される。）が［　］倍を下回らな

いこと。
　（4）　借入人は［監査済］決算書及び半期報告書において自己資本比率（別
　　　紙○のとおり算出される。）が［　　］％を下回らないこと。
　（5）　その他各貸付人が必要と認める事項
4　借入人は、本契約日以降、本契約に基づく劣後貸付人に対するすべての
　債務の弁済が完了するまで、劣後貸付人に対し、以下の定めに従って報告
　するものとする。
　（1）　借入人は、劣後貸付人に対し、月次、半期及び年次の決算資料並び
　　　に財務諸表を報告するものとする。なお、年次の決算資料及び財務諸
　　　表は［会計監査法人の監査を受けた／日本税理士会連合会が公表する
　　　中小会社会計基準に則り作成された］ものに限られる。
　（2）　以下のいずれかの事由が生じた場合又は通知、時間の経過若しくは
　　　その両者によって以下のいずれかの事由が生ずることとなった場合、
　　　借入人は、劣後貸付人に対し、直ちに、当該事由の発生を報告するも
　　　のとする。
　　（イ）　本契約第8条第1項各号又は第2項各号に定める期限の利益喪
　　　　失事由
　　（ロ）　本契約第5条に定める借入人の表明及び保証、本条第1項ない
　　　　し第3項に定める借入人の誓約事由に反する事由
　（3）　前号までに定められるほか、借入人は、劣後貸付人に対し、劣後貸
　　　付人が必要と認める事項について、劣後貸付人の要請に応じて随時、
　　　報告するものとする。
第7条（誓約条項等違反）
　第5条に定める表明・保証事項が真実でない若しくは正確でないことが判
明した場合又は第6条に定める誓約事項に借入人が違反した場合には、借入
人は、かかる不実若しくは不正確な表明・保証又は誓約事項違反に起因して
劣後貸付人に生じた一切の損害、損失及び費用（合理的な範囲の弁護士、会
計士又は税理士の報酬及び費用を含む。）を賠償するものとする。

　（第6条は、1項で誓約事項、2項で要同意事項、3項で財務制限事項、4項で
報告事項をそれぞれ定めている。第7条は、第6条等に違反した場合のペナルティ
条項である）

F 期限の利益喪失事由

　期限の利益喪失条項に関しては、以下の2つに分けて考えることができる。

①　通常ローン、劣後ローンの一方が期限の利益を喪失した場合、他方につ

いても期限の利益を喪失させるか（クロスデフォルトの問題）

② 劣後ローンについての期限の利益喪失事由をどのような事由とするか

　このうち、①については、同じ債権者が複数の貸付金を有している場合、債務者に対する貸付金のうち１つについて期限の利益が喪失すれば、その他の貸付金の期限の利益を喪失するのは通常である。特に、劣後ローンについて期限の利益を喪失した場合、デフォルト時の弁済順位が後順位とされているのであれば、通常ローンの完済後でないと当該劣後ローンは弁済されないので、通常ローンについても期限の利益を喪失させるのが合理的である。他方、通常ローンにデフォルトが生じ期限の利益を喪失した場合には、劣後ローンについては期限の利益は喪失しないとすることも考えられる。

　②については、劣後ローンについて期限の利益を喪失させても、デフォルト時の弁済順位が後順位とされている場合、劣後ローンを回収できる可能性はほとんどないため、期限の利益喪失事由（特に当然喪失事由）を設けることのメリットはあまり考えられない。そのため、契約内容のうち、いかなる条項について違反があった場合に、期限の利益喪失事由とする必要があるかどうか、検討する必要がある。

　この点、旧金融検査マニュアル別冊は、資本的劣後ローン（早期経営改善特例型）について、「約定違反により期限の利益を喪失した場合には、債務者が当該金融機関に有する全ての債務について、期限の利益を喪失すること」を、当該劣後化された債権を資本とみなすための要件としているが、何を期限の利益喪失事由とするかについては特段定められていない。

　なお、資本性借入金（資本的劣後ローン（准資本型））については、期限の利益喪失条項が付されている場合、期限の利益喪失事由が発生した場合には、喪失に係る債権者の権利行使が行われない場合でも、同事由が解消されるまでの間、通常の負債とみなされることになるため（旧金融検査マニュアルFAQ 9 - 29）、期限の利益喪失事由は定めないこととするのが一般的であるといえよう。

a 利払いの遅滞があった場合

劣後ローンについて利払いの遅滞があったとしても、通常ローンについての元利金返済が行われている場合、債権者にとって劣後ローンについて期限の利益をあえて喪失させ、通常ローンについてもデフォルト状態とすることのメリットは考えにくい。そこで、利払いの遅滞については、当然喪失事由とするべきではなく、請求喪失事由とするか、もしくは期限の利益喪失事由としないことが考えられる。

b 金銭支払債務の不履行以外の契約違反があった場合

コベナンツのうち、一定の事項についての債権者の事前の同意や協議等を義務づける財務制限条項については、債務者は遵守すればよいだけのことであるから、期限の利益喪失事由としてもそれほど問題はない。ただし、債権者にとって期限の利益を喪失させるメリットがある場合は限られるため、当然喪失事由とするのではなく、請求喪失事由とするのが合理的であると考えられる。表明・保証違反や、情報開示・報告義務違反に関しても、請求喪失事由とするのが合理的であると考えられる。

これに対し、EBITDA（金利・税・減価償却前利益）・営業利益・経常利益等の確保といった数値目標の遵守については、中小企業・零細企業は一般的に経済情勢の変動の影響を受けやすいため、達成が困難なケースもありうる。したがって、数値目標の未達成（不遵守）について期限の利益を喪失させることは債務者の再建の安定性を阻害する可能性があるので、期限の利益喪失事由とはしないことが考えられる。数値目標に大きな幅をもたせており、その数値すら達成できないのであれば再建することはきわめて困難であるといえるような場合には、期限の利益喪失事由とすることも考えられるが、期限の利益喪失事由とする場合も、当然喪失事由とするのではなく、請求喪失事由とすべきであろう。

c　ペナルティの必要性

　コベナンツ違反があった場合、期限の利益を喪失させることができなければ（デフォルトにできなければ）、コベナンツの効果を十分に発揮させることができないともいえる。そのため、後記Ⅶ１G「期限の利益喪失等（第14条）」に記載しているとおり、通常ローンの期限の利益喪失事由とするなど、債権者に一定のペナルティを科す措置を規定しておくことが必要となる。

G　期限前弁済と通常ローンへの転換

　債務者の信用状態を改善して、既存融資の継続や新規融資の円滑化を図ることをDDS実行の主たる目的とする場合、再建計画の計画期間中は劣後性を維持して信用状態の安定を図るが、計画期間の終了時以降や一定期間の経過後においては、債務者の財務状態、信用状態が改善され健全となっていることを前提として、資本性借入金を期限前弁済するか、資本性借入金を通常ローンに復活させる（転換する）設計とすることも考えられる。計画期間の終了時以降において、債務者の財務状態、信用状態が健全化しているのであれば、期限前弁済するか通常ローンに転換しても、（元本返済の条件にはよるものの）通常ローン債権者に特段の不利益が生じることもないであろう。

a　期限前弁済

　資本的劣後ローン（准資本型）の場合、債務者自らの意思により期限前弁済を行うことを可能とすることができる（債権者の意思により期限前回収が可能な場合、資本的劣後ローンとして認められない。資本性借入金FAQ問12）。

b　通常ローンへの転換

　通常ローンに転換する場合、元本返済を開始する（返済時期の通常化）という意味での通常ローンへの転換と、デフォルト時の返済順位を同順位とする（返済順位の通常化）という意味での通常ローンへの転換が考えられるが、通常は返済順位も正常化し、元本返済も一部開始するという設計になろう。

当然のことながら、当初の劣後ローン契約において、転換事由、転換後のローンの内容・条件（元利金の支払時期等）を明確に定めておく必要がある（もっとも実務的には元利の支払条件等については別途協議とされることも想定される）。

転換事由としては、以下のような事由が考えられる。

① 再建計画の計画期間の終了、またはその後一定期間の経過

② 劣後ローンの全部または一部を債務とみても実質債務超過が解消されたこと

なお、債権者からの一方的な転換請求（債権者のオプション）は認められておらず、債務者のオプションによる早期償還が認められるにとどまっていることに注意が必要である。

H 保証・物上保証の取扱い

中小企業に対する融資は、社長その他の役員や親族等が保証または物上保証しているケースが通常である。保証人や物上保証人（以下「保証人等」という）は、保証人等がDDSによって劣後化された債権の保証を履行（担保物件の競売等により弁済）した場合、主債務者であるDDSの対象企業に対して求償権を取得する。保証人が取得する求償権は、債権者が債務者に対して有している貸金債権（原債権）とは異なる債権であるため、保証人等からも同意を得ない限り、求償権を劣後化することはできない。保証人が劣後ローンについて代位弁済した場合、保証人は債務者に対して通常ローンと同順位の求償権を取得することになるため、DDS（劣後ローン）の実効性が損なわれてしまう。そのため、資本性借入金FAQにおいても、保証付借入金は、基本的には、資本性借入金とは認められないものとされている（資本性借入金FAQ問11）。ただし、長期間償還不要な状態や配当可能利益に応じた金利設定、法的破綻時の劣後性といった仕組みが保証の実行後においても確保できる仕組みが備わっていれば、保証付借入金も資本的劣後ローンとみなしてよいとされている（同）。

そこで、DDSの対象債権に保証がついている場合は、劣後ローンへの転

換（変更）および求償権を劣後化することにつき保証人等から同意を得る必要がある。保証人の保証能力が実質的に認められない場合などには、保証を解除することも考えられる。

　なお、劣後ローンの趣旨からは、債務者所有の担保については、劣後ローンを被担保債権から除外するほうがより理論的には整合するが、第三者による保証、または物上保証については、同保証人より求償権の劣後化についての同意を取得しておくことができるのであれば、保証解除をしなくてもよいと考えられる。保証履行によって債務者の資産やキャッシュフローに変動が生じることはないし、債務者自身がDDSの対象となる貸付金を優先的に返済したことにはならないと考えられるからである。

　保証人から取得する同意書の参考書式例は、書式例⑥のとおりである。

〔書式例⑥〕

```
　　　　　年　　月　　日
株式会社○○○○銀行　　御中
株式会社××××　　　　御中

　　　住所：

　　　氏名：
                    同　意　書
　私は、令和○年○月○日付「保証書（極度保証）」において、株式会社××
××（以下「××××」といいます）の株式会社○○○○銀行（以下「○○
○○銀行」といいます）からの借入金債務を連帯保証しておりますが、××
××が○○○○銀行との間で別紙「劣後特約付金銭準消費貸借契約書」（以下
「本契約」といいます）を締結し、各条項の適用を受けることに同意し、××
××の○○○○銀行に対する借入金債務のうち本契約第○条記載の債務が、
本契約の各条項に従い劣後債務となることに同意します。
　　　　　　　　　　　　　　　　　　　　　　　　　　　　　以　　上
```

Ⅶ DDS契約書の検討

1 商工中金のDDS契約書（参考例）の検討・解説

　商工中金は、平成16年3月10日、中小企業再生支援協議会との連携により、DDSの第1号案件を実行した。

　本契約書は、旧金融検査マニュアル別冊に従って債務者区分等において資本的劣後ローン（早期経営改善特例型）を資本とみなすことが可能となるよう設計、構成されている。資本的劣後ローン（准資本型）の場合も、元本返済、金利等の条項を変えれば、本契約書を利用することが可能である。以下においては、本契約書の主要な条項について解説する（本契約書の全文は巻末資料1参照）。

A 経営改善計画の策定（第1条）

　旧金融検査マニュアル別冊は、債務者の「合理的かつ実現可能性が高い経営改善計画と一体として」DDSを行うことを、「債務者区分等の判断において、資本的劣後ローン（早期経営改善特例型）を資本とみなす」ための要件としている。

　経営改善計画に基づく支援要請の対象となっている各金融機関（以下「対象金融機関」という）のうち、DDSを実行するのはメイン行等の一部の金融機関に限られることも多いが、他の金融機関が債務者の再建に協力する姿勢をとっていない場合は、DDSを実行しても債務者の再建は困難となることが多く、DDSを実行した金融機関は、債権の一部を劣後化したことにより、単に他の金融機関よりも不利益な状態となるだけのこともありうる。そのため、本契約書は、債務者が対象金融機関から経営改善計画についての同意を得ていること、すなわち、対象金融機関の協力体制が整っていることを前提条件として、契約締結に先立って確認することとしている。

なお、資本性借入金FAQは、「資本性借入金を資本とみなすこと等も通じ
て、経営の改善を図る場合、詳細かつ具体的な経営改善計画の策定までは求
められないとしても、一定の経営改善の見通しをもてることが重要」として
いる（同FAQ問20）。実際には、債務者に関しての一定の経営改善計画を策
定の上、実体債務超過額等に応じてDDSを行い資本性借入金とする金額と
を決定するのが一般的であるといえる。

B 債務の確認および条件変更の合意（第2条）

　DDSは、金融機関が債務者に対して有する既存の貸付債権を、他の債権
よりも劣後する条件に変更する手法である。本契約書は、債務者に対して複
数の契約に基づき貸付を行っている場合において、そのうちの貸付債権を1
つ特定したうえで、当該劣後化の対象となる債権についてのみ条件変更する
ことを想定した形式としている。複数の貸付債権を一本化してDDSの対象
とする場合や、1つの貸付債権のうち一部の金額をDDSの対象とする場合
などには、条件変更契約ではなく、準消費貸借契約を締結することになる。

　なお、旧金融検査マニュアル別冊は、「資本的劣後ローン（早期経営改善特
例型）についての契約が、金融機関と債務者との間で双方合意のうえ、締結
されていること」を、資本的劣後ローン（早期経営改善特例型）を資本とみ
なすための要件としているため、本契約書は、差入れ形式ではなく、債権者
と債務者の合意による形式としている。

C 劣後債務の弁済条件（第3条）

　旧金融検査マニュアル別冊は、「資本的劣後ローン（早期経営改善特例型）
の返済（デフォルトによらない）については、資本的劣後ローン（早期経営改
善特例型）への転換時に存在する他の全ての債権及び計画に新たに発生する
ことが予定されている貸出債権が完済された後に償還が開始すること」を、
資本的劣後ローンを資本とみなすための要件としている。そのため、本契約
書は、劣後債務の元本の返済時期を、DDS実行時において債務者が負担し

ているすべての債務および経営改善計画に基づき債務者が新たに負担する債務（「通常借入金債務」）の完済後としている（計画に新たな借入れが予定されていない場合は、「及び」以下の条項は不要である）。劣後債務の元本の返済開始は早くても5年から十数年後となる場合が多いと考えられ、本契約書締結時において元本返済の条件について決定するのは困難であるため、通常借入金債務の完済時に債務者の支払能力等を勘案したうえで、債権者と債務者が別途協議して決定するものとしている。資本的劣後ローン（准資本型）の場合、単純に、5年以降の一括返済ということになる。

金利については、資本的劣後ローン（早期経営改善特例型）の場合、実績が経営改善計画で予定した利益計画を上回った場合に金利を一定程度上昇させる業績連動型の金利など、自由な金利設定が可能である。しかし、実績がどの程度予定を上回った場合に金利をどの程度増加させるかなど、具体的な設定をするのは困難な面があるため、本契約書においては固定金利とし、債務者の資金繰り等を考慮したうえで、債権者と債務者との合意により適用金利を設定することとしている。

中小企業の支援型のDDSの場合、実務的には低めの固定金利での設定がなされるのが通常であろう。

D 劣後条項（第5条、第6条および第8条）

劣後債務の劣後性を定めた条項である。旧金融検査マニュアル別冊は、「債務者にデフォルトが生じた場合、金融機関の資本的劣後ローン（早期経営改善特例型）の請求権の効力は、他の全ての債権が弁済された後に生ずる」ことを、資本的劣後ローン（早期経営改善特例型）を資本とみなすための要件としている。そのため、本契約書は、劣後債務の期限前弁済をいっさい禁止し（第5条）、債権者にとって回収したと同様の効果が生じる相殺も禁止している（第6条）。

第8条においては、法的倒産手続申立て時における劣後性について定めている。法的倒産手続申立て時には、劣後債務以外の債権が全額弁済されるこ

とを劣後債務の支払請求権発生の条件とすることにより、結果的に（反射的に）劣後債務以外の債権の弁済を優先させることとする構成としている。

E 担保・保証（第7条）

条件変更契約は、既存の貸付債権の条件の一部を変更する契約にすぎないため、既存の貸付債権について担保や保証が設定されている場合、明示的な定めがなければ、条件変更後の劣後債務部分も担保や保証の対象となってしまう。しかし、担保や保証によって劣後債務が弁済されることは、劣後債務の趣旨に反するとの考え方もある（ただし、保証については、解除しなくても劣後債務の趣旨に反しないと考えられる。前記184頁参照。また、資本的劣後ローン（准資本型）の場合には、有担保型も存在する）。

そのため、本契約書は、劣後債務については既存の担保や保証の対象としないことを合意・確認し、劣後債務が無担保・無保証であることを明確化している。また、新規の担保設定や保証、第三者弁済についても禁止している。

F コベナンツ（第10条〜第13条）

DDSは、既存の貸付債権の株式化（DES、デット・エクイティ・スワップ）の場合と異なり、株主権によって債務者の経営に対する監督・関与を確保することはできない。DDSの実行に際して債務者にコベナンツ（特約）を課せば、DESの場合に生じる株式所有による経営支配、経営責任の問題を回避しつつ、債務者の経営や財務状況・キャッシュフロー等の監視やコントロールを実質的に確保することができる。旧金融検査マニュアル別冊も、資本的劣後ローン（早期経営改善特例型）については、「債務者が金融機関に対して財務状況の開示を約していること及び、金融機関が債務者のキャッシュフローに対して一定の関与ができる権利を有していること」を、当該劣後化された債権を資本としてみなすための要件としている。

本契約書は、債務者に財務状況を開示させ、債務者のキャッシュフローに対する一定のコントロールを可能とするため、月次試算表・資金繰り表等の

提出（第10条）や、業務状況・財務状況についての報告（第11条）を債務者に義務づけ、主要資産の売却、多額の借入れや投資等を行う場合には、債権者の事前の同意を必要としている（第13条）。また、債権者の本支店に口座を開設させたうえで、その口座に債務者の収入金の50%以上を入金することを努力義務とすることにより、債務者の実際の資金の動きを一定程度把握できるようにしている（第12条2号・3号）。

　本契約書においては、DDSの対象として主として中小企業を想定しているが、中小企業の存立は代表取締役（オーナー経営者）の技術や経営能力に依拠していることが多く、また、代表取締役は自らが策定した経営改善計画の遂行に責任を負っている。そこで、代表取締役の変更を要同意事項としている（第13条11号）。加えて、劣後債務といえども株主よりは優先する地位にあり、株主に対する剰余金の配当や役員賞与により資金が流出し、劣後債務の利払いが困難となるような事態を防止する必要がある。そこで、株主に対する剰余金の配当や役員賞与の支給を要同意事項としている（第13条9号）。

　なお、債務者の経営改善計画の実行を担保するため、計画期間内での債務超過解消や、業績等についての具体的な数値目標等の達成を義務づけることが考えられるが、中小企業の場合、一般的に経済情勢の変動による経営上の影響を受けやすいため、再建計画を100%実行できないことも少なくないと考えられることから、本契約書においては数値目標達成に関するコベナンツは設けていない。

　その他の要同意事項として、特に中小企業の場合、定款の変更、交際費の支出制限、余剰資金の運用制限（預金等に限定する）、新たな役員の選任、第三者割当増資などを加えることも考えられる。

G 期限の利益喪失等（第14条）

　本契約書は、劣後債務についての期限の利益喪失事由をいっさい定めていない。前述のとおり、劣後債務を資本とみなすためには、デフォルト発生時の弁済順位を他の債務よりも後順位としなければならず、期限の利益を喪失

させても劣後債務を回収できる可能性はほとんどないため、劣後債務についての期限の利益喪失事由を設けることの債権者としてのメリットはほとんど考えられないからである。旧金融検査マニュアル別冊は、「資本的劣後ローン（早期経営改善特例型）が約定違反により期限の利益を喪失した場合には、債務者が当該金融機関に有する全ての債務について、期限の利益を喪失すること」（クロスデフォルト）を、劣後債務を資本とみなすための要件としているが、劣後債務について期限の利益喪失事由を設けなければならないとしているわけではない。そのため、劣後債務についての期限の利益喪失事由を設けなくても、劣後債務を資本とみなすことは可能であると考えられる。

　ただし、債務者に本契約書の各条項を遵守させるためには、契約違反の場合のなんらかの措置を設けることが必要である。そこで、本契約書は、期限の利益喪失事由にかわる債務者に対する措置として、①劣後債務の金利が比較的低利に設定されているのが通常であると考えられること、②劣後債務以外の債務（通常借入金債務）についてのペナルティを設けたほうが抑止効果が強いと考えられることから、債務者が表明保証条項（第9条）を含む本契約書の各条項に違反した場合、債権者は、①合理的な範囲内で劣後債務の金利を増額変更するか、または、②劣後債務以外の債務について期限の利益を喪失(請求喪失)させることのどちらか一方を選択することができるものとした。

　その他の措置（ペナルティ）としては、損害賠償の定め、制限事項、同意事項の追加、コントロール権の強化という観点からの株式への転換（あらかじめ新株予約権を発行し、期限の利益喪失事由が発生した場合に同予約権の行使を認めるなど）を定めることなども考えられる。

H 通常債務への転換（第15条）

　旧金融検査マニュアル別冊は、「経営改善計画が達成され、債務者の業況が良好となり、かつ、資本的劣後ローン（早期経営改善特例型）を資本と見なさなくても財務内容に特に問題がない場合には、債務者のオプションにより早期償還することができる旨の条項を設けることは差し支えない」として

いる。本契約書は、経営改善計画に記載された貸借対照表を基準として、債務者の直近の事業年度末の貸借対照表において、劣後債務を負債とみなしても債務超過が解消されていることを要件として、債務者の請求または同意があった場合、劣後債務を劣後的取扱いを定める条項の適用を受けない債務（「通常債務」）へ転換することができる旨定めている（第15条1項・2項）^(注1)。

なお、本参考例では、全部または一部の通常ローンへの転換を認めているが、これは劣後ローンの一部を負債とみなしても債務超過を解消している場合においては、その一部についてのみ通常ローンの転換をすることを認める趣旨である。むろん全部を負債とみなしても、債務超過を解消できると認められる場合のみ全部につき通常ローンへ転換できると定めてもよい。

旧金融検査マニュアル別冊は、「債務者のオプション」としての転換権を認めているが、実務的には、金融機関が債務者に対して通常債務への転換を要請するのが通常であると考えられるため、「債権者の申出に対する債務者の同意」があった場合にも、通常債務へ転換することができるものとしている（第15条2項）。

〔通常ローンへの転換〕

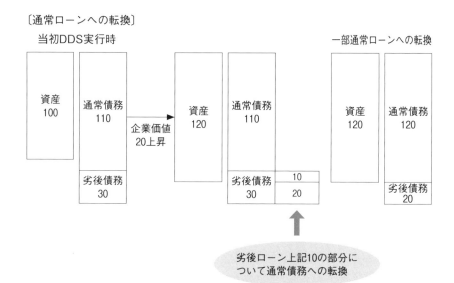

なお、通常債務についても、本契約書締結時において元本返済の条件について決定するのは困難であるため、転換時において、通常借入金債務についての弁済状況や債務者の支払能力等を勘案したうえで、債権者と債務者が別途協議して決定するものとしている（第15条３項）。

　実際に通常ローンに転換する際の金融機関と債務者の合意書については後記２を参照。

（注１）　債務超過か否かの判断において、客観性、公平性を確保するために、第10条（提出資料等）において、各事業年度末に経営改善計画に記載された貸借対照表の作成基準に従った貸借対照表その他の報告書の作成を外部の監査法人、税理士法人等に委託して、報告書を債権者に提出することをあらかじめ債務者に義務づけておく条項を設けることも有効と考えられる。

Ⅰ 契約の一部失効（第４条、第16条）

　債務者がDDS実行時において債務者が負担しているすべての債務および経営改善計画に基づき債務者が新たに負担する債務（「通常借入金債務」）を完済した場合、劣後債務についての弁済が開始される（第３条１項）。弁済が開始されれば、劣後条項等を維持する必要はなく、弁済条件を定めた第３条以外、本契約書を適用する必要性がないため、「第３条を除き、効力を失う」ものとしている（第４条）。

　同様に、債務者が劣後債務の一部または全部を劣後的取扱いを定める条項の適用を受けない債務（「通常債務」）に転換した場合にも、転換後の通常債務についての弁済が開始される（第15条３項）。劣後債務の全部が通常債務に転換され弁済が開始されれば、劣後条項等を維持する必要はなく、弁済条件を定めた第15条３項以外、本契約書を適用する必要性がないため、「第15条３項を除き、効力を失う」ものとしている（第16条）。

　なお、第18条において約定書の不適用が定められているが、これはあくまで劣後債務について適用されるものであり、通常債務に転換された場合は、約定書の適用があることになる（条項に「通常債務に転換された場合を除く」という文言を確認的に入れてもよい）。

J その他

　本参考例では、債権譲渡等の規定が置かれていない。規定がなくても劣後債権者が劣後ローンを譲渡することは可能である。

　むろん、この点について明確にするための規定を置いてもよい（たとえば、債務者はあらかじめ債権譲渡を承認するといった規定や、逆に債務者の同意を必要とするといった規定が考えられる）。債権譲渡によっても劣後ローンの劣後性等の条件は維持されることになる。その点を確認しておくことも譲受人を含む当事者間の無用な紛争を避けるためにも有益であろう。

　そのほか、実際の契約では、準拠法や裁判管轄が定められることになる。

2　通常ローンへの転換契約書

　資本的劣後ローン（早期経営改善特例型）を通常債務へ転換する場合の、金融機関と債務者との間で締結する合意書（以下「転換契約書」という）の構成について、商工中金の条件変更契約書（前記1）をベースに解説を行う（中村廉平「デット・デット・スワップにおける通常債務への転換」金融法務事情1820号40頁参照）。

A 転換の対象

　転換の対象となる債務が条件変更契約書に基づく資本的劣後ローン（早期経営改善特例型）全部であるか、それともその一部であるかについて、転換契約書において明確に特定する必要がある。一部とする場合、その金額を明確に定める必要がある。

　なお、通常債務への転換が、債務者の金融機関に対する転換請求に基づき行われる場合（条件変更契約書第15条1項のケース）、債務者が転換の対象を指定することができるが、金融機関の申出に対する債務者の同意に基づき行われる場合（条件変更契約書第15条2項のケース）、債務者と金融機関の合意

により転換の対象を決定することとなる。

B 弁済条件

条件変更契約書は、締結時において劣後ローンの元本返済の条件について決定するのは困難であることから、劣後ローンを通常債務に転換する場合、転換時に、債務者の通常借入金債務（DDS実行時において債務者が負担しているすべての債務（劣後ローンを除く）と、経営改善計画に基づき債務者が負担するすべての債務）についての弁済状況や債務者の支払能力等を勘案したうえで、債権者と債務者が別途協議して決定するものとしている（条件変更契約書第15条3項）。そのため、転換後の弁済条件については、転換契約書の締結時に、金融機関と債務者が協議のうえ決定することとなる。

C 担保・保証

条件変更契約書は、劣後ローンに関して既存の担保や保証の対象としないことを合意・確認し、劣後ローンが無担保・無保証の債務であることを明確化している。

そのため、劣後ローンの通常債務への転換後、担保の対象とするのであれば、根抵当権等の担保権によって転換後の通常債務が担保されることをあらためて合意する（必要に応じて被担保債権の範囲の変更・追加、極度額の変更や抵当権等の再設定の登記を行う）必要がある。保証についても、連帯保証人に新たに保証書を差し入れてもらうなど、転換後の通常債務が保証の対象となることをあらためて合意する必要がある。

D 約定書の適用

条件変更契約書により、劣後ローンについては約定書（銀行取引約定書）の適用がないものとされているため、転換契約書において、通常債務への転換後は約定書の適用がある旨を明確に定める必要がある。

通常債務へ転換されていない部分

　転換契約書により劣後ローンの一部を通常債務に転換する場合、通常債務へ転換されない部分については、引き続き劣後ローンとして条件変更契約書の適用を受けることになる。このことを、転換契約書においても注意的に規定するのが望ましい。

3　全銀協のDDS契約書（参考例）

　全銀協は、平成16年3月31日、各銀行がDDSを実施する際の参考となる「劣後特約付金銭消費貸借契約証書（参考例）」を作成し、会員銀行に通知した。契約証書の参考例の全文および各条項の解説については、神門隆「全国銀行協会のデット・デット・スワップ契約書（参考例の解説）」（金融法務事情1705号10頁以下）に記載されている。

　本参考例では、旧金融検査マニュアルの要件を満たした資本的劣後ローン（早期経営改善特例型）によるDDSを想定して作成されている。また複数の金融機関により融資が行われ、経営改善計画についてすべての金融機関の合意を得ているケースを想定している。

Ⅷ　DDS（資本的劣後ローン（早期経営改善特例型））の実例紹介

A　商工中金による第1号案件の紹介

　商工中金は、平成16年3月、東京都中小企業再生支援協議会と連携して再生計画の策定を支援していた東京都の金属製品メーカーに対して、わが国で初めてDDSを実行した（平成16年3月11日付商工中金ニュースリリース、同日付経済産業省中小企業庁プレス発表参照）。その概要は以下のとおりである。

① 債務者の概要
　・東京都所在の金属製品製造業者
　・資本金3,000万円、売上高約8億円、従業員33名
② 経　　緯
　・バブル期に売上げの伸長を見込んで工場設備を新設。
　　その資金のために借入負担が増大。
　・主力販売先の破綻により売上減少。
　・自力で収支改善に着手し、本業の黒字転換にメドがついてきた。過去の
　　過剰債務の削減が急務となっていた。
③ DDSの実行
　　メインバンクである商工中金がDDSを含む再生支援策を協議会に提
　出。準メインである地銀の協調支援を取り付けて、DDSを実行。
　　計画期間5年。4年目で債務超過の解消を行い、借入金についても手元
　余剰資金を勘案すれば、実質10年以内での完済見通し。
④ 劣後ローンの主な内容
　・法 的 構 成 ──条件変更契約
　・保　証　人 ──代表者を含めて保証を免除する
　・担保の適用 ──根抵当権を含めて担保権を適用しない
　・コベナンツ ──提出資料、報告事項、同意事項等の定め
　・貸倒引当金 ──劣後ローンの全額に貸倒引当金を積む

B 地域金融機関による第2号案件の紹介

　トマト銀行も、以下の概要のDDSを実行している（平成16年3月30日付ト
マト銀行のニュースリポート参照）。
① 債務者の概要
　・岡山県内の中小企業
　・業績低迷期を脱し、ここ数年利益計上しているものの、過去の業績不振
　　による債務超過の解消には長期間を要する

② DDSの内容

・DDSを含む再建計画を策定し、第二地方銀行協会の平成16年2月作成の「中小企業金融におけるDDSおよびコベナンツの活用」報告書^(注1)に基づき、DDSのスキーム、契約書を作成

・DDSの実行により、一定期間の返済が猶予されるため、また、債務者区分が上位遷移することで、債務者の長期的な資金繰りが安定し、今後の資金調達が安定的に見通せるようになる。

(注1)　同報告書は、中小企業金融においては、DESよりもDDSが貸手、借手双方にとって取り組みやすいと指摘し、DDSについての対象先、活用上の要件、契約書への記載事項、引当金についての考え方を取りまとめている（概要については、千葉真司「「中小企業金融におけるデット・デット・スワップおよびコベナンツの活用」報告書の概要」事業再生と債権管理 No.104、100頁以下参照）。

C 信金その他のDDS案件の紹介

碧海信用金庫（名古屋）は、平成16年9月取引先企業に対し、メイン銀行と協調してDDSを実行した。同信金は、DDS実施に関する規定を作成し、同規定に従った運用を行っている（平成16年8月20日付ニッキン記事）。

〔信金のDDS活用案件の概要〕

---

① DDSの内容
・メイン銀行であるUFJ銀行（当時）と愛知県中小企業再生支援協議会と共同して再建計画を策定
・UFJ銀行は平成16年3月に約10億円のDESを先行実施
・碧海信金は平成16年9月に約1億5,000万円のDDSを実施
・DDSとDESにより取引先の債務超過を解消
② ローンの返済計画
・平成16〜30年　UFJ銀行への通常ローンの返済
・平成28〜30年　碧海信金への通常ローンの返済（金利年1.5%）
・平成32〜34年　碧海信金への劣後ローンの返済（金利年4.5%）

平成16年以降、その他にも複数の地方銀行等により、以下のとおりDDSが

実施されており、旅館業を営む取引先等に対して実施されている事例も多い。

〔その他のDDS活用案件の紹介〕

◆もみじ銀行は、平成16年7月広島県の小売企業に対し、貸出債権約10億円のうち約2億3,000万円を劣後ローンに切り替えた。債務者企業は、大幅な債務超過に陥っており、要管理先であったが、劣後ローンの導入により3年後に正常先にランクアップする計画である。劣後ローン部分の元本返済は15年間猶予、金利は債務超過を解消するまで低く設定し、債務超過解消後は引き上げる業績連動型としている。再建が軌道に乗った場合、劣後ローンを通常ローンに転換できる設計となっている（平成16年8月20日付ニッキン記事）。

◆福岡銀行は、平成16年8月福岡県のうどんチェーンに対し、貸出債権のうち10億円を劣後ローンに転換した。

◆泉州銀行（当時）は、平成16年9月大阪府の鉄鋼製品メーカーに対し、「元気を出せ大阪ファンド事業推進協議会」と連携して、再建計画を策定し、貸出債権の一部を劣後ローンに転換した。同行は、同協議会の支援決定を得たことから当該債務者企業の債務者区分が要管理先から要注意先に引き上げられたとして、5,000万円の新規融資を実行する（商工中金が9割保証）。5年以内に債務超過を解消し、正常先へのランクアップを計画している。

D 信用保証協会の求償権DDSの紹介

　東京信用保証協会は、平成20年3月31日、求償権についてのDDSを全国の保証協会で初めて実施したと発表した（東京信用保証協会の同日付プレスリリース等）。

① 債務者の概要

・業歴50年を超える都内の雑貨卸業者

・新商品の投入の遅れなどから業績が悪化し、平成17年3月、保証協会が2億4,700万円の代位弁済

・資産売却や人員削減などの自助努力を実施。借入金総額が6億6,800万円、4億4,100万円の債務超過

② DDSの内容

- ・事業面での再建のメドが立っているが、自助努力のみでの債務超過解消は困難であるため、東京都中小企業再生支援協議会が関与し、再生計画を策定
- ・保証協会分の1億円、政府系金融機関の1億3,000万円の合計2億3,000万円をDDS
- ・保証協会の求償権1億4,200万円につき、求償権消滅保証による借換えの実施
- ・その他の借入金債務2億9,600万円につき、返済方法の見直しによる返済負担の緩和
- ・4年で債務超過解消のメド

IX 資本性借入金（資本的劣後ローン（准資本型））によるDDSの実例紹介

A 中小企業再生支援協議会におけるDDS（資本性借入金）の活用

中小企業再生支援全国本部は、平成24年4月6日、金融検査マニュアルFAQの改訂をふまえた中小企業再生支援協議会版「資本的借入金」を公表した。①協議会版資本的借入金（15年版・無担保型）、②協議会版資本的借入金（5年版・無担保型）、③協議会版資本的借入金（5年版・有担保型）の三類型が導入されている。いずれも中小企業再生支援協議会（2022年4月より中小企業活性化協議会）の二次案件として再建計画を策定し、対象債権者の承認を得ることが必要であるが、①は実質債務超過解消年限を計画開始後5年以内、②③は計画開始後10年以内としており、比較的緩やかな債務超過解消年限を設定することにより、多くの再生企業への適用を可能としているといえる。

	① 協議会版「資本的借入金」（15年・無担保型）	② 協議会版「資本的借入金」（5年超・無担保型）	③ 協議会版「資本的借入金」（5年超・有担保型）
債務者区分	制限なし（破綻懸念先、要管理先等を想定）	同左	同左
貸出期間	15年一括返済	5年超に設定した期限に一括返済	同左
適用金利	事務コスト相当の金利設定可能 当初5年間は固定金利	同左	同左
期限前弁済の可否	原則として当初10年間は期限前弁済することはできない	債務者の申出があり、全債権者の同意があればできる	同左
担保の取扱い	無担保	同左	有担保 ただし、法的破綻前の担保権実行等を制限している必要あり
保証の取扱い	無保証	無保証 ただし、求償権について、主債務と同様の劣後化が図られていれば保証付きでも可	同左
劣後特約	あり 法的手続の開始決定時に、他のすべての債権（本資本的借入金と同条件のものを除く）に劣後。他のすべての債権が弁済された段階で償還請求権が発生する	同左	なし ただし、法的破綻に至るまでの間、他の債権に先んじて回収しない仕組みがある
計画要件	『基本要領』に基づいた数値基準を満たす再生計画の策定が必要 （実質債務超過解消年限3〜5年内） ⇒「実抜計画」に相当	同左 （ただし、実質債務超過解消年限10年内） ⇒「合実計画（実抜計画）」に相当	同左 （ただし、実質債務超過解消年限10年内） ⇒「合実計画（実抜計画）」に相当

資本みなし逓減ルール	本資本的借入金のうち、償還まで相当の期間（5年以上）を有する残高の100％を資本とみなす一方、残存期間が5年未満となった部分については、1年ごとに20％ずつ資本とみなす部分が逓減	同左	同左

B 復興支援としてのDDSの活用

　商工中金は、平成24年2月6日、東日本大震災の被災地である宮城県石巻市のガス供給事業者に対し、ガス製造プラントを復旧するための資金5億円を、資本性借入金として融資した。この融資は、平成23年度第三次補正予算により創設された「中堅企業等向け資本性劣後ローン」制度の第1号案件として、日本政策金融公庫が損害担保・利子補給を行うことによって実施されたものである。資本性借入金の融資の実行により自己資本が増強されることから、この資金が呼び水となって、同地域の銀行・信用金庫・信用組合の計6金融機関が合計10億円超の協調融資を実行した。

　被災地のさらなる復旧・復興に向けて、同制度に基づく融資がセーフティーネット・新規融資の呼び水の機能を発揮して、より多くの被災企業の再建に資することが期待される。

巻末資料

金銭消費貸借条件変更契約書

　○○（以下「甲」という）及び商工組合中央金庫（以下「乙」という）は、甲の乙に対する借入金債務について、本日、以下のとおり合意したので、本金銭消費貸借条件変更契約書（以下「本契約」という）を締結した。

第1条（本契約の目的）

　1　本契約は、次項において定義される本計画に基づいて、乙が甲に対して有する貸付金債権の一部を他の債権よりも劣後的に取り扱うことにより、甲の財務再構築を図ることによって、甲の再建を支援することを目的として締結されるものである。

　2　甲は乙に対し、本契約を締結するに先立って、平成○年○月○日付経営改善計画（以下「本計画」という）を策定し、乙及び本計画に基づく支援要請の対象となっている乙以外の金融機関（以下総称して「対象金融機関」という）に提出しており、対象金融機関から本計画について同意を得ていることを確認する。

第2条（債務の確認及び条件変更の合意）

　甲は乙に対し、本日現在、別紙記載の各借入金債務を負担していることを確認し、甲及び乙は、同債務のうち○【別紙内で符号等を付して特定する】の借入金債務（元本金○円）について、本契約の各条項に従い条件変更することを合意する（以下、条件変更後の債務を「劣後債務」という）。

第3条（劣後債務の弁済条件）

　1　劣後債務の弁済条件は以下のとおりとする。
　①　元本の返済
　甲は、本契約締結日現在において甲が負担しているすべての借入金債務（劣後債務、第15条1項において定義される通常債務及び劣後債務と同等の条件を付された債務を除く）ならびに本計画に基づき甲が新たに負担するすべての借入金債務（以下総称して「通常借入金債務」という）が完済されるまで（以下、通常借入金債務が完済された日を「完済日」という）、元本返済を行わないものとする。
　②　元本の返済条件等
　元本の返済期日及び返済方法、担保・保証等の条件等については、甲の支払能力等を勘案した上で、甲及び乙が別途協議して決定する。
　③　利率
　年○％とする。ただし、完済日以降の利率については見直すものとし、甲

及び乙が別途協議して決定する。
　④　利息の支払期日及び支払方法
　平成○年○月○日を第1回とし、以後○カ月毎の○日限り（休日の場合は翌営業日）後払いする。
　⑤　遅延損害金（元本に対して）
　年○%
　2　甲は、劣後債務の元利金その他乙に対する一切の支払債務の履行は、乙の指定する口座に送金する方法で支払うものとする。なお、支払方法等について別途乙の指定があったときは、それに従うものとする。

第4条（通常借入金債務を完済した場合）
　甲が通常借入金債務を完済した場合、本契約は、前条を除き、効力を失うものとする。

第5条（期限前弁済の禁止）
　甲は、劣後債務の元利金について、期限前に弁済を行うことはできない。

第6条（相殺の禁止）
　乙は、劣後債務の元本についての支払請求権を相殺の対象とすることはできないものとする。

第7条（不担保特約等）
　1　甲及び乙は、劣後債務については、乙が甲に対して有する根抵当権その他の担保権によっては一切担保されないものとし、新たな担保設定も行わないことを合意する。
　2　甲及び乙は、劣後債務が第三者による保証（物上保証を含む）の対象となっていないことを確認し、甲は劣後債務についての保証を第三者に委託してはならず（注2）、また、劣後債務を第三者に引き受けさせてはならない。
　3　劣後債務について甲以外の第三者による弁済は認められないものとする。

第8条（劣後特約）(注3)
　1　破産の場合
　甲について破産手続開始決定がなされ、かつ、甲の破産手続が継続している場合、乙の劣後債務の元利金についての支払請求権は、以下の条件が成就したときに発生し、第3条1項の定めにかかわらず弁済期が到来するものとする。
　　甲の破産手続の最後の配当のための配当表（更正された場合は、更正後

のもの）に記載された配当に加えるべき債権のうち、劣後債務に係る債権及び本条1項ないし4項と同様の条件を付された債権を除くすべての債権が、各中間配当、最後配当及び追加配当（簡易配当及び同意配当を含む）によって、その債権額につき全額（元本、利息及び遅延損害金）の満足（配当、供託を含む）を受けたこと。

2　会社更生の場合

甲について更生手続開始決定がなされ、かつ、甲の更生手続が継続している場合、乙の劣後債務の元利金についての支払請求権は、以下の条件が成就したときに発生し、第3条1項の定めにかかわらず弁済期が到来するものとする。

甲について更生計画認可決定が確定したときにおける更生計画に記載された変更されるべき権利のうち、劣後債務に係る債権及び本条1項ないし5項と同様の条件を付された債権を除くすべての債権が、その債権額につき全額（元本、利息及び遅延損害金）の弁済を受けたこと。

3　民事再生の場合

甲について再生手続開始決定がなされ、かつ、甲の再生手続が継続している場合、乙の劣後債務の元利金についての支払請求権は、以下の条件が成就したときに発生し、第3条1項の定めにかかわらず弁済期が到来するものとする。

甲について再生計画認可決定が確定したときにおける再生計画に記載された変更されるべき権利のうち、劣後債務に係る債権及び本条1項ないし5項と同様の条件を付された債権を除くすべての債権が、その債権額につき全額（元本、利息及び遅延損害金）の弁済を受けたこと。

4　特別清算の場合

甲について特別清算手続開始決定がなされ、かつ、甲の特別清算手続が継続している場合、乙の劣後債務の元利金についての支払請求権は、以下の条件が成就したときに発生し、第3条1項の定めにかかわらず弁済期が到来するものとする。

甲について協定認可決定が確定したときにおける協定に記載された変更されるべき権利のうち、劣後債務に係る債権及び本条1項ないし5項と同様の条件を付された債権を除くすべての債権が、その債権額につき全額（元本、利息及び遅延損害金）の弁済を受けたこと。

5　上位債権者に対する不利益変更の制限

本契約の各条項は、次項において定義される上位債権者の同意なくして、上位債権者に対して不利益を及ぼす内容に変更してはならず、そのような変更の合意は効力を生じない。

6　上位債権者

本契約において上位債権者とは、甲に対して債権を有するすべての債権者

（乙及び本条１項ないし４項と同様の条件を付された債権を有する債権者を除く）のことをいう。

　　7　本契約に反する支払

　劣後債務の元利金の支払請求権の効力が、本条１項ないし５項に従って発生していないにもかかわらず、その元利金の全部または一部が乙に対して支払われた場合には、その支払は無効とし、乙はその受領した元利金を直ちに甲または甲の管財人に対して返還するものとする。

第９条（表明、保証）

　甲は、乙に対し、以下の各号の事項を表明し、保証する。

　①　本契約の締結及び履行について、会社法等の法令ならびに定款及び取締役会規則その他の内部規則に定める手続をすべて適法かつ適式に履践し、また、何人との契約上の制限にも違反していないこと。

　②　乙への提出書類及び報告事項等の内容が重要な点においてすべて真実かつ正確であること。

第10条（提出資料等）

　　1　甲は、乙に対し、以下の資料を、各事業年度終了後３カ月以内に提出するものとする。

　毎事業年度期の貸借対照表、損益計算書、事業報告、株主資本等変動計算書、注記表及び附属明細書ならびに税務申告書

　　2　甲は、以下の各号の資料を、乙の請求があればすみやかに乙に提出するものとする。

　①　月次試算表

　②　週次または月次での資金繰り実績表

　③　週次または月次での資金繰り予定表

　　3　乙は、必要と認めたときはいつでも甲の書類、帳簿ならびに財産及び事業の状態を調査することができ、この場合甲は乙の調査に協力しなければならない。

第11条（報告事項）

　　1　甲は、本契約期間中、○カ月毎に、乙の満足する方法で、乙に対して業務状況及び財務状況についての報告を行うものとする。

　　2　甲は、本契約期間中に以下の事由が生じた場合、すみやかに乙に報告するものとする。

　①　役員または株主・資本構成の変更

　②　通常借入金債務についての、期限の利益喪失、融資の打ち切り、融資金額の大幅な減少、追加担保の設定

③　本計画を実行できないおそれもしくは通常借入金債務を弁済できない
　　おそれの発生
④　重大な訴訟の提起（提訴された場合を含む）、担保権者による担保権の
　　実行その他経営状況及び財務内容に影響を及ぼすおそれのある重要な事
　　実の発生
⑤　第12条各号に違反する事実またはそのおそれの発生
　3　甲は、本契約期間中、以下の事項を、乙の請求があればすみやかに乙
に報告するものとする。
①　本計画の実行状況
②　通常借入金債務の弁済状況、融資残高及び担保設定状況
③　対象金融機関を含む金融機関との取引状況
④　子会社または関連会社の経営状況及び財務内容
⑤　前各号の他、甲の資産・負債の状況、経営の状態その他乙が合理的に
　　必要と認める事項
　4　前各項により甲が報告した事項に関して、乙が甲に請求した場合、甲
は乙と協議しなければならないものとする。

第12条（遵守事項）
　甲は、以下の各号を遵守する。
①　本計画に定められた計画期間（以下「計画期間」という）中、本計画
　　を誠実に実行し、本計画に従って借入金債務を弁済すること。
②　下記の口座（以下「管理口座」という）を開設し、計画期間中維持す
　　ること。
記
　乙（本店または支店名）に開設される以下の口座
　　口座種類：○
　　口座番号：○
　　口座名義：甲
③　計画期間中、甲のすべての事業から生じる収入金（売掛債権等の回収、
　　資産の売却による代金または保険金の受取金等を含む）の○％以上を管
　　理口座に入金するよう努めること。
④　会社法その他の法令及び公正な会計慣行に従い、取引、資産及び負債
　　等を正確に記載した会計帳簿等を作成し、保持すること。

第13条（同意事項）
　甲は、以下の各号の行為を行う場合には、本計画にあらかじめ実行が定め
られている場合を除き、事前に乙の同意を得なければならないものとする。
ただし、計画期間終了後はこの限りではなく、計画期間終了後に甲が以下の

各号の行為を行う場合には、事前に乙に通知し、乙の請求があれば乙と協議しなければならないものとする。

① ○円以上の借入
② 主要資産についての担保権の設定または当該担保権につき対抗要件を具備させること
③ ○円以上の保証
④ 主要資産の売却
⑤ 事業の全部または重要な一部の譲渡
⑥ 合併、会社分割、株式交換、株式移転または組織変更
⑦ ○円以上の投資（設備投資を含む）
⑧ ○円以上の融資
⑨ 株主に対する利益配当及び役員賞与の支払
⑩ 本計画の重要な点においての変更
⑪ 代表者の変更
⑫ 前各号の他、甲の経営状況及び財務内容に重大な影響を及ぼす行為

第14条（金利の変更等）

乙は、甲に第9条違反を含む本契約の違反があった場合、甲に対し、以下の各号のいずれかを請求することができる。

① 第3条1項3号に定める劣後債務の金利について、合理的な範囲内で増額変更すること。
② 甲の乙に対する劣後債務以外の債務について期限の利益を失い、直ちに乙に対し同債務の元利金全額を弁済すること。

第15条（通常債務への転換）

1　甲は、劣後債務の全部または一部を負債とみなしても甲の債務超過が解消されていると認められる場合（本計画に記載された貸借対照表を基準として、甲の直近の事業年度末の貸借対照表において債務超過が解消されている場合をいう）、乙に対する転換請求により、当該劣後債務の全部または一部（以下「転換対象債務」という）を、劣後的取扱いを定める第3条、第5条ないし第8条の適用を受けない債務へ転換することができるものとする（以下、転換後の債務を「通常債務」という）。

2　乙は、劣後債務の全部または一部を負債とみなしても甲の債務超過が解消されていると認められる場合（本計画に記載された貸借対照表を基準として、甲の直近の事業年度末の貸借対照表において債務超過が解消されている場合をいう）、乙の申出に対する甲の同意があれば、転換対象債務を、通常債務へ転換することができるものとする。

3　通常債務についての元利金の弁済条件、担保・保証等の条件等につい

ては、甲の通常借入金債務についての弁済状況や支払能力等を勘案した上で、甲及び乙が別途協議して決定する。

第16条（劣後債務の全部が通常債務へ転換された場合）

劣後債務の全部が通常債務へ転換された場合、本契約は、前条3項を除き、効力を失うものとする。

第17条（契約期間）

本契約の有効期間は、劣後債務の元利金の弁済が完了したときまでとする。

第18条（約定書の不適用）

劣後債務については、甲乙間で本契約締結以前に締結された約定書は適用されないものとする。

第19条（劣後債務以外の債務の取扱い）

甲及び乙は、甲の乙に対する借入金債務のうち、劣後債務を除く他の借入金債務については、本契約書に定める事項及び甲乙間で別途書面による合意がされない限り、甲乙間で本契約締結以前に締結された約定書及び各金銭消費貸借契約書等の契約がそのまま適用されることを確認する。

第20条（通知・請求・同意）

本契約に基づいて行われる相手方当事者に対する通知・請求・同意は、書面により行われるものとする。

第21条（誠実協議）

本契約書に定めのない事項または本契約の解釈に関し疑義が生じた場合、甲及び乙は誠実に協議の上これを解決するものとする。

　以上の成立の証として、本書2通を作成し、甲及び乙はそれぞれ記名押印の上、各1通を保有する。

　　平成〇年〇月〇日

　　　　　　　　　　　　甲：
　　　　　　　　　　　　乙：

（注1）　平成16年に商工中金より公表された「資本的劣後ローン（早期経営改善特例型）」（当時は「資本的劣後ローン」に関する契約書参考例である（その後の法改正をふまえた修正を加えている））。各条項は、資本的劣後ローン（准資本型）の契約書に

おいても参考となるため、そのまま掲載する。

（注2）　本文においても解説しているが、第三者保証、物上保証については、劣後ローンの趣旨から、保証を必ず解除しなくてはいけないということはない。

（注3）　現在の破産法を前提としても、第8条の規定のままでも劣後性について特段問題は生じないと考えられる。

実務対応報告第6号

デット・エクイティ・スワップの実行時における債権者側の会計処理に関する実務上の取扱い

平成14年10月9日
企業会計基準委員会

本実務対応報告は、2019年7月4日までに公表された次の会計基準による修正が反映されている。
- 企業会計基準第10号「金融商品に関する会計基準」（2008年（平成20年）3月10日改正）
- 企業会計基準第30号「時価の算定に関する会計基準」（2019年7月4日公表）

　金融商品に関する会計処理は、平成11年1月22日に企業会計審議会から公表された「金融商品に係る会計基準」（平成18年8月に企業会計基準第10号「金融商品に関する会計基準」（以下「金融商品会計基準」という。）として改正されている。）及び平成12年1月31日に日本公認会計士協会から公表された「金融商品会計に関する実務指針」（以下「金融商品実務指針」という。）[1]に基づいて行われている。

　最近、会社再建の一手法として行われているデット・エクイティ・スワップの実行は、債権者側においては金融資産に係る取引であるため、その会計処理も金融商品会計基準及び金融商品実務指針に基づいて行われることとなるが、当該会計処理に関する質問が多いことから、本実務対応報告で実務上の取扱いを下記のように確認することとした。

　本実務対応報告は、第21回企業会計基準委員会に出席した委員11名全員の賛成により承認された。

記

1. 本実務対応報告の対象とするデット・エクイティ・スワップ（債務の株式化）

　デット・エクイティ・スワップは、債権者と債務者の事後の合意に基づき、債権者側から見て債権を株式とする取引であり、債務者が財務的に困難な場合（実行時に、貸倒懸念債権、破産更生債権等に該当する場合に限らない。）に、

1　このほか、平成12年9月14日に日本公認会計士協会　会計制度委員会から公表された「金融商品会計に関するQ&A」（以下「金融商品会計Q&A」という）がある。

債権者の合意を得た再建計画等の一環として行われる場合が多い。こうした中、本実務対応報告は、債務者が財務的に困難な場合に行われるデット・エクイティ・スワップを対象とする。

　また、我が国においてデット・エクイティ・スワップは、通常、再建計画等に基づき当該債権者がその債権を債務者に現物出資することによって行われる。したがって、本実務対応報告も現物出資による場合を想定している。ただし、債務者が第三者割当増資を行い、債権者がこれを引き受け、払い込んだ現金により債権を回収することによっても同じ効果が得られるため、金銭出資（第三者割当増資の引受け）と債権の回収が一体と考えられる場合も、現物出資による場合と同じ会計処理をすべきものと考えられる。ここで、一体と考えられる場合とは、債権の弁済を受けることを目的として第三者割当増資に応じるなど、実質的に金銭出資と債権の回収が一体性を有し、現物出資によるデット・エクイティ・スワップと同様の効果をもたらす場合が該当するものと考えられる。なお、金銭出資と債権回収の実質的な一体性については、当該金銭出資又は債権の回収の目的の他、金銭出資による払込と債権の回収の間の期間などを考慮して判断する必要がある。金銭出資による払込の直前直後に債権回収を行った場合には、一体ではないことが明らかに示されない限り、金銭出資と債権回収は一体とみなされる。

　なお、デット・エクイティ・スワップを行うにあたり、債権者が一定額の債権放棄を行う場合もある。また、特定の債権者を対象に行う場合もあるが、債権者が一律に対象となる場合もある。

２．デット・エクイティ・スワップ実行時における債権者側の会計処理

(1) 考 え 方

　債権者がその債権を債務者に現物出資した場合、債権と債務が同一の債務者に帰属し当該債権は混同により消滅する（民法520条）ため、支配が他に移転したかどうかを検討するまでもなく金融資産の消滅の認識要件を満たすものと考えられる（金融商品会計基準第８項及び第９項）。したがって、債権者は当該債権の消滅を認識するとともに、消滅した債権の帳簿価額とその対価としての受取額との差額を、当期の損益として処理することとなる（金融商品会計基準第11項）。

　なお、デット・エクイティ・スワップ実行時における債権者側の会計処理に関するこの考え方は、債務者側の会計処理にかかわらず適用されることに留意する。

(2) 取得した株式の取扱い

　デット・エクイティ・スワップにより、債権者が取得する株式は、通常、債権とは異種の資産と考えられることから、新たな資産と考えられる（金融商品実務指針第36項）。この場合には、債権者が取得する株式の取得時の時価

が対価としての受取額（譲渡金額）となり、消滅した債権の帳簿価額と取得した株式の時価の差額を当期の損益として処理し、当該株式は時価で計上されることとなる（金融商品会計基準第11項から第13項、金融商品実務指針第29項及び第37項）。

　ここでいう消滅した債権の帳簿価額は、取得原価又は償却原価から貸倒引当金を控除した後の金額をいう（金融商品実務指針第57項(4)参照）。なお、控除する貸倒引当金には、貸倒懸念債権、破産更生債権等に対して個別に引当てたもののみならず、例えば、銀行等金融機関における要管理先に対する債権に係る貸倒引当金など総括的な引当金のうち当該債権に対応する部分も含まれる。また、デット・エクイティ・スワップを行うにあたり、債権者が一定額の債権放棄を行う場合には、当該債権放棄後の帳簿価額をいう。

(3)　取得した株式の取得時の時価

　取得した株式の取得時の時価は、算定日において市場参加者間で秩序ある取引が行われると想定した場合の、当該取引における資産の売却によって受け取る価格とする（金融商品会計基準第6項）。

　当該時価を算定するにあたっては、市場参加者が算定日において当該資産又は負債の時価を算定する際に考慮する当該資産又は負債の特性を考慮する（企業会計基準適用指針第31号「時価の算定に関する会計基準の適用指針」第4項(1)）ために、債権放棄額や増資額などの金融支援額の十分性（例えば、実質的な債務超過を回避したと考えられるかどうか。）、債務者の再建計画等の実行可能性（例えば、近い将来に完了することが予想されるかどうか。）、株式の条件（例えば、優先株式の場合は配当や償還の条件、普通株式への転換の条件など）等、市場参加者が考慮する要因を適切に考慮したうえで、時価を算定する(注1)。この場合、本実務対応報告が対象とするデット・エクイティ・スワップについては、債務者が財務的に困難な場合に債務者の再建の一手法として行われており、債権者が取得する債務者の発行した株式の時価は、消滅した債権に関する直前の決算期末（中間期末を含む）の帳簿価額(注2)を上回らないと想定される。すなわち、実行時点において利益が発生するのは、極めて例外的な状況に限られることとなる。

(注1)　この時価の算定は、市場価格のない株式等の減損処理における発行会社の財政状態の悪化の判断や回復可能性の判定（金融商品実務指針第92項参照（これに係る金融商品会計Q&AQ33及びQ34も参照のこと。））とは異なることに留意する必要がある。

(注2)　債権放棄後、債権の一部についてデット・エクイティ・スワップが実行された場合で、残った債権の回収可能性が直前の決算期末（中間期末を含む）に比べ大きく改善されないようなケースでは、単に債権放棄後の帳簿価額をさすのではなく、消滅した当該債権の一部分の取得原価又は償却原価に、直前の決算期末（中間期末を含む）の当該債権全体の帳簿価額（帳簿価額については、「(2)取得した株式の取扱い」を参照のこと。）を取得原価又は償却原価で除した比

率を乗じた金額として考えることが適当である。

　また、市場価格のない株式については、取得した株式の取得時の時価を直接的に算定する方法に代えて、適切に算定された実行時の債権の時価を用いて、当該株式の時価を算定することも考えられる。ただし、この場合にも、当該時価は、消滅した債権に関する直前の決算期末（中間期末を含む）の帳簿価額^(注2)を上回らないと想定され、実行時点では、利益が発生しないこととなる。

　なお、債権切捨てと実質的に同様の効果となる場合（例えば、債権放棄の代わりに債権者がデット・エクイティ・スワップに応じる場合）には、取得する債務者の発行した　株式の時価はゼロに近くなると考えられる。

3．適用時期

　本実務対応報告は、公表日以降に生じた取引から適用する。ただし、公表日前に生じた取引であっても、公表日を含む事業年度（当該事業年度を構成する中間会計期間を含む）に生じた取引について、本実務対応報告を適用することが望ましい。なお、公表日を含む事業年度開始後、公表日前に生じた取引について、本実務対応報告で確認された会計処理と異なる会計処理を行っていた場合で、重要性があるものについては、その内容を注記する。

以　上

平成15年３月13日
企業会計基準委員会

実務対応報告第10号
種類株式の貸借対照表価額に関する実務上の取扱いの公表

> 本実務対応報告は、平成20年３月10日までに公表された次の会計基準等による修正が反映されている。
> ・企業会計基準第10号「金融商品に関する会計基準」（平成20年３月10日改正）

目　　的

　平成13年の商法改正における種類株式制度の見直しにより、優先株式をはじめとした種類株式[1]の内容が多様化するとともに、その発行金額が増加している。この中には、最近、会社再建の一手法として行われているデット・エクイティ・スワップの実行により生じた種類株式なども含まれている。

　株式の貸借対照表価額は、平成11年１月22日に企業会計審議会から公表された「金融商品に係る会計基準の設定に関する意見書」及び「金融商品に係る会計基準」（平成18年８月に企業会計基準第10号「金融商品に関する会計基準」（以下「金融商品会計基準」という。）として改正されている。）並びに平成12年１月31日に日本公認会計士協会から公表された「金融商品会計に関する実務指針」（以下「金融商品実務指針」という。）[2]において定められている。これらにおける株式の貸借対照表価額の定めは、普通株式を念頭においたものと考えられる。

　原則として、種類株式も金融商品会計基準及び金融商品実務指針の定めに従うものと考えられるが、種類株式の中には、債券と同様の性格を有すると考えられるものや、発行会社の普通株式の市場価格との密接な連動性を有するものもあり、普通株式の場合とは異なる考慮が働く余地がある。このように種類株式の貸借対照表価額の取扱いについては、実務上、必ずしも明らかではない部分があるため、当委員会では、平成14年10月９日に実務対応報告第６号「デット・エクイティ・スワップの実行時における債権者側の会計処理に関する実務上の取扱い」の公表後、種類株式の貸借対照表価額に関する

1　本実務対応報告においては、数種の株式（商法第222条）、転換予約権付株式（商法第222条ノ２から第222条ノ７）および強制転換条項付株式（第222条ノ８から第222条ノ10）を種類株式と呼ぶ。

2　このほか、平成12年９月14日に日本公認会計士協会 会計制度委員会から公表された「金融商品会計に関するQ&A」（以下「金融商品会計Q&A」という）がある。

取扱いの検討を行ってきた。

　本実務対応報告では、様々な内容を有する種類株式のうち、現状において実務上の取扱いを明確にする必要性が高いと考えられる種類株式の貸借対照表価額について、金融商品会計基準及び金融商品実務指針の考え方を踏まえた取扱いを公表するものである。すなわち、まず、形式的には株式であっても債券と同様の性格を持つと考えられるものは、債券の評価と同様に取り扱うことが適当であり（Q1参照）、それ以外の場合で、市場価格のある種類株式は市場価格に基づく価額で、市場価格のない種類株式は取得原価をもって貸借対照表価額とすることとなる（Q2参照）。また、市場価格のない種類株式の減損処理にあたっては、評価モデルを利用する方法によって実質価額を算定し、当該方法による価額を得ることが困難である場合には、1株当たりの純資産額を基礎とする方法や優先的な残余財産分配請求額を基礎とする方法によって実質価額を算定する（Q3参照）。

　なお、本実務対応報告は、種類株式のうち、現状において実務上の取扱いを明確にする必要性が高いと考えられるもののみを取り上げたものであり、今後、必要がある場合には、その貸借対照表価額についての取扱いを追加することがある。また、本実務対応報告は、種類株式の保有者側の取扱いを明らかにしたものであり、発行者側の会計処理は取り扱っていない。

会計処理

債券と同様の性格を持つと考えられる種類株式

> Q1　債券と同様の性格を持つと考えられる種類株式の貸借対照表価額はどうなるか？

A　形式的には株式であっても、発行会社が一定の時期に一定額で償還すると定めている種類株式や、発行会社や保有者が一定額で償還する権利を有し取得時点において一定の時期に償還されることが確実に見込まれる種類株式は、経済的には清算時の弁済順位を除き、債券と同様の性格を持つと考えられるため、その貸借対照表価額は債券の貸借対照表価額（金融商品会計基準第15項、第16項、第18項から第20項、第22項及び第23項）と同様に取り扱うことが適当である。

債券と同様の性格を持つと考えられるもの以外の種類株式

> Q2　債券と同様の性格を持つと考えられるもの以外の種類株式の貸借対照表価額はどうなるか？

A　Q1のAで記述されているような債券と同様の性格を持つもの以外の種類株式の貸借対照表価額については、以下の取扱いとなる。

(1) 市場価格のある種類株式

　　市場価格のある種類株式は、当該市場価格に基づく価額（ただし、子会社及び関連会社が発行した種類株式は、取得原価）をもって貸借対照表価額とされる（金融商品会計基準第15項、第17項及び第18項、並びに金融商品実務指針第63項）。また、売買目的有価証券以外の市場価格のある種類株式について、時価が著しく下落したときは、回復する見込みがあると認められる場合を除き、時価をもって貸借対照表価額とし、評価差額は当期の損失として処理（減損処理）される（金融商品会計基準第20項及び金融商品実務指針第91項）。

　　市場には、公設の取引所及びこれに類する市場のほか、随時、売買・換金等を行うことができる取引システム等が含まれる（金融商品会計基準注解（注2））ため、取引所及び店頭において取引が行われていなくても、流通性を確保する上で十分に整備されている取引システム（例えば、金融機関・証券会社間の市場、ディーラー間の市場、電子媒体取引市場）で成立する取引価格が存在する（金融商品実務指針第51項）場合には、当該種類株式は市場価格のある株式として取り扱われる。

　　なお、種類株式自体は市場で取引されていなくとも転換を請求できる権利を行使して、容易に市場価格のある普通株式に転換し取引できるような場合（例えば、現時点で保有者によって市場価格のある普通株式に転換請求が可能であって、ディープ・イン・ザ・マネーの状態にある場合）も、市場価格のある株式として取り扱われると考えられる。

(2) 市場価格のない種類株式

　　市場価格のない種類株式は、取得原価をもって貸借対照表価額とされ、当該株式の発行会社の財政状態の悪化により実質価額が著しく低下したときは、相当の減額を行い、評価差額は当期の損失として処理（減損処理）される（金融商品会計基準第21項及び金融商品実務指針第92項）。

　　これは、その他有価証券に分類される市場で売買されない株式は、たとえ何らかの方式により価額の算定が可能としても、それを時価（合理的に算定された価額）とはしないものとし、当該株式は時価のない有価証券として取り扱われている（金融商品実務指針第63項ただし書き）ことによる。株式がこのように取り扱われている理由としては、一般に将来キャッシュ・フローが約定されている債券と異なり、市場価格のない株式については、現状、市場価格に準じた合理的に算定された価額を得ることは極めて難しいと考えられていること、また、理論的と考えられる価額を算定することができたとしても、市場で売買されていない場合には、当該価額による自由な換金・決済等が可能であるとは言い難いことが挙げられる（この点については、金融商品会計基準第66項を参照のこと。）。

> Q3　市場価格のない種類株式の減損処理を行うにあたって、実質価
> 　　額はどのように算定されるか？

A　市場価格のない株式の減損処理を行うにあたり、実質価額とは、通常、一
　般に公正妥当と認められる会計基準に準拠して作成した財務諸表を基礎に資
　産等の時価評価に基づく評価差額等を加味して算定した1株当たりの純資産
　額に、所有株式数を乗じた金額とされている（金融商品実務指針第92項参照）。
　　これは普通株式を念頭においた取扱いであると考えられ、優先株式その
　他の種類株式については、普通株式と異なる考慮が必要と考えられる。市
　場価格のない種類株式のうち、債券と同様の性格を持つと考えられる株式
　（Q1参照）以外のものに関する実質価額の算定及び減損処理については、
　原則として、以下による。

(1)　評価モデルを利用する方法

　　　市場価格のない種類株式のうち、例えば、満期の定めのない永久債に
　　類似したようなものや、現在は転換できないが、将来、転換を請求でき
　　る権利を行使して市場価格のある普通株式に転換できること等により普
　　通株式の市場価格と関連性を有するものについては、困難であると認め
　　られる場合を除き、割引将来キャッシュ・フロー法やオプション価格モ
　　デルなどを利用した評価モデルによる価額を実質価額とする。当該評価
　　モデルについては、原則として、毎期同様のものを使用する。

　　　なお、このように評価モデルを利用して算定された価額が、取得原価
　　に比べて50％程度以上低下した場合には、原則として、当該価額まで減
　　額し評価差額は当期の損失として処理しなければならない（金融商品実
　　務指針第92項及び第285項参照）。また、50％程度以上低下しないときで
　　も、金融商品実務指針第91項に準じて、当該価額に基づく減損処理の要
　　否を判断することが適当である。

(2)　評価モデルを利用して算定された価額を得ることが困難である場合

　　　(1)の評価モデルを利用して算定された価額を得ることが困難である場
　　合には、以下の①又は②のような方法により実質価額を算定する。こう
　　した方法により算定された実質価額が、少なくとも取得原価に比べて
　　50％程度以上低下した場合には、当該実質価額まで減額し、評価差額は
　　当期の損失として処理しなければならない（金融商品実務指針第92項及
　　び第285項参照（これに係る金融商品会計Q&A　Q33及びQ34も参照のこ
　　と。））。

　　　なお、普通株式の市場価格と連動性があると想定される種類株式につ

いては、評価モデルを利用した価額を得ることが困難であっても、普通株式の市場価格が当該種類株式の取得時点に比べて著しく下落した場合には、当該種類株式の実質価額も著しく低下していると想定され、減損処理を行うことが合理的と考えられる場合が多いことに留意する必要がある。

① 1株当たりの純資産額を基礎とする方法

　利益配当請求権に関する普通株式との異同や転換を請求できる権利の条件等を考慮して、種類株式の普通株式相当数を算定することが可能な場合には、資産等の時価評価に基づく評価差額等を加味して算定した発行会社の純資産額（この点については金融商品実務指針第92項参照）を、種類株式の普通株式相当数と普通株式数の合計で除した1株当たりの純資産額に、所有する当該種類株式の普通株式相当数を乗じて実質価額を算定することが考えられる。ここでいう種類株式の普通株式相当数とは、例えば、普通株式への転換を仮定した場合の普通株式数（転換価格が固定されている場合には当該転換価格、普通株式の市場価格に基づいて決定・修正される場合には貸借対照表日現在の普通株式の市場価格に基づいて算定された転換価格による）など、1株当たり純資産額を基礎とする方法に用いられる当該種類株式の株式数に対応すると考えられる普通株式数をいう。

② 優先的な残余財産分配請求額を基礎とする方法

　普通株式よりも利益配当請求権及び残余財産分配請求権が優先的であるような場合には、優先的な残余財産分配請求額を基礎とする方法によって実質価額を算定することも考えられる。この場合、①の方法と同様に、資産等の時価評価に基づく評価差額等を加味して算定した発行会社の純資産額が、優先的な残余財産分配請求権総額を下回っている場合には、当該純資産額（当該純資産額が、優先的な残余財産分配請求権総額を上回っている場合には、当該残余財産分配請求権総額に配当可能限度額のうち種類株式相当分を加えた金額）を、当該種類株式数で除した1株当たりの純資産額に、所有する当該種類株式数を乗じて実質価額を算定することが考えられる。

種類株式を発行している場合の市場価格のない普通株式の減損処理

Q4　種類株式を発行している会社の市場価格のない普通株式の減損処理は、どのように行われるか？

A　市場価格のない普通株式の減損処理は、Q3のAで記述されているように、一般に公正妥当と認められる会計基準に準拠して作成した財務諸表を基礎に資産等の時価評価に基づく評価差額等を加味して算定した1株当たりの

純資産額（会社の超過収益力や経営権等を反映する場合もある）に、所有株式数を乗じた実質価額に基づいて行われる（金融商品実務指針第92項参照）。

　この際、市場価格のない普通株式を発行している会社が種類株式も発行している場合、市場価格のない普通株式の1株当たりの純資産額は、発行会社の純資産額をそのまま用いて算定するのではなく、金融商品実務指針第92項に基づく発行会社の純資産額から、種類株式に帰属すべき純資産額を控除して算定されることに留意する。

適用時期

　本実務対応報告は、平成15年4月1日以後開始する事業年度に係る財務諸表から適用する。ただし、デット・エクイティ・スワップによって取得した種類株式（取得時に、実務対応報告第6号が適用されていないものも含む）については、公表日の属する事業年度に係る財務諸表から適用する[3]。それ以外の株式についても、平成15年3月31日以前に開始する事業年度に係る財務諸表について、本実務対応報告を適用することが望ましい。

議　　決

　本実務対応報告は、第28回企業会計基準委員会に出席した委員11名全員の賛成により承認された。

以　　上

3　これは、デット・エクイティ・スワップによって取得した種類株式については、会計処理を早期に明らかにし実施することが要請されており、本来、期末時の会計処理も含めて定めるべきところを、実行時における会計処理のみ先行して実務対応報告第6号として公表し、その後速やかに追加検討を行うとしていた経緯による。

業種別委員会実務指針第32号

資本性適格貸出金に対する貸倒見積高の算定及び銀行等
金融機関が保有する貸出債権を資本性適格貸出金に転換
した場合の会計処理に関する監査上の取扱い

2004年11月２日
改正　2010年２月23日
改正　2012年１月12日
最終改正　2020年９月９日
日本公認会計士協会

１．はじめに

　2004年２月26日付けで金融庁から「金融検査マニュアル別冊〔中小企業融資編〕」改訂版が公表され、債務者の経営改善計画の一環として、金融機関の保有する貸出債権を資本的劣後ローンへ転換し、一定の要件を満たしている場合には、当該資本的劣後ローンを債務者区分等の判断において債務者の資本とみなすことができることとされた。その際、資本とみなすための条件として、金融機関において当該資本的劣後ローンにつき、その特性を勘案し、会計ルールに基づいた適切な引当を行うこととされた。2004年公表の本実務指針では、このような取引が増大することが想定されたことから、監査上、合理的と判断される会計処理を取りまとめた。

　2010年改正の本実務指針では、企業会計基準第10号「金融商品に関する会計基準」の改正に伴う字句の改正を行った。

　その後、2011年の東日本大震災を受けた被災者等への対応などで、既存の貸出債権を資本的劣後ローンへ転換する場合に限らず、金融庁が要件を定めた「資本的劣後ローン（早期経営改善特例型）」や「十分な資本的性質が認められる借入金」が広く活用されることが見込まれることから、2012年改正の本実務指針では、資本的劣後ローンへの転換に限定せず、これらの貸出金一般に対する貸倒見積高の算定及び金融機関の保有する貸出債権をこれらの貸出金へ転換した場合等の会計処理に関する監査上の取扱いを取りまとめた。

　2019年12月に、「金融検査マニュアル（預金等受入金融機関に係る検査マニュアル）」等の検査マニュアル（以下「金融検査マニュアル」という。）が廃止された。これに伴い、「資本的劣後ローン（早期経営改善特例型）」の要件が記載されていた「金融検査マニュアル別冊〔中小企業融資編〕」及び「十分な資本的性質が認められる借入金」の要件が記載されていた「金融検査マニュ

アルに関するよくあるご質問（FAQ）」も廃止された。しかし、2020年5月27日付けで金融庁から「資本性借入金の取扱いの明確化に係る「主要行等向けの総合的な監督指針」等の一部改正について」が公表され、金融検査マニュアル廃止後も「十分な資本的性質が認められる借入金」の資本類似性を判断する際の観点に変更がない旨が明確化された。また、「資本的劣後ローン（早期経営改善特例型)」についても、「資本性借入金」とみなして取り扱うことが可能と考えられることが、「資本性借入金関係FAQ」に記載された。これに対応し、今般、会計処理に関する監査上の取扱いについても実質的に変更がないことを明らかにするため、本実務指針の所要の改正を行った。

　なお、今後、関連する会計基準等に変更が生じるような場合には、本実務指針は見直されることとなる。

2．本実務指針の対象とする取引又は会計事象

　本実務指針では、債務者の評価において、契約条件が資本に準じた十分な資本的性質が認められる借入金であるため資本とみなして取り扱うことが可能となるような貸出金（以下「資本性適格貸出金」という。）が供与されている債務者に対する債権の貸倒見積高の算定方法及び資本性適格貸出金を供与した金融機関の会計処理を対象とする。

　資本性適格貸出金であるかどうかは、飽くまでも当該貸出金の実態的な性質に着目し、基本的には、償還条件、金利設定、劣後性といった観点から、資本類似性を判断することが適切と考えられる。償還条件、金利設定、劣後性については、一般に、以下のことが求められると考えられる。

⑴　償還条件については、契約時における償還期間が5年を超え、期限一括償還又は同等に評価できる長期の据置期間が設定されていること

⑵　金利設定については、資本に準じて配当可能利益に応じた金利設定となっていること（業績連動型など、債務者の業績の状況に応じて金利負担が抑えられるような仕組みが講じられていること）

⑶　劣後性については、法的破綻時の劣後性が確保されていること（又は、少なくとも法的破綻に至るまでの間において、他の債権に先んじて回収されない仕組みが備わっていること）

　債権者が既存の債権を別の条件の債権へ転換することを一般にデット・デット・スワップ（以下「DDS」という。）というが、本実務指針に示す会計処理の対象とするDDSは、金融機関が実施するDDSのうち資本性適格貸出金へ転換するDDS（資本性適格貸出金への条件変更を含む。以下、これらをまとめて「DDS等」という。）である。

3．資本性適格貸出金が供与されている債務者に対する債権の貸倒見積高の算定方法

資本性適格貸出金が供与されている債務者に対する債権については、以下に示したような方法により算定を行う。

　なお、貸倒見積高の算定に当たり、どのような方法を用いて算定するかについては、個々の金融機関において合理的な判断基準を設け、当該基準に基づいて判断する。この合理的な判断基準については、恣意性を排除するために、文書をもって設定しておき、毎期継続的に適用することが必要である。

(1) 法的破綻時の劣後性（以下「劣後性」という。）を有する資本性適格貸出金に対する貸倒見積高の算定方法

　　劣後性を有する資本性適格貸出金は金銭債権であることから、貸倒引当金の計上を必要とするが、貸倒見積高の算定に際しては、その劣後性という特性を考慮し、実態に合った算定方法を採用する必要がある。具体的には以下に掲げるような方法によって引当を行うことが考えられる。

① 発生が見込まれる損失見積額により貸倒見積高を算定する方法

　　引当に際しては、一般的には該当する債務者区分等に対応する貸倒実績率又は倒産確率（倒産に限定せず、デフォルト率として算定される場合を含む。以下同じ。）に基づき、発生が見込まれる損失率（以下「予想損失率」という。）を求め、これに将来見込み等必要な修正を加えて貸倒見積高を算定する必要があるが、劣後性を有する資本性適格貸出金については、他の一般債権より高い信用リスクを引き受けることとなるため、債務者の財政状態及び経営成績にかかわらず、その発生し得る損失見積額（以下「予想損失額」という。）に基づいて貸倒見積高を算定することが必要となる（会計制度委員会報告第14号「金融商品会計に関する実務指針」第118項参照）。

　　具体的には、例えば、以下のような予想損失額の算定方法（以下「原則法」という。）が考えられる。

イ．倒産確率及び劣後性を考慮した倒産時損失率に基づく予想損失率により算定する方法

　　ここで、倒産確率は劣後性を有する資本性適格貸出金を資本とみなした場合の債務者区分等に基づいたものを使用することが考えられるが、その場合の債務者に適用される倒産確率の妥当性は、十分に信頼性の高い統計値を基礎とするなど強い証拠によって裏付けられなければならない。

ロ．元本の回収及び利息の受取りに係るキャッシュ・フローを劣後性を考慮して合理的に見積もり、DCF法により算定する方法

　　一方、予想損失率を算定する上で、劣後性を有する資本性適格貸出金の劣後性を勘案して合理的に見積もることができない場合など原則法によることが実質的に困難な場合には、全債権者が保有する当該債務者に対する全ての金銭債権の予想損失額を算定し、取得原価又は償却原価を

上限として、当該予想損失額を劣後性を有する資本性適格貸出金の貸倒見積高とする方法（以下「簡便法」という。）も考えられる。

簡便法における予想損失額は、以下の方法により算定することが考えられる。

ハ．当該債務者に対する金銭債権全体について、優先・劣後の関係を考慮せずに算定された倒産確率及び倒産時損失率に基づく予想損失率を用いて算定する方法

ニ．当該債務者に対する金銭債権全体について、優先・劣後の関係を考慮せずに算定された予想損失率を用いて算定する方法

なお、簡便法適用に当たっても、倒産確率や予想損失率は劣後性を有する資本性適格貸出金を資本とみなした場合の債務者区分等に基づいたものを使用することが考えられるが、その場合の債務者に適用される倒産確率や予想損失率の妥当性は、十分に信頼性の高い統計値を基礎とするなど強い証拠によって裏付けられなければならない。

② 劣後性を有する資本性適格貸出金の回収可能見込額をゼロとみなして貸倒見積高を算定する方法

劣後性を有する資本性適格貸出金を資本とみなしても実質債務超過の状態が解消しない場合や、劣後性を有する資本性適格貸出金を資本とみなすことで実質債務超過の状態が解消した場合における解消前の実質債務超過に相当する部分の劣後性を有する資本性適格貸出金の回収可能性は、経営改善計画の確実な履行に依拠していることになる。このように、将来の事象に大きく影響を受ける場合には、上記①の簡便法に代えて、劣後性を有する資本性適格貸出金（実質債務超過の状態が解消した場合には、解消前の実質債務超過に相当する部分）の回収可能見込額をゼロとみなし、取得原価又は償却原価と同額（実質債務超過の状態が解消した場合には、解消前の実質債務超過に相当する部分）を貸倒見積高として算定する方法を適用することも認められる。なお、実質債務超過の状態が解消した場合にこの方法を適用するに当たっては、解消前の実質債務超過に相当しない部分についても、下記(3)に記載した方法など、合理的な方法により貸倒見積高を算定する必要がある。

(2) 劣後性を有しない資本性適格貸出金に対する貸倒見積高の算定方法

法的破綻時の劣後性がない貸出金であっても、資本に準じた十分な資本的性質が認められる一定の条件を満たす場合には、債務者区分等を判断する際に、資本とみなして取り扱うことができると考えられる。

一方、貸倒見積高の算定においては、法的破綻時の回収可能性を基礎として算定することが一般的であるため、貸倒見積高の算定に当たっては、法的破綻時の回収は劣後しない点を考慮することが必要である。

したがって、劣後性を有しない資本性適格貸出金については、当該債権

を資本とみなし、併せて提示される経営改善計画等その他の条件も考慮して適正な自己査定手続により決定された債務者区分等に応じて、予想損失額を算定することとなる。なお、この際には、下記4.(2)に留意する必要がある。

(3) 資本性適格貸出金以外の債権（以下「通常債権」という。）に対する貸倒見積高の算定方法

通常債権については、資本性適格貸出金を債務者区分等の判断において資本とみなし、併せて提示される経営改善計画等その他の条件も考慮した上で、適正な自己査定手続により決定された債務者区分等に応じて、予想損失額を算定することとなる。

なお、劣後性を有する資本性適格貸出金の貸倒見積高の算定方法として原則法を採用している場合には、通常債権についても劣後性を有する資本性適格貸出金に対する貸倒見積高の算定方法と同様に、当該債務者に適用される倒産確率及び優先・劣後の関係を考慮した倒産時損失率に基づく予想損失率により算定する方法や、優先・劣後の関係を考慮したDCF法により算定することも、より精緻な方法として認められる。

また、劣後性を有する資本性適格貸出金の貸倒見積高の算定方法として簡便法を採用して算定した予想損失額が、通常債権の予想損失額をも十分にカバーされる水準であると判断できる場合には、劣後性を有する資本性適格貸出金を保有する金融機関の通常債権については引当を行わないことが合理的であるが、貸倒引当金の対象債権と考えて当該部分について別途引当を行うことも認められるものとする。

一方、簡便法を採用して算定した全ての金銭債権の予想損失額が、劣後性を有する資本性適格貸出金の取得原価又は償却原価を超える場合には、当該予想損失額から劣後性を有する資本性適格貸出金の取得原価又は償却原価を控除した残額のうち当該債務者が負担する劣後性を有する資本性適格貸出金以外の全ての金銭債務の残高に応じて按分した金額を、通常債権に対する貸倒引当金として引き当てる方法を採用することも、より精緻な方法として認められる。

(4) 資本性適格貸出金を有しない金融機関が保有する債権に対する貸倒見積高の算定方法

資本性適格貸出金を有しない金融機関が保有する債権については、資本性適格貸出金が供与されたことにより間接的にその回収条件の改善が図られることになるが、その効果が期待できる一方、経営改善計画の履行に関する不確実性も引き続き存在する。また、資本性適格貸出金の内容により、回収条件の改善内容にも幅があるものと考えられる。このため、資本性適格貸出金を有しない金融機関が保有する債権に対する貸倒見積高の算定に当たっては、経営改善計画等その他の条件を踏まえ、資本性適格貸出金が

与える影響を適切に考慮して適正な自己査定手続により決定された債務者
区分等に応じて、予想損失額を算定する。

4．資本性適格貸出金を供与した金融機関の会計処理

(1) DDS等実施時における会計処理

　　DDS等が、金銭消費貸借契約の条件変更又は準消費貸借という法律行為
として既存債権との法的同一性を維持して実施されているのであれば、原
則として金融資産の消滅の認識要件を満たしていない取引と判断され、既
存債権の消滅及び新債権の取得という会計処理は行われないと考えられる
（企業会計基準第10号「金融商品に関する会計基準」第8項及び第9項参照）。

　　この場合、このようなDDS等の実施については、既存債権の条件変更と
して取り扱うことになり、従前の取得原価又は償却原価のまま「貸出金」
として処理し、当該取引により交換損益は認識しない。

(2) DDS等実施時における貸倒引当金の実質的戻入れ

　　資本性適格貸出金及び通常債権については上記3．により、それぞれ貸倒
引当金を計上することになるが、経営改善計画の内容等によっては、DDS
等実施時点における計算上の資本性適格貸出金の予想損失額と通常債権の
予想損失額の合計が、DDS等実施前の引当額を下回ることも想定される。

　　しかしながら、本実務指針が対象とするDDS等については、債務者が財務
的に困難な場合に債務者の経営改善の一手法として行われるものであるた
め、DDS等実施時点においては、債務者に対する信用リスクの総額は減少し
ないのが一般的であると想定される。このため、DDS等を実施した時点にお
いて貸倒引当金を実質的に戻し入れることは、通常合理的とは認められない。

　　なお、DDS等を実施した後一定期間経営改善計画の履行状況を厳格に検
証し、計画どおり経営改善が進行していると合理的に確認でき、貸倒引当
金の戻入れを行う場合には、当該確認ができた時点における貸倒引当金の
引当額の十分性を改めて判断することになる。

(3) 債権者側における業績連動型金利の取扱い

　　資本性適格貸出金について、債務者の決算において税引後当期純利益が
一定額以上となった場合に、借入金利を税引後当期純利益の増加に応じて
比例的に加算するような契約（いわゆる「業績連動型金利」）が付されるケー
スがある。

　　この場合には、以下のように取り扱うことが適切であると考えられる。

① 　当該金利は貸出債権から発生する利息であることから、貸借対照表科
　目との対応を重視し、「貸出金利息」として表示する。

② 　未収利息は、当該債務者の確認可能な直近の決算における利益実績に
　より確定した利率に基づき計上する。

5．適　　用
・本実務指針は、2004年4月1日以後に実施したDDSから適用する。
・2010年2月23日改正後の本実務指針は、2010年3月31日以後終了する事業年度の年度末に係る財務諸表の監査から適用する。
・2012年1月12日改正後の本実務指針は、2012年3月31日以後終了する事業年度の年度末に係る財務諸表の監査から適用する。なお、2012年3月31日に終了する事業年度に係る第3四半期財務諸表の四半期レビューから適用することができる。
・2020年9月9日改正後の本実務指針は、2020年4月1日以後開始する事業年度に係る財務諸表の監査及び同日以後開始する中間会計期間に係る中間財務諸表の中間監査から適用する。

〈劣後性を有する資本性適格貸出金がある場合の貸倒見積高の計算例〉

　以下では、本実務指針による会計処理等について、理解を深めるために計算例による解説を示すこととする。

　なお、以下の計算例は、本実務指針で示された全ての会計処理等を網羅しているわけではなく、前提条件に示された状況にのみ適合するものである。したがって、前提条件が異なれば、それに適合する会計処理等も異なる場合があるので、この場合には本実務指針で示されている会計処理等を参照することが必要になる。また、計算例で示された金額や比率などの数値は、特別な意味を有するものではなく、説明の便宜のために用いられているにすぎない。

〈前提〉

甲社B/S

諸資産	1,500	借入金	800
		うち優先	200
		劣後	600
		借入金以外の諸負債	
			1,400
		うち金銭債務	1,000
		資本	▲700

	A銀行	B銀行	C銀行	計
優先債権	100	50	50	200
劣後債権	600	0	0	600
	700	50	50	800

劣後債権は資本性適格貸出金に該当し、本実務指針を適用する要件を満たしている。
甲社に適用される倒産確率（PD）は50％とする。
○優先・劣後の関係を考慮してLGDを算定する場合

| 優先債権のLGD | 10％ |
| 劣後債権のLGD | 100％ |

○優先・劣後の関係を考慮せずに債務者に対する金銭債権全体に対してLGD又は予想損失率を算定する場合

| 金銭債権全体のLGD | 40％ |
| 金銭債権全体の予想損失率 | 20％ |

資本性適格貸出金を資本とみなして分類した甲社の債務者区分に対応する予想損失率は、5％であるものとする。

PD ＝Probability of Default（ある格付けの債務者がデフォルトする確率）

LGD＝Loss Given Default（デフォルトが生じた際に被る経済的損失率）

A銀行においては、以下のように引当を行う。

① 原則法（本文3.(1)①イ.により劣後債権の予想損失額を算定する方法）

優先・劣後に区分して算定したLGDを用いて以下のように引当を行う。

劣後債権　　600×50%（PD）×100%（LGD）　　＝　300

優先債権　　100× 5 %　　　　　　　　　　　　＝　　 5

引当額　　305

なお、優先債権については、100×50%（PD）×10%（LGD）＝5を引き当てることも考えられる。

② 簡便法（本文3.(1)①ハ.及びニ.により劣後債権の予想損失額を算定する方法）

甲社に対する全ての金銭債権について算定されたLGDを用いて、以下のように引当を行う。

甲社に対する全ての金銭債権に対する予想損失額

（1,000+800）×50%（PD）×40%（LGD）　　＝　360

又は甲社に対する全ての金銭債権に対する予想損失率を用いて、

（1,000+800）×20%　　　　　　　　　　　　　＝　360

上記予想損失額が劣後債権の金額以下であるため、予想損失額の全額を貸倒見積高として劣後債権に対して引き当てる。

この場合には、優先債権に対する予想損失額についても上記の360の中に含まれていると考えられることから、優先債権について別途の引当を行わないことが合理的であるが、貸倒引当金の対象債権と考えて当該部分について別途引当を行っても差し支えない。

なお、甲社に対する全ての金銭債権に対する予想損失額が劣後債権の金額を超える（例えば660と算定される。）場合には、劣後債権の全額（600）について引当を行った後、優先債権について劣後債権を資本性適格貸出金とみなして分類した甲社の債務者区分に対応する予想損失率を用いて別途の引当を行う。この場合、残余の金額（60）のうち優先債権及びその他の金銭債権の残高比率で按分した金額（60×100/（200+1,000）＝5）を優先債権に引き当てる方法も、より精緻な方法として認められる。

③ 本文3.(1)②により劣後債権の予想損失額を算定する方法

劣後債権を資本とみなしても債務超過の状態であるため、劣後債権の回収可能見込額をゼロとみなす。

劣後債権に対する引当額　　　　　　　　600

この場合には、優先債権について資本性適格貸出金を資本とみなして決定した甲社の債務者区分に対応する予想損失率を用いて別途の引当を行う。

優先債権に対する引当額　　　　100× 5 %＝ 5

なお、上記①から③のいずれの方法によってもDDSを実施した時点において貸倒引当金を実質的に戻し入れることは、通常合理的とは認められない。

以　上

Ⅲ－4－9－4－3　　銀行法及び再生法に基づく債権の額の開示区分

　銀行法施行規則第19条の2第1項第5号ロ及び再生法施行規則第4条に定める基準に従い、以下のとおり区分する（開示対象についても、銀行法施行規則第19条の2第1項第5号ロ及び再生法施行規則第4条に定める基準に従う。なお、仮払金については貸出金に準ずるもの（支払承諾に基づき代位弁済を行ったことにより発生する求償権及び貸出金と関連のある仮払金）として差し支えない。）。ただし、その際には、以下に掲げる基準を機械的・画一的に適用するのではなく、債務者の実態的な財務内容、資金繰り、収益力等により、その返済能力を検討し、債務者に対する貸出条件及びその履行状況を確認の上、業種等の特性を踏まえ、事業の継続性と収益性の見通し、キャッシュフローによる債務償還能力、経営改善計画等の妥当性、金融機関等の支援状況等を総合的に勘案した上で、区分することが適当である。特に債務者が中小企業である場合は、当該企業の財務状況のみならず、当該企業の技術力、販売力や成長性、代表者等の役員に対する報酬の支払状況、代表者等の収入状況や資産内容、保証状況と保証能力等を総合的に勘案し、当該企業の経営実態を踏まえて区分することが適当である。

(1)　破産更生債権及びこれらに準ずる債権

　破産更生債権及びこれらに準ずる債権とは、「破産手続開始、更生手続開始、再生手続開始の申立て等の事由により経営破綻に陥っている債務者に対する債権及びこれらに準ずる債権」をいい、破産、清算、会社更生、民事再生、手形交換所の取引停止処分等の事由により経営破綻に陥っている債務者のほか、深刻な経営難の状態にあり、再建の見通しがない状況にあると認められるなど実質的に経営破綻に陥っている債務者に対する債権である。なお、特定調停法の規定による特定調停の申立てについては、申立が行われたことをもって経営破綻に陥っているものとはしないこととし、当該債務者の経営実態を踏まえて判断する。

　具体的には、事業を形式的に継続しているが、財務内容において多額の不良債権を内包し、あるいは債務者の返済能力に比して明らかに過大な借入金が残存し、実質的に大幅な債務超過の状態に相当期間陥っており、事業好転の見通しがない状況、天災、事故、経済情勢の急変等により多大な損失を被り（あるいは、これらに類する事由が生じており）、再建の見通しがない状況で、元金又は利息について実質的に長期間延滞（原則として6カ月以上遅延しており、一過性の延滞とは認められないものをいう。）している債務者や、自主廃業により営業所を廃止しているなど、実質的に営業を行っていないと認められる債務者に対する債権が含まれる。

このほか、経営改善計画等の進捗状況が計画を大幅に下回っており、今後も急激な業績の回復が見込めず、経営改善計画等の見直しが行われていない場合、又は一部の取引金融機関において経営改善計画等に基づく支援を行うことについて合意が得られない場合で、今後、経営破綻に陥る可能性が確実と認められる債務者については、「深刻な経営難の状態にあり、再建の見通しがない状況にある」ため、破産更生債権及びこれらに準ずる債権に該当するものと判断して差し支えない。

(2) 危険債権

危険債権とは、「債務者が経営破綻の状態には至っていないが、財政状態及び経営成績が悪化し、契約に従った債権の元本の回収及び利息の受取りができない可能性の高い債権」をいい、現状、経営破綻の状況にはないが、経営難の状態にあり、経営改善計画等の進捗状況が芳しくなく、今後、経営破綻に陥る可能性が大きいと認められる債務者（金融機関等の支援継続中の債務者を含む）に対する債権である。

具体的には、現状、事業を継続しているが、実質債務超過の状態に陥っており、業況が著しく低調で貸出金が延滞状態にあるなど元本及び利息の最終の回収について重大な懸念があり、従って損失の発生の可能性が高い状況で、今後、経営破綻に陥る可能性が大きいと認められる債務者に対する債権をいう。

なお、会社更生法、民事再生法等の規定による更生計画等の認可決定が行われた債務者に対する債権については、危険債権と判断して差し支えない。さらに、更生計画等の認可決定が行われている債務者については、以下の要件のいずれかを充たしている場合には、更生計画等が合理的であり、その実現可能性が高いものと判断し、当該債務者に対する債権は要管理債権又は正常債権に該当するものと判断して差し支えない。

① 更生計画等の認可決定後、当該債務者が、原則として概ね5年以内に、業況が良好であり、かつ、財務内容にも特段の問題がないと認められる状態（当該債務者が金融機関等の再建支援を要せず、自助努力により事業の継続性を確保することが可能な状態となる場合は、金利減免・棚上げを行っているなど貸出条件に問題のある状態、元本返済若しくは利息支払いが事実上延滞しているなど履行状況に問題がある状態のほか、業況が低調ないしは不安定な債務者又は財務内容に問題がある状態など今後の管理に注意を要する状態を含む。）となる計画であり、かつ、更生計画等が概ね計画どおりに推移すると認められること。

② 当該債務者が、5年を超え概ね10年以内に、業況が良好であり、かつ、財務内容にも特段の問題がないと認められる状態（当該債務者が金融機関等の再建支援を要せず、自助努力により事業の継続性を確保すること

が可能な状態となる場合は、金利減免・棚上げを行っているなど貸出条件に問題のある状態、元本返済若しくは利息支払いが事実上延滞しているなど履行状況に問題がある状態のほか、業況が低調ないしは不安定な債務者又は財務内容に問題がある状態など今後の管理に注意を要する状態を含む。）となる計画であり、かつ、更生計画等の認可決定後一定期間が経過し、更生計画等の進捗状況が概ね計画以上であり、今後も概ね計画どおりに推移すると認められること。

(3) 貸出条件緩和債権

① 施行規則第19条の2第1項第5号ロ(4)の「債務者の経営再建又は支援を図ることを目的として」いるかどうかの判定においては、債務者の経営状況及び金融機関の意図等に基づき判断することとし、当該条件変更が、債務者の経営再建又は支援を図ることを目的としていないと認められる場合には、債務者に有利となる取決めを行っている場合であっても、貸出条件緩和債権には該当しないことに留意する。

(注) 債務者の経営再建又は支援を図る目的の有無については、単に融資形態のみをもって判断するのではなく、債務者の状況や資金の性格等を総合的に勘案して判断する必要がある。例えば、書換えが継続している手形貸付であっても、いわゆる正常運転資金については、そもそも債務者の支援を目的とした期限の延長ではないことから、貸出条件緩和債権には該当しないことに留意する。

② 施行規則第19条の2第1項第5号ロ(4)の「債務者に有利となる取決め」とは、債権者と債務者の合意によるものか法律や判決によるものであるかは問わないことに留意する。また、その具体的な事例としては、例えば、以下のような約定条件の改定を行った債権又はその組み合わせで、かつ当該債務者に関する他の貸出金利息、手数料、配当等の収益、担保・保証等による信用リスク等の増減、競争上の観点等の当該債務者に対する取引の総合的な採算を勘案して、当該貸出金に対して、基準金利（当該債務者と同等な信用リスクを有している債務者に対して通常適用される新規貸出実行金利をいう。）が適用される場合と実質的に同等の利回りが確保されていない債権が考えられるが、これらにかかわらず施行規則の定義に合致する貸出金は開示の対象となることに留意する。

イ．金利減免債権：金利を引き下げた貸出金

ロ．金利支払猶予債権：金利の支払を猶予した貸出金

ハ．経営支援先に対する債権：債権放棄やDES（デット・エクイティ・スワップ）などの支援を実施し、今後も再建計画の実施に際し追加的支援の蓋然性が高い債務者に対する貸出金

ニ．元本返済猶予債権：元本の支払を猶予した貸出金

ホ．一部債権放棄を実施した債権：私的整理における関係者の合意や会社更生、民事再生手続における認可決定等に伴い、元本の一部又は利息債権の放棄を行った貸出金の残債

ヘ．代物弁済を受けた債権：債務の一部弁済として、不動産や売掛金などの資産を債務者が債権者に引き渡した貸出金（担保権の行使による引き渡しを含む。）の残債

ト．債務者の株式を受け入れた債権：債務の一部弁済として、債務者の発行した株式を受領した貸出金の残債。ただし、当初の約定に基づき貸出金を債務者の発行した株式に転換した場合は除く。

(注)　上記の事例に係る判定に当たっては、例えば、以下の点に留意する。

　　　一　適用金利が基準金利を下回る場合であっても、金利の減免や元本支払猶予等の貸出条件の変更を行っていない貸出金であれば、貸出条件緩和債権には該当しないこと

　　　二　ただし、金利の減免や元本支払猶予等の貸出条件の変更を行っていない貸出金であっても、新規貸出時に、債務者の経営状況、資金使途、及び設定された貸出条件等からして、実質的に当該債務者に対する既存債権の条件緩和、又は既存の条件緩和債権の返済を目的として実施されたものであることが明らかな場合は、貸出条件緩和債権に該当すること

　　　三　基準金利は経済合理性に従って設定されるべきであること
　　　　　具体的には、
　　　　・設定に際し、信用リスクに基づく適切かつ精緻な区分を設け、その区分に応じた新規貸出約定平均金利を基準金利とすること
　　　　・ただし、新規貸出約定平均金利が、その区分において、信用リスク等に見合ったリターンが確保されている旨を合理的・客観的に証明できる方法により求めた金利を著しく下回る場合には、当該方法により求めた金利を基準金利とすること

　　　四　開示の判断は、「c．経営支援先に対する債権」の場合は債務者単位で行うこと。また、「e．一部債権放棄を実施した債権」、「f．代物弁済を受けた債権」及び「g．債務者の株式を受け入れた債権」であって、開示を逃れるために意図的に債権を分割していると認められる場合は、当該債務者に対する分割をする前の当該貸出金の残債を開示する必要がある。これらの場合を除いては、個々の債権単位で開示の判断を行うこと

　　　五　特に債務者が中小企業である場合は、当該企業の財務状況のみならず、当該企業の技術力、販売力や成長性、代表者等の役員に対する報酬の支払状況、代表者等の収入状況や資産内容、保証状況と保証能力等を総合的に勘案し、当該企業の経営実態を踏まえて区分すること

　　　六　条件変更を実施している債権であっても、当該企業が保有する資産の売却等の見通しが確実であり、それにより返済財源が確保されている場合等には、信用リスクそのものが軽減されていること

③　過去において債務者の経営再建又は支援を図ることを目的として金利減免、金利支払猶予、債権放棄、元本返済猶予、代物弁済や株式の受領等を行った債務者に対する貸出金であっても、金融経済情勢等の変化等により新規貸出実行金利が低下した結果、又は当該債務者の経営状況が改善し信用リスクが減少した結果、当該貸出金に対して基準金利が適用される場合と実質的に同等の利回りが確保されていると見込まれる場合、又は当該債務者の業況が良好であり、かつ、財務内容にも特段の問題がないと認められる状態となった場合には、当該貸出金は貸出条件緩和債権には該当しないことに留意する。

　特に、実現可能性の高い（注1）抜本的な（注2）経営再建計画（注3）に沿った金融支援の実施により経営再建が開始されている場合（注4）には、当該経営再建計画に基づく貸出金は貸出条件緩和債権には該当しないものと判断して差し支えない。また、債務者が実現可能性の高い抜本的な経営再建計画を策定していない場合であっても、債務者が中小企業であって、かつ、貸出条件の変更を行った日から最長1年以内に当該経営再建計画を策定する見込みがあるとき（注5）には、当該債務者に対する貸出金は当該貸出条件の変更を行った日から最長1年間は貸出条件緩和債権には該当しないものと判断して差し支えない。

（注1）「実現可能性の高い」とは、以下の要件を全て満たす計画であることをいう。ただし、債務者が中小企業であって、その進捗状況が概ね1年以上順調に進捗している場合には、その計画は「実現可能性の高い」計画であると判断して差し支えない。
　　　一　計画の実現に必要な関係者との同意が得られていること
　　　二　計画における債権放棄などの支援の額が確定しており、当該計画を超える追加的支援が必要と見込まれる状況でないこと
　　　三　計画における売上高、費用及び利益の予測等の想定が十分に厳しいものとなっていること

（注2）「抜本的な」とは、概ね3年（債務者企業の規模又は事業の特質を考慮した合理的な期間の延長を排除しない。）後の当該債務者の業況が良好であり、かつ、財務内容にも特段の問題がないと認められる状態となることをいう。なお、債務者が中小企業である場合は、大企業と比較して経営改善に時間がかかることが多いことから、Ⅲ－4－9－4－3(4)における「合理的かつ実現可能性の高い経営改善計画」が策定されている場合には、当該計画を実現可能性の高い抜本的な計画とみなして差し支えない。

（注3）中小企業再生支援協議会（産業復興相談センターを含む。）又は株式会社整理回収機構が策定支援した再生計画、産業復興相談センターが債権買取支援業務において策定支援した事業計画、事業再生ADR手続（特定認証紛争解決手続（産業競争力強化法第2条第16項）をいう。）に従って決議された事業再生計画、株式会社地域経済活性化支援機構が買取決定

等（株式会社地域経済活性化支援機構法第31条第1項）した事業者の事業再生計画（同法第25条第2項）及び株式会社東日本大震災事業者再生支援機構が買取決定等（株式会社東日本大震災事業者再生支援機構法第25条第1項）した事業者の事業再生計画（同法第19条第2項第1号）については、当該計画が（注1）及び（注2）の要件を満たしていると認められる場合に限り、「実現可能性の高い抜本的な経営再建計画」であると判断して差し支えない。

（注4） 既存の計画に基づく経営再建が（注1）及び（注2）の要件を全て満たすこととなった場合も、「実現可能性の高い抜本的な経営再建計画に沿った金融支援の実施により経営再建が開始されている場合」と同様とする。例えば、金融機関が債務者に対して貸付条件の変更を行う場合であって、当該債務者が経営改善計画等を策定しているとき（他の金融機関（政府系金融機関等を含む。）が行う貸付条件の変更等に伴って当該債務者が経営改善計画等を策定しているとき及び信用保証協会による既存の保証の条件変更に伴って当該債務者が経営改善計画等を策定しているときを含む。）は、当該計画が（注1）及び（注2）の要件を満たしていると認められるものであれば、金融機関が当該債務者に対して行う貸付条件の変更等に係る貸出金は貸出条件緩和債権には該当しないものと判断して差し支えない。

なお、（注3）の場合を含め、（注1）及び（注2）の要件を当初全て満たす計画であっても、その後、これらの要件を欠くこととなり、当該計画に基づく貸出金に対して基準金利が適用される場合と実質的に同等の利回りが確保されていないと見込まれるようになった場合には、当該計画に基づく貸出金は貸出条件緩和債権に該当することとなることに留意する。

（注5） 「当該経営再建計画を策定する見込みがあるとき」とは、銀行と債務者との間で合意には至っていないが、債務者の経営再建のための資源等（例えば、売却可能な資産、削減可能な経費、新商品の開発計画、販路拡大の見込み）が存在することを確認でき、かつ、債務者に経営再建計画を策定する意思がある場合をいう。

⑷ 要管理債権

要管理債権とは、金利減免・棚上げを行っているなど貸出条件に問題のある債務者、元本返済若しくは利息支払いが事実上延滞しているなど履行状況に問題がある債務者のほか、業況が低調ないしは不安定な債務者又は財務内容に問題がある債務者など今後の管理に注意を要する債務者に対する債権のうち、「三月以上延滞債権及び貸出条件緩和債権」をいう。

なお、形式上は延滞が発生していないものの、実質的に三月以上遅延している債権も、要管理債権に該当する。実質的な延滞債権となっているかどうかは、返済期日近くに実行された貸出金の資金使途が元金又は利息の返済原資となっていないか等により判断する。

金融機関等の支援を前提として経営改善計画等が策定されている債務者については、以下の全ての要件を充たしている場合には、経営改善計画等が合理的であり、その実現可能性が高いものと判断し、当該債務者に対する債権は要管理債権又は正常債権に該当するものと判断して差し支えない（当該計画を「合理的かつ実現可能性の高い経営改善計画」という。）。

　なお、債務者が中小企業である場合、企業の規模、人員等を勘案すると、大企業の場合と同様な大部で精緻な経営改善計画等を策定できない場合がある。債務者が経営改善計画等を策定していない場合であっても、例えば、今後の資産売却予定、役員報酬や諸経費の削減予定、新商品等の開発計画や収支改善計画等のほか、債務者の実態に即して金融機関が作成・分析した資料を踏まえて債権区分の判断を行うことが必要である。

　また、債務者が中小企業である場合、必ずしも精緻な経営改善計画等を作成できないことから、景気動向等により、経営改善計画等の進捗状況が計画を下回る（売上高等及び当期利益が事業計画に比して概ね8割に満たない）場合がある。その際には、経営改善計画等の進捗状況のみをもって機械的・画一的に判断するのではなく、計画を下回った要因について分析するとともに、今後の経営改善の見通し等を検討することが必要である（ただし、経営改善計画の進捗状況が計画を大幅に下回っている場合には、「合理的かつ実現可能性の高い経営改善計画」とは取り扱わない）。なお、経営改善計画等の進捗状況や今後の見通しを検討する際には、バランスシート面についての検討も重要であるが、キャッシュフローの見通しをより重視することが適当である。

　このほか、債務者が制度資金を活用して経営改善計画等を策定しており、当該経営改善計画等が国又は都道府県の審査を経て策定されている場合には、債務者の実態を踏まえ、国又は都道府県の関与の状況等を総合的に勘案して判断する。

　本基準は、あくまでも経営改善計画等の合理性、実現可能性を検証するための目安であり、債権区分を検討するに当たっては、本基準を機械的・画一的に適用すべきものではない。

① 経営改善計画等の計画期間が原則として概ね5年以内であり、かつ、計画の実現可能性が高いこと。

　　ただし、経営改善計画等の計画期間が5年を超え概ね10年以内となっている場合で、経営改善計画等の策定後、経営改善計画等の進捗状況が概ね計画どおり（売上高等及び当期利益が事業計画に比して概ね8割以上確保されていること）であり、今後も概ね計画どおりに推移すると認められる場合を含む。

② 計画期間終了後の当該債務者の業況が良好であり、かつ、財務内容にも特段の問題がないと認められる状態（ただし、計画期間終了後の当該

債務者が金融機関等の再建支援を要せず、自助努力により事業の継続性を確保することが可能な状態となる場合は、金利減免・棚上げを行っているなど貸出条件に問題のある状態、元本返済若しくは利息支払いが事実上延滞しているなど履行状況に問題がある状態のほか、業況が低調ないしは不安定な債務者又は財務内容に問題がある状態など今後の管理に注意を要する状態を含む。）となる計画であること。

③　全ての取引金融機関等において、経営改善計画等に基づく支援を行うことが合意されていること。

ただし、単独で支援を行うことにより再建が可能な場合又は一部の取引金融機関等が支援を行うことにより再建が可能な場合は、当該支援金融機関等が経営改善計画等に基づく支援を行うことについて合意されていれば足りるものと判断する。

④　金融機関等の支援の内容が、金利減免、融資残高維持等に止まり、債権放棄、現金贈与などの債務者に対する資金提供を伴うものではないこと。

ただし、経営改善計画等の開始後、既に債権放棄、現金贈与などの債務者に対する資金提供を行い、今後はこれを行わないことが見込まれる場合、及び経営改善計画等に基づき今後債権放棄、現金贈与などの債務者に対する資金提供を計画的に行う必要があるが、既に支援による損失見込額を全額引当金として計上済で、今後は損失の発生が見込まれない場合を含む。

なお、制度資金を利用している場合で、当該制度資金に基づく国が補助する都道府県の利子補給等は債権放棄等には含まれないことに留意する。

(5)　正常債権

正常債権とは、「債務者の財政状態及び経営成績に特に問題がないものとして、要管理債権、危険債権、破産更生債権及びこれらに準ずる債権以外のものに区分される債権」をいう。

なお、国、地方公共団体及び被管理金融機関に対する債権は正常債権に該当する。

Ａ種種類株式発行要項

1．株式の名称

シャープ株式会社Ａ種種類株式（以下、「Ａ種種類株式」という。）

2．募集株式の数

200,000株

3．募集株式の払込金額

1 株につき1,000,000円

4．増加する資本金及び資本準備金

資本金　　　　　100,000,000,000円（ 1 株につき、500,000円）

資本準備金　　　100,000,000,000円（ 1 株につき、500,000円）

5．払込金額の総額

200,000,000,000円

6．払込期日

平成27年 6 月30日

7．発行方法

第三者割当の方法により、それぞれ以下のとおり割り当てる。

株式会社みずほ銀行　　　　　　　　100,000株

株式会社三菱東京UFJ銀行　　　　　100,000株

8．剰余金の配当

(1)　Ａ種優先配当金

本会社は、ある事業年度中に属する日を基準日として剰余金の配当をするときは、当該剰余金の配当の基準日（以下、「配当基準日」という。）の最終の株主名簿に記載又は記録されたＡ種種類株式を有する株主（以下、「Ａ種種類株主」という。）又はＡ種種類株式の登録株式質権者（Ａ種種類株主と併せて以下、「Ａ種種類株主等」という。）に対し、下記17.（1）に定める支払順位に従い、Ａ種種類株式 1 株につき、下記(2)に定める額の金銭による剰余金の配当（かかる配当によりＡ種種類株式 1 株当たりに支払われる金銭を、以下、「Ａ種優先配当金」という。）を行う。なお、Ａ種優先配当金に、各Ａ種種類株主等が権利を有するＡ種種類株式の数を乗じた金額に

1円未満の端数が生じるときは、当該端数は切り捨てる。
(2)　A種優先配当金の金額
　　　A種優先配当金の額は、1,000,000円（以下、「払込金額相当額」という。）に、それぞれの半期事業年度毎に下記算式により算定される年率（以下、「A種優先配当年率」という。）を乗じて算出した額とする（除算は最後に行い、円位未満小数第2位まで計算し、その小数第2位を四捨五入する。）。
　　　A種優先配当年率＝日本円TIBOR（6か月物）＋2.5%
　　　「日本円TIBOR（6か月物）」とは、各半期事業年度の初日（但し、当該日が銀行休業日の場合はその直前の銀行営業日）（以下、「A種優先配当年率決定日」という。）の午前11時における日本円6か月物トーキョー・インター・バンク・オファード・レート（日本円TIBOR）として一般社団法人全銀協TIBOR運営機関によって公表される数値又はこれに準ずるものと認められるものを指すものとする。当該日時に日本円TIBOR（6か月物）が公表されていない場合は、A種優先配当年率決定日（当該日がロンドンにおける銀行休業日の場合にはその直前のロンドンにおける銀行営業日）において、ロンドン時間午前11時現在のReuters3750ページに表示されるロンドン・インター・バンク・オファード・レート（ユーロ円LIBOR6か月物（360日ベース））として、インターコンチネンタル取引所（ICE）によって公表される数値又はこれに準ずると認められる数値を、日本円TIBOR（6か月物）に代えて用いるものとする。なお、A種優先配当金の算出に際しては、配当基準日の属する事業年度の初日（但し、当該配当基準日が平成28年3月末日に終了する事業年度に属する場合は、平成27年6月30日）（同日を含む。）から当該配当基準日（同日を含む。）までの期間の実日数につき、1年を365日（但し、当該事業年度に閏日を含む場合は366日）として日割計算を行うものとする。但し、当該配当基準日の属する事業年度中の、当該配当基準日より前の日を基準日としてA種種類株主等に対し剰余金を配当したときは、当該配当基準日に係るA種優先配当金の額は、その各配当におけるA種優先配当金の合計額を控除した金額とする。
(3)　非参加条項
　　　本会社は、A種種類株主等に対しては、A種優先配当金及びA種累積未払配当金相当額（次号に定める。）の額を超えて剰余金の配当を行わない。但し、本会社が行う吸収分割手続の中で行われる会社法第758条第8号ロ若しくは同法第760条第7号ロに規定される剰余金の配当又は本会社が行う新設分割手続の中で行われる同法第763条第1項第12号ロ若しくは同法第765条第1項第8号ロに規定される剰余金の配当についてはこの限りではない。
(4)　累積条項
　　　ある事業年度に属する日を基準日としてA種種類株主等に対して行われた1株当たりの剰余金の配当（当該事業年度より前の各事業年度に係るA

種優先配当金につき本(4)に従い累積したＡ種累積未払配当金相当額（以下に定義される。）の配当を除く。）の総額が、当該事業年度に係るＡ種優先配当金の額（当該事業年度の末日を基準日とする剰余金の配当が行われると仮定した場合において、上記(2)に従い計算されるＡ種優先配当金の額をいう。但し、かかる計算においては、上記(2)但書の規定は適用されないものとして計算するものとする。）に達しないときは、その不足額は、当該事業年度（以下、本(4)において「不足事業年度」という。）の翌事業年度以降の事業年度に累積する。この場合の累積額は、不足事業年度に係る定時株主総会（以下、本(4)において「不足事業年度定時株主総会」という。）の翌日（同日を含む。）から累積額がＡ種種類株主等に対して配当される日（同日を含む。）までの間、不足事業年度の翌事業年度以降の各半期事業年度に係るＡ種優先配当年率で、１年毎（但し、１年目は不足事業年度定時株主総会の翌日（同日を含む。）から不足事業年度の翌事業年度の末日（同日を含む。）までとする。）の複利計算により算出した金額を加算した金額とする。なお、当該計算は、１年を365日（但し、当該事業年度に閏日を含む場合は366日）とした日割計算により行うものとし、除算は最後に行い、円位未満小数第２位まで計算し、その小数第２位を四捨五入する。本号に従い累積する金額（以下、「Ａ種累積未払配当金相当額」という。）については、下記17.(1)に定める支払順位に従い、Ａ種種類株主等に対して配当する。

9．残余財産の分配

(1) 残余財産の分配

　　本会社は、残余財産を分配するときは、Ａ種種類株主等に対し、下記17.(2)に定める支払順位に従い、Ａ種種類株式１株につき、払込金額相当額に、Ａ種累積未払配当金相当額及び下記(3)に定める日割未払優先配当金額を加えた額（以下、「Ａ種残余財産分配額」という。）の金銭を支払う。

　　但し、本(1)においては、残余財産の分配が行われる日（以下、「分配日」という。）が配当基準日の翌日（同日を含む。）から当該配当基準日を基準日とした剰余金の配当が行われる時点までの間である場合は、当該配当基準日を基準日とする剰余金の配当は行われないものとみなしてＡ種累積未払配当金相当額を計算する。なお、Ａ種残余財産分配額に、各Ａ種種類株主等が権利を有するＡ種種類株式の数を乗じた金額に１円未満の端数が生じるときは、当該端数は切り捨てる。

(2) 非参加条項

　　Ａ種種類株主等に対しては、上記(1)のほか、残余財産の分配は行わない。

(3) 日割未払優先配当金額

　　Ａ種種類株式１株当たりの日割未払優先配当金額は、分配日の属する事業年度において、分配日を基準日としてＡ種優先配当金の支払がなされた

と仮定した場合に、上記8.⑵に従い計算されるＡ種優先配当金相当額とする（以下、Ａ種種類株式１株当たりの日割未払優先配当金額を「日割未払優先配当金額」という。）。

10. 議 決 権

Ａ種種類株主は、法令に別段の定めのある場合を除き、株主総会において議決権を有しない。

11. 普通株式を対価とする取得請求権

⑴ 普通株式対価取得請求権

Ａ種種類株主は、平成31年７月１日以降いつでも、本会社に対して、下記⑵に定める数の普通株式（以下、「請求対象普通株式」という。）の交付と引換えに、その有するＡ種種類株式の全部又は一部を取得することを請求すること（以下、「普通株式対価取得請求」という。）ができるものとし、本会社は、当該普通株式対価取得請求に係るＡ種種類株式を取得するのと引換えに、法令の許容する範囲内において、請求対象普通株式を、当該Ａ種種類株主に対して交付するものとする。

⑵ Ａ種種類株式の取得と引換えに交付する普通株式の数

Ａ種種類株式の取得と引換えに交付する普通株式の数は、普通株式対価取得請求に係るＡ種種類株式の数に、Ａ種残余財産分配額を乗じて得られる額を、下記⑶乃至⑹で定める取得価額で除して得られる数とする。なお、本⑵においては、Ａ種累積未払配当金相当額の計算及び日割未払傷先配当金額の計算における「残余財産の分配が行われる日」及び「分配日」をそれぞれ「普通株式対価取得請求の効力が生じた日」と読み替えて、Ａ種累積未払配当金相当額及び日割未払優先配当金額を計算する。また、普通株式対価取得請求に係るＡ種種類株式の取得と引換えに交付する普通株式の合計数に１株に満たない端数があるときは、これを切り捨てるものとし、この場合においては、会社法第167条第３項に定める金銭の交付は行わない。

⑶ 当初取得価額

平成31年７月１日に先立つ連続する30取引日の株式会社東京証券取引所（以下、「東京証券取引所」という。）が発表する本会社の普通株式の普通取引の売買高加重平均価格（以下、「VWAP」という。）の平均値（円位未満小数第２位まで算出し、その小数第２位を四捨五入する。以下同じ。）。但し、当初取得価額が100円（但し、下記⑹の調整を受ける。以下、「当初下限取得価額」という。）を下回る場合には、当初取得価額は当初下限取得価額とする。なお、当該30取引日の間に下記⑸に規定する事由が生じた場合、当該VWAPの平均値は下記⑸に準じて本会社が適当と判断する値に調整される。なお、「取引日」とは、東京証券取引所において本会社普通株式の普通

取引が行われる日をいい、ＶＷＡＰが発表されない日は含まないものとし、以下同様とする。

(4) 取得価額の修正

　　取得価額は、平成32年１月１日及びそれ以降の６か月毎の応当日（当該日が取引日でない場合には翌取引日とする。以下、「取得価額修正日」という。）において、各取得価額修正日に先立つ連続する30取引日（以下、本(4)において「取得価額算定期間」という。）の東京証券取引所が発表する本会社の普通株式の普通取引のＶＷＡＰの平均値（なお、取得価額算定期間中に下記(5)に規定する事由が生じた場合、当該ＶＷＡＰの平均値は下記(5)に準じて本会社が適当と判断する値に調整される。）の95％に相当する額（円位未満小数第２位まで算出し、その小数第２位を四捨五入する。）に修正され（以下、かかる修正後の取得価額を「修正後取得価額」という。）、修正後取得価額は同日より適用される。但し、修正後取得価額が当初取得価額の50％に相当する金額（円位未満小数第２位まで算出し、その小数第２位を四捨五入する。）（但し、下記(6)の調整を受ける。）又は当初下限取得価額のうちいずれか高い方の金額（以下、「下限取得価額」という。）を下回る場合には、修正後取得価額は下限取得価額とし、また、修正後取得価額が当初取得価額の150％に相当する金額（円位未満小数第２位まで算出し、その小数第２位を四捨五入する。）（但し、下記(6)の調整を受ける。以下、「上限取得価額」という。）を上回る場合には、修正後取得価額は上限取得価額とする。

(5) 取得価額の調整

(a) 以下に掲げる事由が発生した場合には、それぞれ以下のとおり取得価額を調整する。

① 普通株式につき株式の分割又は株式無償割当てをする場合、次の算式により取得価額を調整する。なお、株式無償割当ての場合には、次の算式における「分割前発行済普通株式数」は「無償割当て前発行済普通株式数（但し、その時点で本会社が保有する普通株式を除く。）」、「分割後発行済普通株式数」は「無償割当て後発行済普通株式数（但し、その時点で本会社が保有する普通株式を除く。）」とそれぞれ読み替える。

$$調整後取得価額 ＝ 調整前取得価額 \times \frac{分割前発行済普通株式数}{分割後発行済普通株式数}$$

調整後取得価額は、株式の分割に係る基準日の翌日又は株式無償割当ての効力が生ずる日（株式無償割当てに係る基準日を定めた場合は当該基準日の翌日）以降これを適用する。

② 普通株式につき株式の併合をする場合、次の算式により、取得価額を調整する。

$$調整後取得価額 = 調整前取得価額 \times \frac{併合前発行済普通株式数}{併合後発行済普通株式数}$$

調整後取得価額は、株式の併合の効力が生ずる日以降これを適用する。

③　下記(d)に定める普通株式１株当たりの時価を下回る払込金額をもって普通株式を発行又は本会社が保有する普通株式を処分する場合（株式無償割当ての場合、普通株式の交付と引換えに取得される株式若しくは新株予約権（新株予約権付社債に付されたものを含む。以下、本(5)において同じ。）の取得による場合、普通株式を目的とする新株予約権の行使による場合又は合併、株式交換若しくは会社分割により普通株式を交付する場合を除く。）、次の算式（以下、「取得価額調整式」という。）により取得価額を調整する。取得価額調整式における「１株当たり払込金額」は、金銭以外の財産を出資の目的とする場合には、当該財産の適正な評価額とする。調整後取得価額は、払込期日（払込期間を定めた場合には当該払込期間の最終日）の翌日以降、また株主への割当てに係る基準日を定めた場合は当該基準日（以下、「株主割当日」という。）の翌日以降これを適用する。なお、本会社が保有する普通株式を処分する場合には、次の算式における「新たに発行する普通株式の数」は「処分する本会社が保有する普通株式の数」、「本会社が保有する普通株式の数」は「処分前において本会社が保有する普通株式の数」とそれぞれ読み替える。

$$\frac{調整後}{取得価額} = \frac{調整前}{取得価額} \times \frac{(発行済普通株式数 - 本会社が保有する普通株式の数) + \dfrac{新たに発行する普通株式の数 \times 1株当たり払込金額}{普通株式1株当たりの時価}}{(発行済普通株式数 - 本会社が保有する普通株式の数) + 新たに発行する普通株式の数}$$

④　本会社に取得をさせることにより又は本会社に取得されることにより、下記(d)に定める普通株式１株当たりの時価を下回る普通株式１株当たりの取得価額をもって普通株式の交付を受けることができる株式を発行又は処分する場合（株式無償割当ての場合を含む。）、かかる株式の払込期日（払込期間を定めた場合には当該払込期間の最終日。以下、本④において同じ。）に、株式無償割当ての場合にはその効力が生ずる日（株式無償割当てに係る基準日を定めた場合は当該基準日。以下、本④において同じ。）に、また株主割当日がある場合はその日に、発行又は処分される株式の全てが当初の条件で取得され普通株式が交付されたものとみなし、取得価額調整式において「１株当たり払込金額」としてかかる価額を使用して計算される額を、調整後取得価額とする。調整後取得価額は、払込期日の翌日以降、株式無償割当ての場合には

その効力が生ずる日の翌日以降、また株主割当日がある場合にはその日の翌日以降、これを適用する。上記にかかわらず、取得に際して交付される普通株式の対価が上記の時点で確定していない場合は、調整後取得価額は、当該対価の確定時点において発行又は処分される株式の全てが当該対価の確定時点の条件で取得され普通株式が交付されたものとみなして算出するものとし、当該対価が確定した日の翌日以降これを適用する。

⑤　行使することにより又は本会社に取得されることにより、普通株式1株当たりの新株予約権の払込価額と新株予約権の行使に際して出資される財産（金銭以外の財産を出資の目的とする場合には、当該財産の適正な評価額とする。以下、本⑤において同じ。）の合計額が下記(d)に定める普通株式1株当たりの時価を下回る価額をもって普通株式の交付を受けることができる新株予約権を発行する場合（新株予約権無償割当ての場合を含む。）、かかる新株予約権の割当日に、新株予約権無償割当ての場合にはその効力が生ずる日（新株予約権無償割当てに係る基準日を定めた場合は当該基準日。以下、本⑤において同じ。）に、また株主割当日がある場合はその日に、発行される新株予約権全てが当初の条件で行使され又は取得されて普通株式が交付されたものとみなし、取得価額調整式において「1株当たり払込金額」として普通株式1株当たりの新株予約権の払込価額と新株予約権の行使に際して出資される財産の普通株式1株当たりの価額の合計額を使用して計算される額を、調整後取得価額とする。調整後取得価額は、かかる新株予約権の割当日の翌日以降、新株予約権無償割当ての場合にはその効力が生ずる日の翌日以降、また株主割当日がある場合にはその翌日以降、これを適用する。上記にかかわらず、取得又は行使に際して交付される普通株式の対価が上記の時点で確定していない場合は、調整後取得価額は、当該対価の確定時点において発行される新株予約権全てが当該対価の確定時点の条件で行使され又は取得されて普通株式が交付されたものとみなして算出するものとし、当該対価が確定した日の翌日以降これを適用する。但し、本⑤による取得価額の調整は、本会社又は本会社の子会社の取締役、監査役又は従業員に対してストック・オプション目的で発行される普通株式を目的とする新株予約権には適用されないものとする。

(b)　上記(a)に掲げた事由によるほか、下記①乃至③のいずれかに該当する場合には、本会社はA種種類株主等に対して、あらかじめ書面によりその旨並びにその事由、調整後取得価額、適用の日及びその他必要な事項を通知したうえ、取得価額の調整を適切に行うものとする。

①　合併、株式交換、株式交換による他の株式会社の発行済株式の全部

の取得、株式移転、吸収分割、吸収分割による他の会社がその事業に関して有する権利義務の全部若しくは一部の承継又は新設分割のために取得価額の調整を必要とするとき。

② 取得価額を調整すべき事由が2つ以上相接して発生し、一方の事由に基づく調整後の取得価額の算出に当たり使用すべき時価につき、他方の事由による影響を考慮する必要があるとき。

③ その他、発行済普通株式数（但し、本会社が保有する普通株式の数を除く。）の変更又は変更の可能性を生ずる事由の発生によって取得価額の調整を必要とするとき。

(c) 取得価額の調整に際して計算が必要な場合は、円位未満小数第2位まで算出し、その小数第2位を四捨五入する。

(d) 取得価額調整式に使用する普通株式1株当たりの時価は、調整後取得価額を適用する日に先立つ連続する30取引日の東京証券取引所が発表する本会社の普通株式の普通取引のVWAPの平均値とする。

(e) 取得価額の調整に際し計算を行った結果、調整後取得価額と調整前取得価額との差額が0.1円未満にとどまるときは、取得価額の調整はこれを行わない。但し、本(e)により不要とされた調整は繰り越されて、その後の調整の計算において斟酌される。

(6) 上限取得価額、下限取得価額及び当初下限取得価額の調整

上記(5)の規定により取得価額の調整を行う場合には、上限取得価額、下限取得価額及び当初下限取得価額についても、「取得価額」を「上限取得価額」、「下限取得価額」又は「当初下限取得価額」に読み替えた上で上記(5)の規定を準用して同様の調整を行う。

(7) 普通株式対価取得請求受付場所

株主名簿管理人事務取扱場所　東京都中央区八重洲一丁目2番1号
みずほ信託銀行株式会社　本店証券代行部

(8) 普通株式対価取得請求の効力発生

普通株式対価取得請求の効力は、普通株式対価取得請求に要する書類が上記(7)に記載する普通株式対価取得請求受付場所に到達したとき又は当該書類に記載された効力発生希望日のいずれか遅い時点に発生する。

(9) 普通株式の交付方法

本会社は、普通株式対価取得請求の効力発生後、当該普通株式対価取得請求をしたA種種類株主に対して、当該A種種類株主が指定する株式会社証券保管振替機構又は口座管理機関における振替口座簿の保有欄に振替株式の増加の記録を行うことにより普通株式を交付する。

12. 金銭を対価とする取得請求権

(1) 金銭対価取得請求権

A種種類株主は、平成33年7月1日以降、(a)償還請求日（以下に定義する。）における分配可能額（会社法第461条第2項に定める分配可能額をいう。）から、(b)償還請求日において発行済の全てのB種種類株式（本会社が有するものを除く。）の数にB種残余財産分配額（B種種類株式発行要項9.(1)に定義される。）を乗じた額を控除した額（以下、「償還請求可能額」という。）が正の値であるときに限り、毎月1日（当該日が取引日でない場合には翌取引日とする。）を償還請求が効力を生じる日（以下、「償還請求日」という。）として、償還請求日の60取引日前までに本会社に対して書面による通知（撤回不能とする。以下、「償還請求事前通知」という。）を行った上で、本会社に対して、金銭の交付と引換えに、その有するA種種類株式の全部又は一部を取得することを請求すること（以下、「償還請求」という。）ができるものとし、本会社は、当該償還請求に係るA種種類株式を取得するのと引換えに、法令の許容する範囲内において、当該償還請求に係るA種種類株式の数に、(i)A種種類株式1株当たりの払込金額相当額に110%を乗じて得られる額並びに(ii)A種累積未払配当金相当額及び日割未払優先配当金額の合計額を乗じて得られる額の金銭を、A種種類株主に対して交付するものとする。なお、本(1)においては、A種累積未払配当金相当額の計算及び日割未払優先配当金額の計算における「残余財産の分配が行われる日」及び「分配日」をそれぞれ「償還請求日」と読み替えて、A種累積未払配当金相当額及び日割未払優先配当金額を計算する。但し、償還請求日において償還請求がなされたA種種類株式の取得と引換えに交付することとなる金銭の額が、償還請求日における償還請求可能額を超える場合には、償還請求がなされたA種種類株式の数に応じた比例按分の方法により、かかる金銭の額が償還請求可能額を超えない範囲内においてのみ本会社はA種種類株式を取得するものとし、かかる方法に従い取得されなかったA種種類株式については、償還請求がなされなかったものとみなす。

(2) 償還請求受付場所

株主名簿管理人事務取扱場所　東京都中央区八重洲一丁目2番1号
みずほ信託銀行株式会社　本店証券代行部

(3) 償還請求の効力発生

償還請求事前通知の効力は、償還請求事前通知に要する書類が上記(2)に記載する償還請求受付場所に到達したときに発生する。償還請求の効力は、当該償還請求事前通知に係る償還請求日において発生する。

13. 金銭を対価とする取得条項

本会社は、平成28年7月1日以降、金銭対価償還日（以下に定義される。）

の開始時において、Ｂ種種類株式の発行済株式（本会社が有するものは除く。）が存しないときに限り、本会社の取締役会が別に定める日（以下、「金銭対価償還日」という。）が到来することをもって、Ａ種種類株主等に対して、金銭対価償還日の60取引日前までに書面による通知（撤回不能とする。）を行った上で、法令の許容する範囲内において、金銭を対価として、Ａ種種類株式の全部を取得することができる（以下、「金銭対価償還」という。）ものとし、本会社は、当該金銭対価償還に係るＡ種種類株式を取得するのと引換えに、当該金銭対価償還に係るＡ種種類株式の数に、(i)Ａ種種類株式１株当たりの払込金額相当額に110％を乗じて得られる額並びに(ii)Ａ種累積未払配当金相当額及び日割未払優先配当金額の合計額を乗じて得られる額の金銭を、Ａ種種類株主に対して交付するものとする。なお、本13. においては、Ａ種累積未払配当金相当額の計算及び日割未払優先配当金額の計算における「残余財産の分配が行われる日」及び「分配日」をそれぞれ「金銭対価償還日」と読み替えて、Ａ種累積未払配当金相当額及び日割未払優先配当金額を計算する。また、金銭対価償還に係るＡ種種類株式の取得と引換えに交付する金銭に１円に満たない端数があるときは、これを切り捨てるものとする。

14. 譲渡制限

　　Ａ種種類株式を譲渡により取得するには、本会社の取締役会の承認を受けなければならない。

15. 自己株式の取得に際しての売主追加請求権の排除

　　本会社が株主総会の決議によってＡ種種類株主との合意により当該Ａ種種類株主の有するＡ種種類株式の全部又は一部を取得する旨を決定する場合には、会社法第160条第２項及び第３項の規定を適用しないものとする。

16. 株式の併合又は分割、募集株式の割当て等
(1)　本会社は、Ａ種種類株式について株式の分割又は併合を行わない。
(2)　本会社は、Ａ種種類株主には、募集株式の割当てを受ける権利又は募集新株予約権の割当てを受ける権利を与えない。
(3)　本会社は、Ａ種種類株主には、株式無償割当て又は新株予約権無償割当てを行わない。

17. 優先順位
(1)　Ａ種優先配当金、Ａ種累積未払配当金相当額、Ｂ種優先配当金（Ｂ種種類株式発行要項８.(1)に定義される。）、Ｂ種累積未払配当金相当額（Ｂ種種類株式発行要項８.(4)に定義される。）及び普通株式を有する株主又は普

通株式の登録株式質権者（以下、「普通株主等」と総称する。）に対する剰余金の配当の支払順位は、B種累積未払配当金相当額が第1順位、B種優先配当金が第2順位、A種累積未払配当金相当額が第3順位、A種優先配当金が第4順位、普通株主等に対する剰余金の配当が第5順位とする。

(2)　A種種類株式、B種種類株式及び普通株式に係る残余財産の分配の支払順位は、B種種類株式に係る残余財産の分配を第1順位、A種種類株式に係る残余財産の分配を第2順位、普通株式に係る残余財産の分配を第3順位とする。

(3)　本会社が剰余金の配当又は残余財産の分配を行う額が、ある順位の剰余金の配当又は残余財産の分配を行うために必要な総額に満たない場合は、当該順位の剰余金の配当又は残余財産の分配を行うために必要な金額に応じた比例按分の方法により剰余金の配当又は残余財産の分配を行う。

以　上

Ｋ種類株式発行要綱

1　株式の名称
　　株式会社文教堂グループホールディングス　Ｋ種類株式

2　募集株式の数
　　466株

3　募集株式の払込金額
　　１株につき10,000,000円

4　増加する資本金及び資本準備金
　　資本金　　　　2,330,000,000円（１株につき5,000,000円）
　　資本準備金　2,330,000,000円（１株につき5,000,000円）

5　払込金額の総額
　　4,660,000,000円

6　払込期間
　　2019年12月２日から同年12月27日まで

7　発行方法
　　第三者割当の方法により、下表のとおり割り当てる。

みずほ銀行	138株
三井住友銀行	100株
横浜銀行	97株
三井住友信託銀行	39株
商工組合中央金庫	27株
静岡銀行	15株
日販	50株
合計	466株

8　株式の内容
　　以下のとおり

　1　剰余金の配当

(1) 優先配当金

　剰余金の配当を行うときは、当該配当の基準日（以下「配当基準日」という。）の最終の株主名簿に記載又は記録された種類株式（AないしK種類株式を指し、以下総称して「種類株式」という。）を有する株主（以下「種類株主」という。）又は種類株式の登録株式質権者（以下「種類登録株式質権者」という。）に対し、普通株式を有する株主（以下「普通株主」という。）又は普通株式の登録株式質権者（以下「普通登録株式質権者」という。）に先立ち、種類株式1株につき、種類株式1株の払込金額相当額（AないしJ種類株式については348,000円を、K種類株式については10,000,000円をいう。以下同じ。）に、年率0.1%を乗じて算出される金額(以下「優先配当金」という。）を支払う。ただし、すでに当該事業年度に属する日を基準日とする優先配当をしたときは、その額を控除した額とする。なお、円位未満は切り捨てる。

(2) 累積条項

　2019年9月1日以降に開始する事業年度において種類株主又は種類登録株式質権者に対し、優先配当金の一部又は全部が支払われないときは、その不足額を翌事業年度以降に累積し、累積した不足額（以下「累積未払配当金」という。）については、普通株主又は普通登録株式質権者及び種類株主又は種類登録株式質権者に対する剰余金の配当に先立ち、種類株主又は種類登録株式質権者に支払う。

(3) 非参加条項

　種類株主又は種類登録株式質権者に対しては、(1)を超えて配当は行わない。

2　残余財産の分配

(1) 残余財産の分配

　残余財産の分配をするときは、種類株主又は種類登録株式質権者に対し、種類株式1株につき、払込金額相当額に、累積未払配当金相当額及び優先配当金の額を分配日の属する事業年度の初日（同日含む。）から分配日（同日含む。）までの日数で日割り計算した額を加算した額を支払う。ただし、残余財産の分配が行われる日が配当基準日の翌日（同日含む。）から当該配当基準日を基準日とした剰余金の配当が行われる時点までの間である場合は、当該配当基準日を基準日とする剰余金の配当は行われないものとみなして累積未払配当金相当額を計算する。

(2) 非参加条項

　種類株主又は種類登録株式質権者に対しては、(1)のほか、残余財産の分配は行わない。

3 議決権

種類株主は、株主総会における議決権を有しない。

4 株式の譲渡制限

種類株式を譲渡するには、当会社の取締役会の承認を受けなければならない。

5 普通株式を対価とする取得請求権

(1) 普通株式対価取得請求権

種類株主は、2020年7月1日以降いつでも、当会社に対して、種類株式の全部又は一部を取得することを請求することができるものとし、当会社は、種類株主が取得の請求をした種類株式を取得するのと引換えに、種類株主が取得の請求をした種類株式の払込金額相当額の総額を、取得価額で除して得られる数の普通株式を交付する。なお、端数は切り捨てるものとし、会社法第167条第3項に定める金銭の交付は行わない。

(2) 当初取得価額

取得価額は、当初128円とする。

(3) 取得価額の調整

(a) 以下に掲げる事由が発生した場合には、それぞれ以下のとおり取得価額を調整する。なお、円位未満は切り捨てる。

① 普通株式につき株式の分割又は株式無償割当てをする場合、次の算式により取得価額を調整する。なお、株式無償割当ての場合には、次の算式における「分割前発行済普通株式数」は「無償割当て前発行済普通株式数(但し、その時点で当会社が保有する普通株式を除く。)」、「分割後発行済普通株式数」は「無償割当て後発行済普通株式数(ただし、その時点で当会社が保有する普通株式を除く。)」とそれぞれ読み替える。

$$\text{調整後取得価額} = \text{調整前取得価額} \times \frac{\text{分割前発行済普通株式数}}{\text{分割後発行済普通株式数}}$$

② 普通株式につき株式の併合をする場合、株式の併合の効力が生ずる日をもって次の算式により、取得価額を調整する。

$$\text{調整後取得価額} = \text{調整前取得価額} \times \frac{\text{併合前発行済普通株式数}}{\text{併合後発行済普通株式数}}$$

③ 下記(c)に定める普通株式1株あたりの時価を下回る払込金額をもって普通株式を発行又は当会社が保有する普通株式を処分する場合(株式無償割当ての場合、普通株式の交付と引換えに取得される株式もしくは新株予約権(新株予約権付社債に付されたものを含む。)の取得による場合、普通株式を目的とする新株予約権の行使による

場合、又は合併、株式交換もしくは会社分割により普通株式を交付する場合を除く。）、次の算式により取得価額を調整する。なお、当会社が保有する普通株式を処分する場合には、次の算式における「新たに発行する普通株式数」は「処分する当会社が保有する普通株式数」、「当会社が保有する普通株式数」は「処分前において当会社が保有する普通株式数」とそれぞれ読み替える。

$$
\begin{array}{l}
調整後 \\
取得価額
\end{array}
=
\begin{array}{l}
調整前 \\
取得価額
\end{array}
\times
\frac{
\begin{pmatrix} 発行済普通株式数 \\ -当会社が保有する \\ 普通株式数 \end{pmatrix}
+
\dfrac{新たに発行する普通株式数 \times 1株あたり払込金額}{普通株式1株あたりの時価}
}{
（発行済普通株式数－当会社が保有する普通株式数）+新たに発行する普通株式数
}
$$

(b) 上記(a)に掲げた事由によるほか、以下①ないし③のいずれかに該当する場合には、当会社は種類株主又は種類登録株式質権者に対して、あらかじめ書面によりその旨ならびにその事由、調整後取得価額、適用の日及びその他必要な事項を通知したうえ、取得価額の調整を適切に行う。

① 合併、株式交換による他の株式会社の発行済株式の全部の取得、株式移転、吸収分割による他の会社がその事業に関して有する権利義務の全部もしくは一部の承継又は新設分割のために取得価額の調整を必要とするとき

② 取得価額を調整すべき事由が2つ以上相接して発生し、一方の事由に基づく調整後の取得価額の算出にあたり、他方の事由による影響を考慮する必要があるとき

③ その他、発行済普通株式数（ただし、当会社が保有する普通株式の数を除く。）の変更又は変更の可能性を生ずる事由の発生によって取得価額の調整を必要とするとき

(c) 取得価額の調整に際して使用する普通株式1株あたりの時価は、調整後取得価額を適用する日に先立つ連続する30取引日の東京証券取引所が発表するVWAPの平均値とする。

6 金銭を対価とする取得請求権

(1) 金銭対価取得請求

　種類株主は、2030年以降毎年1月15日（ただし、該当日が休日である場合には翌営業日）に、当会社に対して、種類株式の全部又は一部を取得することを請求すること（以下「金銭対価取得請求」という。）ができるものとし、当会社は、種類株主が取得の請求をした種類株式1株につき、払込金額相当額に、累積未払配当金相当額及び優先配当金の額を金銭対価取得請求がなされた日（以下「金銭対価取得請求日」という。）の

属する事業年度の初日（同日含む。）から金銭対価取得請求日（同日含む。）までの日数で日割り計算した額を加算した額の金銭の交付と引換えに、取得することができる。ただし、金銭対価取得請求日が配当基準日の翌日（同日含む。）から当該配当基準日を基準日とした剰余金の配当が行われる時点までの間である場合は、当該配当基準日を基準日とする剰余金の配当は行われないものとみなして累積未払配当金相当額を計算する。なお、円位未満は切り捨てる。

(2) 分配可能額が不足する場合の按分取得

　　金銭対価取得請求がなされた日における分配可能額が不足する場合には、取得すべき種類株式は、金銭対価取得請求がなされた種類株式の払込金額相当額の総額（種類株式ごとの発行済株式総数に払込金額相当額を乗じて得られる額をいう。以下同じ。）に応じて、按分比例の方法による。

7　金銭を対価とする取得条項

(1) 金銭対価取得条項

　　当会社は、2029年9月1日以降いつでも、取締役会の決議で定める取得日（以下「金銭対価取得日」という。）をもって、種類株主及び種類登録株式質権者の意思にかかわらず、種類株式の全部又は一部を、種類株式1株につき、払込金額相当額に、累積未払配当金相当額及び優先配当金の額を取得日の属する事業年度の初日（同日含む。）から金銭対価取得日（同日含む。）までの日数で日割り計算した額（円位未満は切り捨てる。）を加算した額の金銭の交付と引換えに、取得することができる。ただし、金銭対価取得日が配当基準日の翌日（同日含む。）から当該配当基準日を基準日とした剰余金の配当が行われる時点までの間である場合は、当該配当基準日を基準日とする剰余金の配当は行われないものとみなして累積未払配当金相当額を計算する。

(2) 取得する株式の決定方法等

　　本項に基づき種類株式の全部又は一部を取得するときは、当会社は、AないしK種類株式のすべて種類の種類株式（当該種類の種類株式の発行済株式数から自己株式数を控除した数がゼロとなる種類の種類株式を除く。）を取得するものとする。ただし、ある種類の種類株式を有する種類株主の全員の同意を得た場合は、当会社は、当該種類の種類株式を取得しないことができる。

(3) 一部取得の場合の取得する株式の決定方法等

　　種類株式の一部を取得するときは、取得する株式の決定方法は、各種の種類株主が保有する種類株式の払込金額相当額の総額に応じて、按分比例の方法による。

8　株式の併合又は分割、募集株式の割当を受ける権利等

(1)　当会社は、種類株式について株式の併合又は分割を行わない。

(2)　当会社は、種類株主に対して、株式の無償割当又は新株予約権の無償割当は行わない。

(3)　当会社は、種類株主に対して、募集株式の割当を受ける権利又は募集新株予約権の割当を受ける権利を与えない。

9　優先順位

(1)　各種の種類株式の優先配当金、各種の種類株式の累積未払配当金相当額及び普通株主又は普通登録株式質権者に対する剰余金の配当の支払順位は、各種の種類株式の累積未払配当金相当額が第1順位（それらの間では同順位）、各種の種類株式の優先配当金が第2順位（それらの間では同順位）、普通株主又は普通登録株式質権者に対する剰余金の配当が第3順位とする。

(2)　各種の種類株式及び普通株式に係る残余財産の分配の支払順位は、各種の種類株式に係る残余財産の分配を第1順位（それらの間では同順位）、普通株式に係る残余財産の分配を第2順位とする。

(3)　剰余金の配当又は残余財産の分配を行う額が、ある順位の剰余金の配当又は残余財産の分配を行うために必要な総額に満たない場合は、当該順位の剰余金の配当又は残余財産の分配を行うために必要な金額に応じた按分比例の方法により剰余金の配当又は残余財産の分配を行う。

A種優先株式発行要項

1. 募集株式の種類
   児玉化学工業株式会社A種優先株式（以下「A種優先株式」という。）

2. 募集株式の数
   7,812,500株

3. 募集株式の払込金額
   1株につき256円

4. 募集株式の払込金額の総額
   2,000,000,000円

5. 増加する資本金及び資本準備金
   資本金　　　　　1,000,000,000円（1株につき128円）
   資本準備金　　　1,000,000,000円（1株につき128円）

6. 申込期日
   2020年6月30日

7. 払込期日
   2020年6月30日

8. 発行方法
   第三者割当の方法により、全てのA種優先株式をエンデバー・ユナイテッ
   ド2号投資事業有限責任組合に割り当てる。

9. 剰余金の配当
   (1) 優先分配金
   　　当会社は、剰余金の配当を行うときは、当該剰余金の配当に係る基準日（以
   下「配当基準日」という。）の最終の株主名簿に記載又は記録されたA種優
   先株式を有する株主（以下「A種優先株主」という。）又はA種優先株式の
   登録株式質権者（以下「A種優先登録株式質権者」という。）に対して、配
   当基準日の最終の株主名簿に記載又は記録された普通株式を有する株主（以
   下「普通株主」という。）及び普通株式の登録株式質権者（以下「普通登録
   株式質権者」という。）に先立ち、A種優先株式1株につき第2号に定める

額の金銭による剰余金の配当（かかる配当により支払われる金銭を、以下「A種優先配当金」という。）を行う。

(2) 優先配当金の額

A種優先株式1株当たりのA種優先配当金の額は、以下の算式に従い算出される金額について、配当基準日の属する事業年度の初日（但し、配当基準日が2021年3月末日に終了する事業年度に属する場合は、払込期日）（同日を含む。）から配当基準日（同日を含む。）までの期間の実日数につき、1年を365日（但し、当該事業年度に閏日を含む場合は366日）として日割計算により算出される金額とする。但し、配当基準日の属する事業年度中の、配当基準日より前の日を基準日としてA種優先株主又はA種優先登録株式質権者に対し剰余金を配当したときは、A種優先株式1株当たりのA種優先配当金の額は、その各配当におけるA種優先株式1株当たりのA種優先配当金の合計額を控除した金額とする（A種優先配当金は、円位未満小数第2位まで算出し、その小数第2位を四捨五入する。）。

〈算式〉

A種優先配当金 ＝ 256円 × 2.0%

(3) 累積条項

当会社は、ある事業年度においてA種優先株主又はA種優先登録株式質権者に対して行う1株当たりの剰余金の配当の総額が、当該事業年度の末日のみを基準日とした場合のA種優先配当金の額に達しないときは、その不足額は翌事業年度以降に累積し、累積した不足額（以下「A種累積未払配当金」という。）については、当該翌事業年度以降、A種優先配当金並びに普通株主及び普通登録株式質権者に対する剰余金の配当に先立ち、A種優先株主又はA種優先登録株式質権者に対して配当する。

(4) 非参加条項

A種優先株主又はA種優先登録株式質権者に対して、A種優先配当金を超えて剰余金の配当を行わない。

10. 残余財産の分配

(1) 優先分配金

当会社は、残余財産を分配するときは、A種優先株主又はA種優先登録株式質権者に対して、普通株主及び普通登録株式質権者に先立ち、A種優先株式1株当たり、256円にA種累積未払配当金相当額及びA種経過未払配当金相当額を加えた金額を金銭により分配する。

「A種経過未払配当金相当額」は、残余財産分配日を剰余金の配当の基準日と仮定し、残余財産分配日の属する事業年度の初日（但し、残余財産分配日が2021年3月末日に終了する事業年度に属する場合は、払込期日）（同日を含む。）から残余財産分配日（同日を含む。）までの日数を第9項第2

号の算式に適用して得られる優先配当金の額とする。

(2) 非参加条項

　　A種優先株主又はA種優先登録株式質権者に対して、前号に係るものを超えて、残余財産の分配を行わない。

11. 議　決　権

　　A種優先株主は、株主総会において議決権を有しない。

12. 普通株式を対価とする取得請求権（転換権）

(1) 転換権の内容

　　A種優先株主は、2020年6月30日以降いつでも、当会社に対し、第4号に定める数の普通株式の交付と引換えに、その保有するA種優先株式の全部又は一部を取得することを請求すること（以下「転換請求」という。）ができるものとし、当会社は、当転換請求に係るA種優先株式を取得するのと引換えに、法令上可能な範囲で、第4号に定める数の普通株式を交付するものとする。なお、第6号に従い、転換請求の効力が発生する日を、以下「転換請求権効力発生日」という。(注)

(注)　スポンサー契約の規定により、割当予定先は、A種優先株式の割当日から2021年3月31日までの間、普通株式を対価とする取得請求権の行使を行うことができないものとされています。但し、当該期間中であっても、当社が以下のいずれかに該当する場合はこの限りではないとされています。なお、A種優先株式の内容とスポンサー契約の規定で、転換請求を行うことができる時期に差異が設けられているのは、登記上の理由によるものです。

① スポンサー契約又はこれに付随する株式引受契約等に定める表明及び保証又は義務に重大な違反がある場合

② 本対象債権者に対する金融債務に係る最終契約に債務不履行事由等が発生した場合

③ 金融商品取引法に基づく有価証券報告書又は四半期報告書その他の開示書類の提出、届出又は開示をしない場合

(2) 当初転換価額

　　当初転換価額は、256円とする。

(3) 転換価額の調整

(a) 以下に掲げる事由が発生した場合には、それぞれ以下のとおり転換価額を調整する。

① 普通株式につき株式の分割又は株式無償割当てをする場合、次の算式により転換価額を調整する。なお、株式無償割当ての場合には、次の算式における「分割前発行済普通株式数」は「無償割当て前発行済普通株式数（但し、その時点で当会社が保有する普通株式を除く。）」、「分割後発行済普通株式数」は「無償割当て後発行済普通株式数（但し、

その時点で当会社が保有する普通株式を除く。)」とそれぞれ読み替える。

$$\text{調整後転換価額} = \text{調整前転換価額} \times \frac{\text{分割前発行済普通株式数}}{\text{分割後発行済普通株式数}}$$

調整後転換価額は、株式の分割に係る基準日の翌日又は株式無償割当ての効力が生ずる日（株式無償割当てに係る基準日を定めた場合は当該基準日の翌日）以降これを適用する。

② 普通株式につき株式の併合をする場合、次の算式により転換価額を調整する。

$$\text{調整後転換価額} = \text{調整前転換価額} \times \frac{\text{併合前発行済普通株式数}}{\text{併合後発行済普通株式数}}$$

調整後転換価額は、株式の併合の効力が生ずる日以降これを適用する。

③ 下記(d)に定める普通株式1株当たりの時価を下回る払込金額をもって普通株式を発行又は当会社が保有する普通株式を処分する場合（株式無償割当ての場合、普通株式の交付と引換えに取得される株式若しくは新株予約権（新株予約権付社債に付されたものを含む。以下本号において同じ。）の取得による場合、普通株式を目的とする新株予約権の行使による場合又は合併、株式交換若しくは会社分割により普通株式を交付する場合を除く。)、次の算式（以下「転換価額調整式」という。）により転換価額を調整する。転換価額調整式における「1株当たりの払込金額」は、金銭以外の財産を出資の目的とする場合には、当該財産の適正な評価額とする。調整後転換価額は、払込期日（払込期間を定めた場合には当該払込期間の最終日）の翌日以降、また株主への割当てに係る基準日を定めた場合は当該基準日（以下「株主割当日」という。）の翌日以降これを適用する。なお、当会社が保有する普通株式を処分する場合には、次の算式における「新発行株式数」は「処分株式数」、「自己株式数」は「処分前自己株式数」とそれぞれ読み替える。

$$\text{調整後転換価額} = \text{調整前転換価額} \times \frac{(\text{既発行普通株式数} - \text{自己普通株式数}) + \dfrac{\text{新発行普通株式数} \times \text{1株当たりの払込金額}}{\text{時価}}}{(\text{既発行普通株式数} - \text{自己普通株式数}) + \text{新発行普通株式数}}$$

④ 当会社に取得をさせることにより又は当会社に取得されることにより、下記(d)に定める普通株式1株当たりの時価を下回る普通株式1株当たりの転換価額をもって普通株式の交付を受けることができる株式を発行又は処分する場合（株式無償割当ての場合を含む。)、かかる株式の払込期日（払込期間を定めた場合には当該払込期間の最終日。以

下本④において同じ。）に、株式無償割当ての場合にはその効力が生ずる日（株式無償割当てに係る基準日を定めた場合は当該基準日。以下本④において同じ。）に、また株主割当日がある場合はその日に、発行又は処分される株式の全てが当初の条件で取得され普通株式が交付されたものとみなし、転換価額調整式において「1株当たりの払込金額」としてかかる価額を使用して計算される額を、調整後転換価額とする。調整後転換価額は、払込期日の翌日以降、株式無償割当ての場合にはその効力が生ずる日の翌日以降、また株主割当日がある場合にはその日の翌日以降、これを適用する。上記にかかわらず、取得に際して交付される普通株式の対価が上記の時点で確定していない場合は、調整後転換価額は、当該対価の確定時点において発行又は処分される株式の全てが当該対価の確定時点の条件で取得され普通株式が交付されたものとみなして算出するものとし、当該対価が確定した日の翌日以降これを適用する。

⑤　行使することにより又は当会社に取得されることにより、普通株式1株当たりの新株予約権の払込価額と新株予約権の行使に際して出資される財産（金銭以外の財産を出資の目的とする場合には、当該財産の適正な評価額とする。以下本⑤において同じ。）の合計額が下記(d)に定める普通株式1株当たりの時価を下回る価額をもって普通株式の交付を受けることができる新株予約権を発行する場合（新株予約権無償割当ての場合を含む。）、かかる新株予約権の割当日に、新株予約権無償割当ての場合にはその効力が生ずる日（新株予約権無償割当てに係る基準日を定めた場合は当該基準日。以下本⑤において同じ。）に、また株主割当日がある場合はその日に、発行される新株予約権全てが当初の条件で行使され又は取得されて普通株式が交付されたものとみなし、転換価額調整式において「1株当たりの払込金額」として普通株式1株当たりの新株予約権の払込価額と新株予約権の行使に際して出資される財産の普通株式1株当たりの価額の合計額を使用して計算される額を、調整後転換価額とする。調整後転換価額は、かかる新株予約権の割当日の翌日以降、新株予約権無償割当ての場合にはその効力が生ずる日の翌日以降、また株主割当日がある場合にはその翌日以降、これを適用する。上記にかかわらず、取得又は行使に際して交付される普通株式の対価が上記の時点で確定していない場合は、調整後転換価額は、当該対価の確定時点において発行される新株予約権全てが当該対価の確定時点の条件で行使され又は取得されて普通株式が交付されたものとみなして算出するものとし、当該対価が確定した日の翌日以降これを適用する。

(b)　上記(a)に掲げた事由によるほか、下記①乃至③のいずれかに該当する

場合には、当会社はA種優先株主及びA種優先登録株式質権者に対して、あらかじめ書面によりその旨並びにその事由、調整後転換価額、適用の日及びその他必要な事項を通知したうえ、転換価額の調整を適切に行うものとする。

① 合併、株式交換、株式交換による他の株式会社の発行済株式の全部の取得、株式移転、吸収分割、吸収分割による他の会社がその事業に関して有する権利義務の全部若しくは一部の承継又は新設分割のために転換価額の調整を必要とするとき。

② 転換価額を調整すべき事由が2つ以上相接して発生し、一方の事由に基づく調整後の転換価額の算出に当たり使用すべき時価につき、他方の事由による影響を考慮する必要があるとき。

③ その他、発行済普通株式数（但し、当会社が保有する普通株式の数を除く。）の変更又は変更の可能性を生ずる事由の発生によって転換価額の調整を必要とするとき。

(c) 転換価額の調整に際して計算が必要な場合は、円位未満小数第2位まで算出し、その小数第2位を四捨五入する。

(d) 転換価額調整式に使用する普通株式1株当たりの時価は、調整後転換価額を適用する日に先立つ45取引日目に始まる連続する30取引日のVWAPの平均値とする。

(e) 転換価額の調整に際し計算を行った結果、調整後転換価額と調整前転換価額との差額が0.1円未満にとどまるときは、転換価額の調整はこれを行わない。但し、本(e)により不要とされた調整は繰り越されて、その後の調整の計算において斟酌される。

(4) 取得と引換えに交付すべき普通株式数

$$\text{取得と引換えに交付すべき普通株式数} = \frac{\text{転換請求に係るA種優先株式の数} \times 256\text{円}}{\text{転換価額}}$$

(5) 転換請求受付場所

　　三菱UFJ信託銀行株式会社　証券代行部

(6) 転換請求の効力発生

　　転換請求の効力は、転換請求に要する書類が前号に記載する転換請求受付場所に到達したとき又は当該書類に記載された効力発生希望日のいずれか遅い時点に発生する。

13. 現金対価の取得請求権（償還請求権）

(1) 償還請求権の内容

　　A種優先株主は、2020年6月30日以降、いつでも、当会社に対して金銭を対価として、その保有するA種優先株式の全部又は一部を取得すること

を請求（以下「償還請求」という。）することができる。この場合、当会社は、A種優先株式１株を取得するのと引換えに、当該償還請求の日（以下「償還請求日」という。）における会社法第461条第２項に定める分配可能額を限度として、法令上可能な範囲で、当該償還請求の効力が生じる日に、当該A種優先株主に対して、第２号に定める金額の金銭を交付する。なお、償還請求日における分配可能額を超えて償還請求が行われた場合、取得すべきA種優先株式は、償還請求が行われたA種優先株式の数に応じた比例按分の方法により決定する。(注)

(注)　スポンサー契約の規定により、割当予定先は、A種優先株式の割当日から2021年３月31日までの間、現金を対価とする取得請求権の行使を行うことができないものとされています。但し、当該期間中であっても、当社が以下のいずれかに該当する場合はこの限りではないとされています。なお、A種優先株式の内容とスポンサー契約の規定で、償還請求を行うことができる時期に差異が設けられているのは、登記上の理由によるものです。
　　①　スポンサー契約又はこれに付随する株式引受契約等に定める表明及び保証又は義務に重大な違反がある場合
　　②　本対象債権者に対する金融債務に係る最終契約に債務不履行事由等が発生した場合
　　③　金融商品取引法に基づく有価証券報告書又は四半期報告書その他の開示書類の提出、届出又は開示をしない場合

⑵　償還価額
　　A種優先株式１株当たりの償還価額は、256円にA種累積未払配当金相当額及びA種経過未払配当金相当額を加えた額とする。なお、本号においては、第10項第１号に定めるA種経過未払配当金相当額の計算における「残余財産分配日」を「償還請求日」と読み替えて、A種経過未払配当金相当額を計算する。

⑶　償還請求受付場所
　　三菱UFJ信託銀行株式会社　証券代行部

⑷　償還請求の効力発生
　　償還請求の効力は、償還請求に要する書類が前号に記載する償還請求受付場所に到達したとき又は当該書類に記載された効力発生希望日のいずれか遅い時点に発生する。

14．現金対価の取得条項（強制償還条項）

⑴　強制償還の内容
　　当会社は、2021年４月１日以降、当会社の取締役会が別途定める日（以下「強制償還日」という。）の到来をもって、A種優先株主又はA種優先登録株式質権者の意思にかかわらず、A種優先株主又はA種優先登録株式質権者に対して強制償還日から２週間以上前までに通知を行った上で、当会

社がＡ種優先株式の全部又は一部を取得するのと引換えに、Ａ種優先株式の強制償還日における会社法第461条第２項に定める分配可能額を限度として、Ａ種優先株主又はＡ種優先登録株式質権者に対して第２号に定める金額の金銭を交付することができる。なお、Ａ種優先株式の一部を取得するときは、取得するＡ種優先株式は、取得の対象となるＡ種優先株式の数に応じた比例按分の方法により決定する。

(2) 強制償還価額

A種優先株式１株当たりの強制償還価額は、256円にＡ種累積未払配当金相当額及びＡ種経過未払配当金相当額を加えた額とする。なお、本号においては、第10項第１号に定める Ａ種経過未払配当金相当額の計算における「残余財産分配日」を「強制償還日」と読み替えて、Ａ種経過未払配当金相当額を計算する。

15. 譲渡制限

Ａ種優先株式を譲渡により取得するには、当会社の取締役会の承認を受けなければならない。

16. 株式の併合又は分割及び株式無償割当て

法令に別段の定めがある場合を除き、Ａ種優先株式について株式の併合又は分割は行わない。Ａ種優先株主には、募集株式又は募集新株予約権の割当てを受ける権利を与えず、株式又は新株予約権の無償割当てを行わない。

17. 出資の目的となる財産の内容及び価額

金銭以外の財産を出資の目的とすることとし、現物出資財産の内容及び価額は以下のとおりとする。

当該財産の表示：2020年３月６日時点で本対象債権者が当会社に対して有する貸付金債権のうち、事業再生計画の内容及び本契約の規定に基づき、本対象債権者から割当予定先に譲渡される当会社に対する貸付金債権（元本総額23億円）のうち20億円に相当する元本債権

当該財産の価額：20億円

■資料9■　コスモスイニシアの第１種優先株式発行要項

第１種優先株式発行要項

1．種類株式の名称
　　株式会社コスモスイニシア第１種優先株式
　　（以下「第１種優先株式」という。）

2．募集株式の種類および数
　　第１種優先株式　30,500,000株

3．募集株式の払込金額
　　募集株式１株につき1,000円

4．募集株式の払込金額の総額
　　305億円

5．出資の目的とする財産の内容および価額
　　出資の目的とする財産の内容および価額については、臨時株主総会決議
　後開催される取締役会において決議する。

6．給付期日
　　2009年10月30日

7．増加する資本金および資本準備金
　　資本金　　　　　152億5,000万円（１株につき500円）
　　資本準備金　　　152億5,000万円（１株につき500円）

8．発行方法
　　第三者割当の方法により、下記の者に以下のとおり割り当てる。
　　株式会社三菱東京UFJ銀行　　　　　5,100,000株
　　株式会社みずほコーポレート銀行　　4,300,000株
　　株式会社三井住友銀行　　　　　　　2,600,000株
　　三菱UFJ信託銀行株式会社　　　　　2,400,000株
　　三菱UFJリース株式会社　　　　　　2,400,000株
　　住友信託銀行株式会社　　　　　　　2,300,000株
　　中央三井信託銀行株式会社　　　　　2,100,000株
　　株式会社あおぞら銀行　　　　　　　2,100,000株
　　株式会社横浜銀行　　　　　　　　　1,900,000株

みずほ信託銀行株式会社	1,600,000株
株式会社りそな銀行	1,400,000株
株式会社関西アーバン銀行	1,300,000株
信金中央金庫	1,000,000株

9．剰余金の配当

(1)　第1種優先配当金

　　当社は、期末配当金の支払いを行うときは、第1種優先株式を有する株主（以下「第1種優先株主」という。）または第1種優先株式の登録株式質権者（以下「第1種優先登録株式質権者」という。）に対し、普通株式を有する株主（以下「普通株主」という。）および普通株式の登録株式質権者（以下「普通登録株式質権者」という。）に先立ち、かつ第17項第1号の定める支払順位に従い、第1種優先株式1株につき下記(2)に定める額の金銭（以下「第1種優先配当金」という。）を支払う。但し、当該期末配当金にかかる基準日の属する事業年度中の日を基準日として下記(3)に定める第1種優先中間配当金を支払ったときは、当該第1種優先中間配当金を控除した額とする。

(2)　第1種優先配当金の額

　　第1種優先配当金の額は、1,000円に、それぞれの事業年度毎に下記算式により算定される年率（以下「第1種優先配当年率」という。）を乗じて算出した額（但し、2010年3月31日に終了する事業年度においては、2009年10月31日以降当該事業年度の末日（同日を含む。）までの日数を365で除して得られる数を当該額に乗じて得られる金額）とする。但し、円位未満小数第2位まで算出し、その小数第2位を四捨五入する。

記

　　　第1種優先配当年率＝日本円TIBOR（6ヶ月物）＋1.50%

　「日本円TIBOR（6ヶ月物）」とは、各事業年度の初日（当日が銀行休業日の場合は前営業日）（以下「第1種優先配当年率決定基準日」という。）の午前11時における日本円6ヶ月物トーキョー・インターバンク・オファード・レートとして全国銀行協会によって公表される数値を指すものとし、第1種優先配当年率決定基準日に日本円6ヶ月物トーキョー・インターバンク・オファード・レートが公表されない場合、これに代えて同日（当日がロンドンにおける銀行休業日の場合は前営業日）ロンドン時間午前11時におけるユーロ円6ヶ月物ロンドン・インターバンク・オファード・レートとして英国銀行協会（BBA）によって公表される数値またはこれに準ずるものと認められる数値とする。

(3)　第1種優先中間配当金

　　当社は、中間配当金の支払いを行うときは、第1種優先株主または第1

種優先登録株式質権者に対し、普通株主および普通登録株式質権者に先立ち、かつ第17項第1号の定める支払順位に従い、上記(2)に定める額の2分の1を限度として、取締役会の決議で定める額の金銭（以下「第1種優先中間配当金」という。）を支払うものとする。

(4) 累積条項

第1種優先株主または第1種優先登録株式質権者に対して支払う第1種優先株式1株当たりの剰余金の配当の額が第1種優先配当金の額に達しないときは、その第1種優先株式1株当たりの不足額（以下「第1種累積未払配当金」という。）は翌事業年度以降に累積する。第1種累積未払配当金については、普通株主および普通登録株式質権者に先立ち、かつ第17項第1号の定める支払順位に従い、第1種優先株式1株につき第1種累積未払配当金の額に達するまで、第1種優先株主または第1種優先登録株式質権者に対して金銭にて支払う。

(5) 非参加条項

第1種優先株主また第1種優先登録株式質権者に対しては、第1種優先配当金および第1種累積未払配当金を超えて剰余金の配当は行わない。

10. 残余財産の分配

(1) 残余財産の分配

当社の残余財産の分配をするときは、全ての種類の株主に対する残余財産の分配に先立ち、第1種優先株式1株につき、(i)1,000円、(ii)第1種累積未払配当金および(iii)第1種未払経過利息の合計額を支払う。

「第1種未払経過利息」とは、残余財産の分配日の属する事業年度における第1種優先配当金の額に、残余財産の分配日の属する事業年度の初日（同日を含む。）から残余財産の分配日（同日を含む。）までの日数を365で除して得られる数を乗じて得られる金額（円位未満小数第2位まで算出し、その小数第2位を四捨五入する。）をいう。但し、当該残余財産の分配日の属する事業年度中の日を基準日として第1種優先中間配当金を支払ったときは、その額を控除した額とする。

(2) 非参加条項

第1種優先株主または第1種優先登録株式質権者に対しては、上記のほか残余財産の分配は行わない。

11. 議 決 権

第1種優先株主は、株主総会において議決権を有しない。

12. 普通株式を対価とする取得請求権

第1種優先株主は、2013年6月30日以降2033年6月30日（同日を含む。）ま

での間（以下「第1種転換請求期間」という。）いつでも、当社に対して、普通株式の交付と引換えに、その有する第1種優先株式の全部または一部を取得することを請求することができるものとし、当社は第1種優先株主が取得の請求をした第1種優先株式を取得するのと引換えに、次に定める数の普通株式を、当該第1種優先株主に対して交付するものとする。但し、本項に基づく第1種優先株主による取得の請求（以下「転換請求」という。）がなされた日（以下「転換請求日」という。）において、剰余授権株式数（以下に定義される。以下同じ。）が請求対象普通株式総数（以下に定義される。以下同じ。）を下回る場合には、(i)各第1種優先株主による転換請求にかかる第1種優先株式の数に、(ii)剰余授権株式数を請求対象普通株式総数で除して得られる数を乗じた数（小数第1位まで計算し、その小数第1位を切り捨てる。また、0を下回る場合は0とする。）の第1種優先株式のみ、転換請求の効力が生じるものとし、転換請求の効力が生じる第1種優先株式以外の転換請求にかかる第1種優先株式については、転換請求がなされなかったものとみなす。

「剰余授権株式数」とは、以下のAおよびBのいずれか小さい数をいう。

A：(I)当該転換請求日における当社の発行可能株式総数より、(II)(i)当該転換請求日の前月の末日（以下「当該前月末日」という。）における発行済株式（自己株式を除く。）の数および(ii)当該前月末日における新株予約権（会社法第236条第1項第4号の期間の初日が到来していないものを除く。）の新株予約権者が会社法第282条の規定により取得することとなる株式の数の総数を控除した数

B：(I)当該転換請求日における当社の普通株式の発行可能種類株式数より、(II)(i)当該前月末日における発行済普通株式（自己株式を除く。）の数および(ii)当該前月末日における新株予約権（会社法第236条第1項第4号の期間の初日が到来していないものを除く。）の新株予約権者が会社法第282条の規定により取得することとなる普通株式の数の総数を控除した数

「請求対象普通株式総数」とは、第1種優先株主が当該転換請求日に転換請求をした第1種優先株式の数に1,000円を乗じて得られる額を当該転換請求日における下記(2)乃至(4)で定める取得価額で除して得られる数（小数第1位まで算出し、その小数第1位を切り上げる。）をいう。

(1)　第1種優先株式の取得と引換えに交付する普通株式の数

第1種優先株式の取得と引換えに交付する普通株式の数は、転換請求にかかる第1種優先株式の数に1,000円を乗じて得られる額を、下記(2)乃至(4)に定める取得価額で除して得られる数とする。なお、第1種優先株式の取得と引換えに交付する普通株式の数に1株に満たない端数があるときは、これを切り捨てるものとし、この場合においては、会社法第167条第3項に定める金銭の交付はしない。

(2) 当初取得価額

　　取得価額は、当初、2009年10月30日に先立つ45取引日目に始まる連続する30取引日（以下、本(2)において「当初時価算定期間」という。）の株式会社ジャスダック証券取引所（その承継人を含み、当社の普通株式が株式会社ジャスダック証券取引所に上場していない場合は、当社の普通株式を上場または登録している他の金融商品取引所または店頭売買有価証券市場（複数ある場合は、当社の普通株式の出来高、値付率等を考慮して最も適切と判断される金融商品取引所または店頭売買有価証券市場）の平均値（終値のない日数を除く。）の90％（円位未満小数第2位まで算出し、その小数第2位を四捨五入する。）とする。

　　なお、当初時価算定期間中に下記(4)に規定する事由が生じた場合、上記の終値（気配表示を含む。）は下記(4)に準じて当社が適当と判断する値に調整される。

(3) 取得価額の修正

　　取得価額は、2009年10月30日以降2033年6月30日（同日を含む。）までの毎年6月30日および12月31日（以下、それぞれ「修正基準日」という。）における時価（以下に定義される。）の90％（円位未満小数第2位まで算出し、その小数第2位を四捨五入する。以下「修正基準日価額」という。）が、当該修正基準日に有効な取得価額を下回る場合には、当該修正基準日をもって当該修正基準日価額に修正される（以下、かかる修正後の取得価額を「修正後取得価額」という。）。但し、2013年7月1日以降、修正後取得価額が2013年6月30日における取得価額の30％に相当する額（但し、下記(4)に規定する事由が生じた場合、下記(4)に準じて調整されるものとし、以下「下限取得価額」という。）を下回る場合には、修正後取得価額は下限取得価額とする。

　　修正基準日における時価は、各修正基準日に先立つ45取引日目に始まる連続する30取引日（以下、本(3)において「時価算定期間」という。）の株式会社ジャスダック証券取引所における当社の普通株式の普通取引の毎日の終値（気配表示を含む。）の平均値（終値のない日数を除く、また、円位未満小数第2位まで算出し、その小数第2位を四捨五入する。）とする。

　　なお、時価算定期間中に下記(4)に規定する事由が生じた場合、上記の終値（気配表示を含む。）は下記(4)に準じて当社が適当と判断する値に調整される。

(4) 取得価額の調整

(a) 以下に掲げる事由が発生した場合には、それぞれ以下のとおり取得価額を調整する。

① 普通株式につき株式の分割または株式無償割当てをする場合、以下の算式により取得価額を調整する。なお、株式無償割当ての場合には、

下記の算式における「分割前発行済普通株式数」は「無償割当て前発行済普通株式（但し、その時点で当社が保有する普通株式を除く。）」、「分割後発行済普通株式数」は「無償割当て後発行済普通株式数（但し、その時点で当社が保有する普通株式を除く。）」とそれぞれ読み替える。

$$調整後取得価額 = 調整前取得価額 \times \frac{分割前発行済普通株式数}{分割後発行済普通株式数}$$

調整後の取得価額は、株式の分割にかかる基準日または株式無償割当ての効力が生ずる日（株式無償割当てにかかる基準日を定めた場合は当該基準日）の翌日以降これを適用する。

② 普通株式につき株式の併合をする場合、株式の併合の効力が生ずる日をもって次の算式により、取得価額を調整する。

$$調整後取得価額 = 調整前取得価額 \times \frac{併合前発行済普通株式数}{併合後発行済普通株式数}$$

③ 下記(d)に定める普通株式1株当たりの時価を下回る払込金額をもって普通株式を発行または当社が保有する普通株式を処分する場合（株式無償割当ての場合、普通株式の交付と引換えに取得される株式もしくは新株予約権（新株予約権付社債に付されたもの含む。以下本(4)において同じ。）の取得による場合、普通株式を目的とする新株予約権の行使による場合または合併、株式交換もしくは会社分割により普通株式を交付する場合を除く。）、次の算式（以下「取得価額調整式」という。）により取得価額を調整する。調整後の取得価額は、払込期日（払込期間を定めた場合には当該払込期間の最終日）の翌日以降、また、株主への割当にかかる基準日を定めた場合は当該基準日（以下「株主割当日」という。）の翌日以降これを適用する。なお、当社が保有する普通株式を処分する場合には、次の算式における「新たに発行する普通株式の数」は「処分する当社が保有する普通株式の数」、「当社が保有する普通株式の数」は「処分前において当社が保有する普通株式の数」とそれぞれ読み替える。

$$\begin{array}{c}調整後\\取得価額\end{array} = \begin{array}{c}調整前\\取得価額\end{array} \times \frac{（発行済普通株式の数 - 当社が保有する普通株式の数） + \dfrac{新たに発行する普通株式の数 \times 1株当たり払込金額}{普通株式1株当たりの時価}}{（発行済普通株式の数 - 当社が保有する普通株式の数） + 新たに発行する普通株式の数}$$

④ 当社に取得させることによりまたは当社に取得されることにより、下記(d)に定める普通株式1株当たりの時価を下回る普通株式1株当たりの取得価額をもって普通株式の交付を受けることができる株式を発行または処分する場合（株式無償割当ての場合を含む。）、かかる株式の払込期日（払込期間を定めた場合には当該払込期間の最終日。以下

本④において同じ。）に、株式無償割当ての場合にはその効力が生ずる日（株式無償割当てにかかる基準日を定めた場合は当該基準日。以下本④において同じ。）に、また株主割当日がある場合はその日に、発行または処分される株式の全てが当初の条件で取得され普通株式が交付されたものとみなし、取得価額調整式において「1株当たり払込金額」としてかかる価額を使用して計算される額を、調整後の取得価額とする。調整後の取得価額は、払込期日の翌日以降、株式無償割当ての場合にはその効力が生ずる日の翌日以降、また株主割当日がある場合にはその日の翌日以降、これを適用する。

⑤　行使することによりまたは当社に取得されることにより、普通株式1株当たりの新株予約権の払込価額と新株予約権の行使に際して出資される財産の合計額が下記(d)に定める普通株式1株当たりの時価を下回る価額をもって普通株式の交付を受けることができる新株予約権を発行する場合（新株予約権無償割当ての場合を含む。）、かかる新株予約権の割当日に、新株予約券無償割当ての場合にはその効力が生ずる日（新株予約権無償割当てにかかる基準日を定めた場合は当該基準日。以下本⑤において同じ。）に、また株主割当日がある場合はその日に、発行される新株予約権全てが当初の条件で行使されまたは取得されて普通株式が交付されたものとみなし、取得価額調整式において「1株当たり払込金額」として普通株式1株当たりの新株予約権の払込価額と新株予約権の行使に際して出資される財産の普通株式1株当たりの価額の合計額を使用して計算される額を、調整後の取得価額とする。調整後の取得価額は、かかる新株予約権の割当日の翌日以降、新株予約権無償割当ての場合にはその効力が生ずる日の翌日以降、また株主割当日がある場合にはその翌日以降、これを適用する。但し、本⑤による取得価額の調整は、当社の取締役、監査役または従業員に対してストック・オプション目的で発行される普通株式を目的とする新株予約権には適用されないものとする。

(b)　上記(a)に掲げた事由によるほか、下記①および②のいずれかに該当する場合には、当社は第1種優先株主および第1種優先登録株式質権者に対して、あらかじめ書面によりその旨ならびにその事由、調整後の所得価額、適用の日およびその他必要な事項を通知したうえ、取得価額の調整を適切に行うものとする。

①　合併、株式交換、株式交換による他の株式会社の発行済株式の全部の取得、株式移転、吸収分割、吸収分割による他の会社がその事業に関して有する権利義務の全部もしくは一部の承継または新設分割のために取得価額の調整を必要とするとき。

②　前①のほか、普通株式の発行済株式の総数（但し、当社が保有する

普通株式の数を除く。）の変更または変更の可能性を生ずる事由の発生によって取得価額の調整を必要とするとき。
- (c) 取得価額の調整に際して計算が必要な場合は、円位未満小数第2位まで算出し、その小数第2位を四捨五入する。
- (d) 取得価額調整式に使用する普通株式1株当たりの時価は、調整後転換価額を適用する日に先立つ45取引日目に始まる連続する30取引日の株式会社ジャスダック証券取引所における当社の普通株式の普通取引の毎日の終値（気配表示を含む。）の平均値（終値のない日数を除く。また、平均値の計算は、円位未満小数第2位まで算出し、その小数第2位を四捨五入する。）とする。
- (e) 取得価額の調整に際し計算を行った結果、調整後取得価額と調整前取得価額との差額が1円未満にとどまるときは、取得価額の調整はこれを行わない。

13. 金銭を対価とする取得請求権

第1種優先株主は、2013年6月30日以降の毎年7月1日から7月31日までの期間（以下「第1種償還請求期間」という。）、法令上可能な範囲で、かつ下記(1)に定める条件および下記(2)に定める上限の範囲内において、当社に対して、金銭の交付と引換えに、その有する第1種優先株式の全部または一部を取得することを請求（以下「償還請求」という。）することができるものとし、当社は第1種優先株主が償還請求をした第1種優先株式を取得するのと引換えに、下記(3)に定める額（以下「任意償還価額」という。）の金銭を、当該第1種優先株主に対して交付するものとする。なお、償還請求日（以下第(1)号に定める）における分配可能額または下記(2)に定める上限を超えて償還請求が行われた場合、取得すべき第1種優先株式は、償還請求が行われた第1種優先株式の数に応じた按分比例の方法による。

- (1) 取得の条件

    第1種優先株主は、本項に基づく第1種優先株主による償還請求がなされた日（以下「償還請求日」という。）の最終事業年度にかかる貸借対照表における純資産の額から、以下の金額の合計額を控除した金額が150億円を上回る場合に限り、償還請求をすることができる。
    - (a) 償還請求日の最終事業年度の末日（同日を含まない。）から第1種償還請求期間の開始日（同日を含まない。）までの間に剰余金の配当が決定された第1種優先配当金の総額
    - (b) 償還請求日の最終事業年度の末日（同日を含まない。）から第1種償還請求期間の開始日（同日を含まない。）までの間に金銭を対価とする取得条項に基づく取得が行われ、または決定された第1種優先株式の取得に際して対価として交付される金銭の総額

(2) 任意償還価額の上限金額

　　第1種優先株主は、償還請求日の最終事業年度にかかる損益計算書における当期純利益の2分の1から、以下の金額の合計額を控除した金額を任意償還価額の上限として、償還請求をすることができる。

(a) 償還請求日の最終事業年度の末日（同日を含まない。）から第1種償還請求期間の開始日（同日を含まない。）までの間に剰余金の配当が決定された第1種優先配当金の総額

(b) 償還請求日の最終事業年度の末日（同日を含まない。）から第1種償還請求期間の開始日（同日を含まない。）までの間に金銭を対価とする取得条項に基づく取得が行われ、または決定された第1種優先株式の取得に際して対価として交付される金銭の総額

(3) 任意償還価額

　　任意償還価額は、第1種優先株式1株につき、以下の金額の合計額とする。

(a) 1,000円

(b) 第1種累積未払配当金

(c) 第1種未払経過利息（但し、「残余財産の分配日」を「償還請求日」と読み替えて適用する。）

14. 普通株式を対価とする取得条項

　　当社は、第1種転換請求期間中に取得請求のなかった第1種優先株式の全部を、第1種転換請求期間の末日の翌日が到来することをもって普通株式の交付と引換えに取得するものとし、当社は、かかる第1種優先株式を取得するのと引換えに、かかる第1種優先株式の数に1,000円を乗じて得られる額を第1種転換請求期間の末日に先立つ45取引日目に始まる連続する30取引日の株式会社ジャスダック証券取引所における当社の普通株式の普通取引の毎日の終値（気配表示を含む。）の平均値（終値のない日数を除く。また、平均値の計算は、円位未満小数第2位まで算出し、その小数第2位を四捨五入する。なお、かかる期間中に第12項(4)に規定する事由が生じた場合、上記の終値は第12項(4)に準じて当社が適当と判断する値に調整される。）で除して得られる数の普通株式を第1種優先株主に対して交付するものとする。第1種優先株式の取得と引換えに交付すべき普通株式の数に1株に満たない端数がある場合には、会社法第234条に従ってこれを取扱う。

15. 金銭を対価とする取得条項

(1) 当社は、いつでも、当社取締役会が別に定める日（以下「強制償還日」という。）が到来することをもって、法令上可能な範囲で、金銭の交付と引換えに、第1種優先株式の全部または一部を取得することができる。この場合、当社は、かかる第1種優先株式を取得するのと引換えに、下記(2)に

定める額（以下「強制償還価額」という。）の金銭を第1種優先株主に対して交付するものとする。なお、第1種優先株式の一部を取得するときは、按分比例の方法による。

(2)　強制償還価額

　　強制償還価額は、第1種優先株式1株につき、以下の金額の合計額とする。

(a)　1,000円

(b)　第1種累積未払配当金

(c)　第1種未払経過利息（但し、「残余財産の分配日」を「強制償還日」と読み替えて適用する。）

16.　株式の併合または分割、募集株式の割当て等

(1)　当社は、第1種優先株式について株式の併合または分割は行わない。

(2)　当社は、第1種優先株主には募集株式の割当てを受ける権利または募集新株予約権の割当てを受ける権利を与えず、また株式無償割当てまたは新株予約権無償割当ては行わない。

17.　優先順位

(1)　A種優先配当金、A種優先中間配当金、A種累積未払配当金、第1種優先配当金、第1種優先中間配当金および第1種累積未払配当金の支払順位は、第1種累積未払配当金を第1順位とし、第1種優先配当金および第1種優先中間配当金を第2順位とし、A種累積未払配当金を第3順位とし、A種優先配当金およびA種優先中間配当金を第4順位とする。

(2)　本要項におけるA種優先配当金、A種優先中間配当金およびA種累積未払配当金の用語は、いずれも定款第2章の2で定義される意味で用いられる。

以　上

(1)　募集株式の種類

　　　株式会社オリエントコーポレーション第一回Ⅰ種優先株式（以下「Ⅰ種優先株式」という。）

(2)　募集株式の数　　　　　140,000,000株

(3)　募集株式の払込金額　　1株につき1,000円

(4)　払込金額の総額　　　　140,000,000,000円

(5)　出資の目的とする財産の内容及び価額

　　　株式会社みずほコーポレート銀行の当会社に対して有する株式会社みずほコーポレート銀行と当会社との間に次に掲げる各契約に基づく元本債権（但し、次に掲げる順序に従って元本金額の総額が140,000,000,000円に満つるまでの部分に限る。）

　(1)　2006年10月25日付金銭消費貸借契約証書

　(2)　2006年7月26日付金銭消費貸借契約証書

　(3)　2004年6月30日付金銭消費貸借契約証書

　(4)　平成15年3月31日付特別当座貸越約定書（平成15年3月31日付連動金利適用に関する特約書、平成15年12月30日付変更契約証書、平成16年3月12日付変更契約証書、平成16年3月31日付変更契約証書、平成16年4月30日付変更契約証書、平成16年6月30日付変更契約証書、平成17年1月17日付変更契約証書、平成17年3月18日付変更契約証書、平成17年3月31日付変更契約証書、平成17年9月30日付変更契約証書、平成18年3月31日付変更契約証書、平成18年9月29日付変更契約証書による変更を含む）

(6)　給付期日　　　平成19年5月2日

(7)　増加する資本金及び資本準備金に関する事項

　　　増加する資本金の額は、70,000,000,000円（1株につき500円）とし、増加する資本準備金の額は70,000,000,000円（1株につき500円）とする。

(8)　発行方法

　　　第三者割当ての方法により、株式会社みずほコーポレート銀行に全額割り当てる。

(9) 優先配当金

① 当会社は、平成22年4月1日（但し、同日に開始する事業年度以前の事業年度において定款第41条に定める剰余金の配当を行うときは、当該事業年度の初日とする。以下「優先配当開始事業年度初日」という。）以降定款第41条に定める剰余金の配当を行うときは、毎年3月31日の最終の株主名簿に記載又は記録されたⅠ種優先株式を有する株主（以下「Ⅰ種優先株主」という。）又はⅠ種優先株式の登録株式質権者（以下「Ⅰ種登録株式質権者」という。）に対し、毎年3月31日の最終の株主名簿に記載又は記録された当会社の普通株式（以下「普通株式」という。）を有する株主（以下「普通株主」という。）又は普通株式の登録株式質権者（以下「普通登録株式質権者」という。）に先立ち、Ⅰ種優先株式1株当たり、Ⅰ種優先株式1株当たりの払込金額（1,000円）に、それぞれの事業年度ごとに本項第2号に定める年率（以下「Ⅰ種配当年率」という。）を乗じて算出した額の配当金（円位未満小数第3位まで算出し、その小数第3位を四捨五入する。以下「Ⅰ種優先配当金」という。）を支払う。但し、当該事業年度において下記第10項に定めるⅠ種優先中間配当金を支払ったときは、当該Ⅰ種優先中間配当金を控除した額とする。

② Ⅰ種配当年率は、優先配当開始事業年度初日以降、次回年率修正日の前日までの各事業年度について、下記算式により計算される年率とする。

　　Ⅰ種配当年率＝日本円TIBOR（6ヶ月物）＋1.00%

　　Ⅰ種配当年率は、%位未満小数第4位まで算出し、その小数第4位を四捨五入する。

・「年率修正日」は、優先配当開始事業年度初日以降の毎年4月1日とする。当日が、銀行休業日の場合は前営業日を年率修正日とする。

・「日本円TIBOR（6ヶ月物）」とは、各事業年度の初日（当日が銀行休業日の場合は前営業日）及びその直後の（但し、取得価額の計算のためにⅠ種優先配当金を算出する場合は、その取得日の直前の）10月1日（当日が銀行休業日の場合は前営業日）の2時点において、午前11時における日本円6ヶ月物トーキョー・インター・バンク・オファード・レート（日本円TIBOR）として全国銀行協会によって公表される数値の平均値を指すものとする。

・日本円TIBOR（6ヶ月物）が公表されていなければ、同日（当日が銀行休業日の場合は前営業日）ロンドン時間午前11時におけるユーロ円6ヶ月物ロンドン・インター・バンク・オファード・レート（ユーロ円LIBOR6ヶ月物（360日ベース））として英国銀行協会（BBA）によって公表される数値又はこれに準ずるものと認められるものを日本円TIBOR（6ヶ月物）に代えて用いるものとする。

③ 非累積条項

ある事業年度においてⅠ種優先株主又はⅠ種登録株式質権者に対して
　支払う剰余金の配当の額がⅠ種優先配当金の額に達しないときは、その
　不足額は翌事業年度以降に累積しない。
　④　参加条項
　　当会社は、優先配当開始事業年度初日以降Ⅰ種優先配当金が支払われ
　た後に分配可能額があるときは、普通株主又は普通登録株式質権者に対
　して、Ⅰ種優先配当金（下記第10項に定めるⅠ種優先中間配当金を含む。）
　と１株につき同額に至るまで剰余金の配当（中間配当を含む。）を行うこ
　とができ、さらに分配可能額について剰余金の配当（中間配当を含む。）
　を行うときは、Ⅰ種優先株主又はⅠ種登録株式質権者及び普通株主又は
　普通登録株式質権者に対し、１株につき同額の配当財産を交付する。

⑽　優先中間配当金
　　当会社は、優先配当開始事業年度初日以降定款第42条に定める中間配当
　を行うときは、毎年９月30日の最終の株主名簿に記載又は記録されたⅠ種
　優先株主又はⅠ種登録株式質権者に対し、毎年９月30日の最終の株主名簿
　に記載又は記録された普通株主又は普通登録株式質権者に先立ち、Ⅰ種優
　先株式１株当たり、各事業年度におけるⅠ種優先配当金の２分の１の額の
　金銭（以下「Ⅰ種優先中間配当金」という。）を支払う。

⑾　残余財産の分配
　①　当会社の残余財産を分配するときは、Ⅰ種優先株主又はⅠ種登録株式
　　質権者に対し、普通株主又は普通登録株式質権者に先立ち、Ⅰ種優先株
　　式１株につき1,000円を支払う。
　②　Ⅰ種優先株主又はⅠ種登録株式質権者に対しては、前記のほか、残余
　　財産の分配は行わない。

⑿　議　決　権
　　Ⅰ種優先株主は、法令に別段の定めがある場合を除き、株主総会におい
　て議決権を有しない。

⒀　取得請求権（転換請求権）
　　Ⅰ種優先株主は、当会社に対して、以下に定める期間中、その有するⅠ
　種優先株式の全部又は一部を取得することを請求することができるものと
　し、当会社はⅠ種優先株主が取得の請求をしたⅠ種優先株式を取得するの
　と引換えに、以下に定める算定方法に従って算出される数の普通株式を交
　付するものとする。
　①　Ⅰ種優先株式を取得することを請求することができる期間

平成29年8月1日から平成39年8月1日まで
② Ⅰ種優先株式を取得するのと引換えに交付する株式の種類及び数の算定方法
  イ Ⅰ種優先株式を取得するのと引換えに交付する株式の種類
    普通株式
  ロ Ⅰ種優先株式を取得するのと引換えに交付する株式の数の算定方法
    Ⅰ種優先株式の取得と引換えに交付すべき普通株式の数は、次の算出式により算出される最大整数とする。

$$\text{取得と引換えに交付すべき普通株式数} = \frac{\text{Ⅰ種優先株主が取得の請求をしたⅠ種優先株式の払込金額の総額}}{\text{交付価格}} \div \text{交付価格}$$

    交付すべき株式数の算出にあたって1株未満の端数を生じたときは、会社法第167条第3項各号に掲げる金銭の交付は行わない。
③ 交付価額
  イ 当初交付価額
    当初交付価額は、267円とする。
  ロ 交付価額の修正
    交付価額は、平成19年6月4日から平成19年7月17日の株式会社東京証券取引所における普通株式の普通取引の毎日の終値（気配表示を含む。）の平均値（終値のない日数を除く。円位未満は切り上げる。）に0.9を乗じた額が、当初交付価額を下回る場合は、平成19年7月18日以降、当該平均値に0.9を乗じた額に修正される。
    また、交付価額は、平成19年8月1日以降の毎年2月1日及び8月1日（以下「修正日」という。）における「修正基準価額」が、当該修正日の直前において有効な交付価額を下回る場合は、当該修正日以降、当該修正基準価額に修正される。
    「修正日」における「修正基準価額」とは、各修正日に先立つ45取引日目に始まる30取引日（かかる期間を以下「時価算定期間」という。）の株式会社東京証券取引所における普通株式の普通取引の毎日の終値（気配表示を含む。）の平均値（終値のない日数を除く。円位未満小数第2位まで算出し、その小数第2位を四捨五入する。）の90％に相当する金額（円位未満小数第2位まで算出し、その小数第2位を四捨五入する。）とするが、当該修正基準価額が140円（但し、下記ハの調整を受ける。以下「下限交付価額」という。）を下回る場合には、修正後交付価額は、下限交付価額とする。なお、時価算定期間中に本号ハで定める交付価額の調整の原因となる事由が生じた場合、「修正日」における「修正基準価額」は本号ハの定めに準じて合理的に調整されるものとする。
  ハ 交付価額の調整

(a) 当会社は、I種優先株式の発行後、下記(b)に掲げる各事由（但し、平成19年6月4日に予定される当社普通株式の併合を除く。）により普通株式数に変更を生じる場合又は変更を生ずる可能性がある場合は、次に定める算式（以下「交付価額調整式」という。）をもって交付価額（下限交付価額を含む。）を調整する。

$$\text{調整後交付価格} = \text{調整前交付価格} \times \frac{\text{既発行普通株式数} + \dfrac{\text{交付普通株式数} \times 1\text{株当たりの払込金額}}{1\text{株当たり時価}}}{\text{既発行普通株式数} + \text{交付普通株式数}}$$

交付価額調整式で使用する「既発行普通株式数」は、普通株主に下記(b)(i)ないし(iv)の各取引に係る基準日が定められている場合はその日、また当該基準日が定められていない場合は、調整後の交付価額を適用する日の1ヶ月前の日における当社の発行済普通株式数から当該日における当社の有する普通株式数を控除したものとする。交付価額調整式で使用する「交付普通株式数」は、普通株式の株式の分割が行われる場合には、株式の分割により増加する普通株式数（基準日における当社の有する普通株式に関して増加した普通株式数を含まない。）とし、普通株式の併合が行われる場合には、株式の併合により減少する普通株式数（効力発生日における当社の有する普通株式に関して減少した普通株式数を含まない。）を負の値で表示して使用するものとする。交付価額調整式で使用する「1株当たりの払込金額」は、下記(b)(i)の場合は当該払込金額（金銭以外の財産を出資の目的とする場合には適正な評価額、無償割当ての場合は0円とする。）、下記(b)(ii)及び(iv)の場合は0円とし、下記(b)(iii)の場合は下記(b)(v)で定める対価の額とする。

(b) 交付価額調整式によりI種優先株式の交付価額の調整を行う場合及びその調整後の交付価額の適用時期については、次に定めるところによる。

(i) 下記(c)(ii)に定める時価を下回る払込金額をもって普通株式を交付する場合（無償割当ての場合を含む。）（但し、当会社の交付した取得条項付株式、取得請求権付株式若しくは取得条項付新株予約権（新株予約権付社債に付されたものを含む。以下本ハにおいて同じ。）の取得と引換えに交付する場合又は普通株式の交付を請求できる新株予約権（新株予約権付社債に付されたものを含む。以下本ハにおいて同じ。）その他の証券若しくは権利の転換、交換又は行使により交付する場合を除く。）

調整後の交付価額は、払込期日（募集に際して払込期間が設けられたときは当該払込期間の最終日とする。以下同じ。）又は無償割当ての効力発生日の翌日以降これを適用する。但し、当会社普

通株主に募集株式の割当てを受ける権利を与えるため又は無償割当てのための基準日がある場合は、その日の翌日以降これを適用する。

(ii) 普通株式の株式分割をする場合

調整後の交付価額は、普通株式の株式分割のための基準日の翌日以降これを適用する。

(iii) 取得請求権付株式、取得条項付株式若しくは取得条項付新株予約権であって、その取得と引換えに下記(c)(ii)に定める時価を下回る対価(以下に定義される。)をもって普通株式を交付する定めがあるものを交付する場合(無償割当ての場合を含む。)、又は下記(c)(ii)に定める時価を下回る対価をもって普通株式の交付を請求できる新株予約権その他の証券若しくは権利を交付する場合(無償割当ての場合を含む。)

調整後の交付価額は、交付される取得請求権付株式、取得条項付株式若しくは取得条項付新株予約権、又は新株予約権その他の証券若しくは権利(以下「取得請求権付株式等」という。)の全てが当初の条件で取得、転換、交換又は行使され普通株式が交付されたものとみなして交付価額調整式を準用して算出するものとし、交付される日又は無償割当ての効力発生日の翌日以降これを適用する。但し、普通株主に取得請求権付株式等の割当てを受ける権利を与えるため又は無償割当てのための基準日がある場合は、その日の翌日以降これを適用する。

上記にかかわらず、取得、転換、交換又は行使に際して交付される普通株式の対価が上記の時点で確定していない場合は、調整後の交付価額は、当該対価の確定時点で交付されている取得請求権付株式等の全てが当該対価の確定時点の条件で取得、転換、交換又は行使され普通株式が交付されたものとみなして交付価額調整式を準用して算出するものとし、当該対価が確定した日の翌日以降これを適用する。

(iv) 普通株式の併合をする場合

調整後の交付価額は、株式の併合の効力発生日以降これを適用する。

(v) 上記(iii)における対価とは、取得請求権付株式等の交付に際して払込みその他の対価関係にある支払がなされた額(時価を下回る対価をもって普通株式の交付を請求できる新株予約権の場合には、その行使に際して出資される財産の価額を加えた額とする。)から、その取得、転換、交換又は行使に際して取得請求権付株式等の所持人に交付される普通株式以外の財産の価額を控除した金

額を、その取得、転換、交換又は行使に際して交付される普通株式の数で除した金額をいう。

(c)(i) 交付価額調整式の計算については、円位未満小数第2位まで算出し、その小数第2位を切り捨てる。

(ii) 交付価額調整式で使用する時価は、調整後の交付価額を適用する日に先立つ45取引日目に始まる30取引日の株式会社東京証券取引所における普通株式の普通取引の毎日の終値（気配表示を含む。）の平均値（終値のない日数を除く。円位未満小数第2位まで算出し、その小数第2位を四捨五入する。）とする。

(d) 上記(b)に定める交付価額の調整を必要とする場合以外にも、次に掲げる場合には、当会社は、必要な交付価額の調整を行う。

(i) 当会社を存続会社とする合併、他の会社が行う吸収分割による当該会社の権利義務の全部又は一部の承継、又は他の株式会社が行う株式交換による当該株式会社の発行済株式の全部の取得のために交付価額の調整を必要とするとき。

(ii) 交付価額を調整すべき事由が2つ以上相接して発生し、一方の事由に基づく調整後の交付価額の算出にあたり使用すべき時価につき、他方の事由による影響を考慮する必要があるとき。

(iii) 平成19年6月4日に予定される当社普通株式の併合が行われなかった場合その他当会社が交付価額の調整を必要と認めるとき。

(e) 交付価額調整式により算出された調整後交付価額と調整前交付価額との差額が1円未満の場合は、交付価額の調整は行わないものとする。但し、本(e)により不要とされた調整は繰り越されて、その後の調整の計算において斟酌される。

(f) 上記(a)ないし(e)により交付価額の調整を行うときは、当会社は、あらかじめ書面によりその旨並びにその事由、調整前の交付価額、調整後の交付価額及びその適用の日その他必要な事項を株主名簿に記載された各I種優先株主に通知する。但し、その適用の日の前日までに前記の通知を行うことができないときは、適用の日以降速やかにこれを行う。

(14) 取得条項（強制転換）

当会社は、前項の取得することを請求することができる期間中に取得請求のなかったI種優先株式を、同期間の末日の翌日（以下本項において「一斉取得日」という。）をもって取得するものとし、当会社はかかるI種優先株式を取得するのと引換えに、かかるI種優先株式の払込金額相当額の総額を一斉取得日に先立つ45取引日目に始まる30取引日の株式会社東京証券取引所における普通株式の普通取引の毎日の終値（気配表示を含む。）の平

均値（終値のない日数を除く。円位未満小数第2位まで算出し、その小数第2位を四捨五入する。）で除して得られる数の普通株式を各Ⅰ種優先株主に対して交付するものとする。但し、当該平均値が下限交付価額を下回る場合には、当該平均値に代えて下限交付価額をもって計算する。前記の普通株式数の算出に当たって1株に満たない端数が生じたときは、会社法第234条に定める方法により取扱う。

(15) 取得条項（強制償還）

① 当会社は、平成19年5月3日以降平成29年7月31日までいつでも、Ⅰ種優先株式の全部又は一部を取得することができるものとし、当会社はかかるⅠ種優先株式を取得するのと引換えに、本項第2号に定める額の金銭を交付するものとする。Ⅰ種優先株式の一部を取得する場合、取得される株式は按分比例により決定する。

② 前項に基づくⅠ種優先株式の取得と引換えに交付する金銭の額は、[1株につき1,050円に、優先配当開始事業年度初日以降は取得日の属する事業年度におけるⅠ種優先配当金の額を当該事業年度の初日から取得日までの日数（初日及び取得日を含む。）で日割計算した額（円位未満小数第3位まで算出し、その小数第3位を四捨五入する。）を加算した額]とする。但し、取得日の属する事業年度においてⅠ種優先中間配当金を既に支払ったときは、その額を控除した金額とする。

(16) 株式の併合又は分割、募集株式の割当てを受ける権利等

① 当会社は、法令に定める場合を除き、Ⅰ種優先株式について株式の併合、分割又は無償割当ては行わない。

② 当会社はⅠ種優先株主には、募集株式、募集新株予約権又は募集新株予約権付社債の割当てを受ける権利を与えない。

(17) 優先順位

交付する各種の優先株式（当会社の既発行優先株式を含む。）の優先配当金、優先中間配当金及び参加条項に基づく剰余金の配当の支払順位並びに残余財産の分配順位は、同順位とする。

Ａ種優先株式発行要項

１．株式の名称

　株式会社ケンウッド第一回Ａ種優先株式（以下「Ａ種優先株式」という。）

２．発行株式数

　31,250,000株

３．発行価額

　１株につき金400円

４．発行価額中資本に組み入れない額

　１株につき金200円

５．発行価額の総額

　12,500,000,000円

６．資本組入額の総額

　6,250,000,000円

７．申込期日

　平成14年12月26日

８．払込期日

　平成14年12月26日

９．Ａ種優先株式配当金

　①　当会社は、定款第26条に定める利益配当を行うときは、各決算期日最
　　終の株主名簿に記載又は記録されたＡ種優先株式を有する株主（以下「Ａ
　　種優先株主」という。）又はＡ種優先株式の登録質権者（以下「Ａ種優先
　　登録質権者」という。）に対し、各決算日最終の株主名簿に記載又は記録
　　された当会社普通株式（以下「普通株式」という。）を有する株主（以下「普
　　通株主」という。）又は普通株式の登録質権者（以下「普通登録質権者」
　　という。）に先立ち、Ａ種優先株式１株当たり以下の定めに従い算出され
　　る利益配当金(以下「Ａ種優先株式配当金」という。)を支払うものとする。
　　但し、当該営業年度において下記10に定めるＡ種優先中間配当金を支払っ
　　たときは、当該Ａ種優先中間配当金を控除した額とする。

A種優先株式配当金の額は、A種優先株式の発行価額（400円）に、それぞれの営業年度毎にA種配当年率（以下に定義される。）を乗じて算出した額とする。A種優先株式配当金は、円位未満小数第4位まで算出し、その小数第4位を四捨五入する。但し、計算の結果、第78期営業年度までの各営業年度にかかるA種優先株式配当金が7.5円を超える場合は、当該営業年度のA種優先株式配当金は7.5円とし、第79期営業年度以降の各営業年度にかかるA種優先株式配当金が12円を超える場合は、当該営業年度のA種優先株式配当金は12円とする。

　　「A種配当年率」とは、下記算式により計算される年率とする。
　　　A種配当年率＝日本円TIBOR（以下に定義される。）＋0.5％
　　A種配当年率は、％位未満小数第4位まで算出し、その小数第4位を四捨五入する。

　　「日本円TIBOR」とは、各営業年度の初日（当日が銀行休業日の場合は直前の銀行営業日）及びその直後の10月1日（当日が銀行休業日の場合は直前の銀行営業日）の、午前11時における日本円6か月物トーキョー・インター・バンク・オファード・レート（日本円TIBOR）として全国銀行協会によって公表される数値の平均値とする。但し、午前11時における日本円6か月物トーキョー・インター・バンク・オファード・レート（日本円TIBOR）が上記いずれかの日において公表されない場合は、同日（当日が銀行休業日の場合は直前の銀行営業日）ロンドン時間午前11時におけるユーロ円6か月物ロンドン・インター・バンク・オファード・レート（ユーロ円LIBOR6か月物（360日ベース））として英国銀行協会（BBA）によって公表される数値又はこれに準ずるものと認められるものを、上記の平均値の算出において用いるものとする。

②　ある営業年度においてA種優先株主又はA種優先登録質権者に対して支払う利益配当金の額がA種優先株式配当金の額に達しないときは、その不足額（以下「A種未払配当金」という。）は翌営業年度以降に累積し、累積したA種未払配当金（以下「A種累積未払配当金」という。）については、A種優先株式配当金に先立って、これをA種優先株主又はA種優先登録質権者に対して支払う。但し、第79期営業年度以降の各営業年度にかかるA種未払配当金は、翌営業年度以降に累積しない。

③　A種優先株主又はA種優先登録質権者に対しては、A種優先株式配当金を超えて利益配当を行わない。

10. A種優先中間配当金
　当会社は、定款第27条に定める中間配当を行うときは、毎年9月30日の最終の株主名簿に記載又は記録されたA種優先株主又はA種優先登録質権者に対し、毎年9月30日の最終の株主名簿に記載又は記録された普通株主又は普

通登録質権者に先立ち、A種優先株式1株につきA種優先株式配当金の2分の1に相当する額の金銭（以下「A種優先中間配当金」という。）を支払う。

11. 残余財産の分配

① 当会社は、残余財産の分配をするときは、A種優先株主又はA種優先登録質権者に対し、普通株主又は普通登録質権者に先立ち、A種優先株式1株につき400円及びA種累積未払配当金相当額の合計額を支払う。

② A種優先株主又はA種優先登録質権者に対しては、上記①のほか、残余財産の分配は行わない。

12. 議 決 権

A種優先株主は、法令に別段の定めある場合を除き、株主総会において議決権を有しない。

13. 普通株式への転換予約権

A種優先株主は、下記の転換を請求し得べき期間中、下記に定める転換の条件で、A種優先株式の普通株式への転換を請求することができる。

① 転換を請求し得べき期間

平成17年12月1日から平成30年11月30日までとする。

② 当初転換価額

当初転換価額は、今後開催予定の取締役会において決定する額とする。

③ 転換価額の修正

転換価額は、平成18年12月1日から平成29年12月1日まで、毎年12月1日（以下、それぞれ「転換価額修正日」という。）に、各転換価額修正日に先立つ45取引日目に始まる30取引日（以下、それぞれ「時価算定期間」という。）の株式会社東京証券取引所（以下「東京証券取引所」という。）における普通株式の普通取引の毎日の終値（気配表示を含む。）の平均値（終値のない日数を除く。その計算は円位未満小数第2位まで算出し、その小数第2位を四捨五入する。）（以下「修正後転換価額」という。）に修正される。但し、上記計算の結果、修正後転換価額が(i)60円又は(ii)当初転換価額の70％に相当する金額（円位未満小数第2位まで算出し、その小数第2位を四捨五入する。）のいずれか高い方の金額（以下「下限転換価額」という。）を下回る場合には下限転換価額をもって、当初転換価額に相当する金額（以下「上限転換価額」という。）を上回る場合には上限転換価額をもって修正後転換価額とする。

④ 転換価額の調整

(a) A種優先株式発行後、以下に掲げる事由が発生した場合には、それぞれ以下に定める算式（以下「転換価額調整式」という。）により（但

し(v)の場合を除く。）転換価額を調整する。

調整後転換価額＝調整前転換価額×（既発行普通株式数－自己株式数）＋新規発行普通株式数×１株当たりの払込金額／１株当たりの時価／（既発行普通株式数－自己株式数）＋新規発行普通株式数

⑴ 転換価額調整式に使用する時価を下回る払込金額又は処分価額をもって普通株式を発行又は当会社が保有する普通株式（以下「自己株式」という。）を処分する場合（株式の分割、転換予約権付株式の転換又は募集株式予約権の行使による場合を除く。）

調整後転換価額は、払込期日の翌日以降、また、株主割当日がある場合は、その日の翌日以降これを適用する。なお、自己株式処分の場合には、転換価額調整式における「新規発行普通株式数」は「処分自己株式数」、「１株当たりの払込金額」は「１株当たりの処分価額」、「自己株式数」は「処分前自己株式数」とそれぞれ読み替える。

⑵ 株式の分割により普通株式を発行する場合

調整後転換価額は、株式分割のための株主割当日の翌日以降、株式分割のための株主割当日がない場合は、当社の取締役会において株式分割の効力発生日と定めた日の翌日以降、これを適用する。なお、この場合、転換価額調整式における「（既発行普通株式数－自己株式数）」は「既発行普通株式数」と読み替える。但し、分配可能額から資本に組み入れられることを条件としてその部分をもって株式の分割により普通株式を発行する旨取締役会で決議する場合で、当該分配可能額の資本組入の決議をする株主総会の終結の日以前の日を株式の分割のための株主割当日とする場合には、調整後転換価額は、当該分配可能額の資本組入の決議をした株主総会の終結の日の翌日以降、これを適用する。なお、上記但書の場合において、株式分割のための株主割当日の翌日から当該分配可能額の資本組入の決議をした株主総会の終結の日までに転換を請求した者に対しては、次の算出方法により、当社の普通株式を発行する。

株式数＝（調整前転換価額－調整後転換価額）×（調整前転換価額をもって転換により当該期間内に発行された株式数）／調整後転換価額

この場合に１株未満の端数を生じたときは、その端数に上記の調整後転換価額を乗じて得た金額を支払う。

⑶ 転換価額調整式に使用する時価を下回る価額をもって普通株式に

転換される株式を発行又は処分する場合

調整後転換価額は、かかる株式の払込期日に、また株主割当日がある場合はその日に、発行又は処分される株式すべてが転換されたものとみなし、その払込期日の翌日以降、また、株主割当日がある場合は、その日の翌日以降これを適用する。但し、当該発行又は処分される株式の転換価額がその払込期日又は株主割当日において確定しない場合、調整後転換価額は、転換価額が決定される日（以下、本(iii)において「価額決定日」という。）に、発行もしくは処分される株式の全額が転換されたものとみなし、当該価額決定日の翌日以降これを適用する。なお、当会社が保有する、転換価額調整式に使用する時価を下回る価額をもって普通株式に転換される株式を処分する場合には、転換価額調整式における「新規発行普通株式数」は「処分株式数」、「1株当たりの払込金額」は「1株当たりの処分価額」とそれぞれ読み替える。

(iv)　募集株式予約権（募集株式予約権付社債に付されたものを含む。以下、同じ。）の行使により発行される普通株式の1株当たりの発行価額（会社法第341条ノ15第4項又は第280条ノ20第4項に規定される。以下、同じ。）が転換価額調整式に使用する時価を下回ることとなる募集株式予約権を発行する場合

調整後転換価額は、かかる募集株式予約権の発行日に、また、株主割当日がある場合はその日に、発行される募集株式予約権すべてが行使されたものとみなし、その発行日の翌日以降又は株主割当日の翌日以降これを適用する。但し、当該募集株式予約権の行使に際して払込をなすべき1株当たりの価額がその発行日又は株主割当日において確定しない場合、調整後転換価額は、募集株式予約権の行使価額が決定される日（以下、本(iv)において「価額決定日」という。）に、発行されるすべての募集株式予約権が行使されたものとみなし、当該価額決定日の翌日以降これを適用する。

(v)　普通株式の株式併合を行うときは、株式併合の効力発生の時をもって次の算式により、転換価額を調整する。

調整後転換価額＝調整前転換価額×併合前発行済普通株式数／併合後発行済普通株式数

(b)　転換価額調整式で使用する1株当たりの払込金額とは、それぞれ以下のとおりとする。

(i)　上記(a)(i)の転換価額調整式に使用する時価を下回る払込金額又は処分価額をもって普通株式を発行又は当会社が保有する普通株式を

処分する場合（株式の分割、転換予約権付株式の転換又は募集株式予約権の行使による場合を除く。）には、当該払込金額又は処分価額（金銭以外の財産による払込の場合にはその適正な評価額）

(ii) 上記(a)(ii)の株式の分割により普通株式を発行する場合は0円

(iii) 上記(a)(iii)の転換価額調整式に使用する時価を下回る価額をもって普通株式に転換される株式を発行又は処分する場合には、当該転換価額

(iv) 上記(a)(iv)の募集株式予約権の行使により発行される普通株式の1株当たりの発行価額が転換価額調整式に使用する時価を下回ることとなる募集株式予約権を発行する場合には、当該1株当たりの発行価額

(c) 上記(a)に掲げた事由によるほか、次の(i)ないし(v)のいずれかに該当する場合には、取締役会が適当と判断する転換価額に調整される。

(i) 合併、株式交換、株式移転、会社の分割、又は資本の減少のために転換価額の調整を必要とするとき。

(ii) 上記(i)のほか、発行済普通株式数（但し、自己株式数を除く。）の変更又は変更の可能性を生ずる事由の発生によって転換価額の調整を必要とするとき。

(iii) 転換価額の調整事由が2つ以上相接して発生し、一方の事由に基づく調整後転換価額の算出に関して使用すべき時価が、他方の事由によって影響されているとみなされるとき。

(iv) 上記(a)(iii)に定める株式の転換可能期間が終了したとき。但し、当該株式すべてが転換された場合を除く。

(v) 上記(a)(iv)に定める募集株式予約権の行使期間が終了したとき。但し、当該募集株式予約権すべてにつき行使請求が行われた場合を除く。

(d) 転換価額調整式に使用する1株当たりの時価とは、調整後転換価額を適用する日（但し、上記(a)(ii)但書の場合には株主割当日）に先立つ45取引日目に始まる30取引日の東京証券取引所における普通株式の普通取引の毎日の終値（気配表示を含む。）の平均値（終値のない日数を除く。）とし、その計算は円位未満小数第2位まで算出し、その小数第2位を四捨五入する。なお、上記45取引日の間に、上記(a)で定める転換価額の調整事由が生じた場合には、転換価額調整式で使用する時価（当該平均値）は、取締役会が適当と判断する価額に調整される。

(e) 転換価額調整式に使用する調整前転換価額は、調整後転換価額を適用する前日において有効な転換価額とする。また、転換価額調整式で使用する既発行普通株式数は、株主割当日がある場合はその日、また、株主割当日がない場合は調整後転換価額を適用する日の1か月前の日

における発行済普通株式数とする。

(f)　上記③に定める時価算定期間の末日の翌日以降当該転換価額修正日の前日までの間に本④(a)又は(c)に定める転換価額の調整事由が生じた場合には、本④の規定に従った転換価額の調整に加え、上記③の規定に基づき修正された修正後転換価額を調整前転換価額として調整後転換価額を算出し、当該転換価額修正日以降これを適用する。

(g)　上記③に定める時価算定期間の間に本④(a)又は(c)に定める転換価額の調整事由が生じた場合には、本④の規定に従った転換価額の調整に加え、上記③の規定に基づき修正された修正後転換価額を取締役会が適当と判断する価額に調整し、当該転換価額修正日以降これを適用する。

(h)　転換価額の調整のために計算を行う場合には、円位未満小数第2位まで算出し、小数第2位を四捨五入する。

(i)　転換価額の調整に際し計算を行った結果、調整後転換価額が調整前転換価額を下回り、その差額が1円未満にとどまるときは、転換価額の調整はこれを行わない。但し、その後転換価額の調整を必要とする事由が発生し、転換価額を算出する場合には、調整前転換価額はこの差額を差引いた額とする。

⑤　上限転換価額及び下限転換価額の調整

　上記④の規定により転換価額の調整を行う場合には、上限転換価額及び下限転換価額についても、「転換価額」を「上限転換価額」又は「下限転換価額」に置き換えた上で上記④の規定を準用して同様の調整を行う。

⑥　転換により発行すべき普通株式数

(a)　A種優先株式の転換により発行すべき普通株式数は、次のとおりとする。

　　　転換により発行すべき普通株式数＝A種優先株主が転換請求のために提出したA種優先株式の発行価額の総額／転換価額

(b)　転換の結果発行すべき株式数に1株未満の端数が生じた場合には、これを切り捨てる。

⑦　転換の請求により発行する株式の内容

　普通株式

⑧　転換請求受付場所

　東京都千代田区永田町二丁目11番1号

　三菱信託銀行株式会社　証券代行部

⑨　転換の効力の発生

　転換の効力は、転換請求書及びA種優先株券が上記⑧に記載する転換請求受付場所に到着したときに発生する。

14. 強制転換条項

　転換を請求し得べき期間中に転換請求のなかったＡ種優先株式１株は、同期間の末日の翌日（以下、本項において「一斉転換基準日」という。）が経過した場合には、会社法第222条ノ９の規定による転換の効力発生日をもって、Ａ種優先株式１株の払込金相当額及びＡ種累積未払配当金相当額の合計額を、一斉転換基準日に先立つ45取引日目に始まる30取引日の東京証券取引所における当会社の普通株式の普通取引の毎日の終値（気配表示を含む。）の平均値（終値のない日数を除く。）で除して得られる数の普通株式となる。但し、平均値の計算は円位未満小数第２位まで算出し、その小数第２位を四捨五入する。この場合、当該平均値が、下限転換価額を下回る場合は、Ａ種優先株式１株は、Ａ種優先株式１株の払込金相当額及びＡ種累積未払配当金相当額の合計額を当該下限転換価額で除して得られる数の普通株式となる。上記の普通株式の数の算出に当たって、１株に満たない端数が生じたときは、会社法第220条に定める方法によりこれを取り扱う。

15. 株式の併合又は分割、募集株式引受権、買受、消却

　当会社は、Ａ種優先株式及びＢ種優先株式について、株式の併合又は分割を行わない。当会社は、Ａ種優先株主及びＢ種優先株主に対しては、募集株式の引受権又は募集株式予約権もしくは募集株式予約権付社債の引受権を与えない。当会社は、株主に配当すべき利益をもって普通株式、Ａ種優先株式又はＢ種優先株式のいずれか一つのみ、二つのみ又は全部の種類につきその全部又は一部の買受けを行うことができる。当会社は、取締役会の決議をもって、その有する普通株式、Ａ種優先株式又はＢ種優先株式のいずれか一つのみ、二つのみ又は全部の種類につきその全部又は一部の消却を行うことができる。

16. 期中転換又は強制転換があった場合の取扱い

　Ａ種優先株式の転換により発行された普通株式に対する最初の利益配当金又は中間配当金は、転換の請求又は強制転換が４月１日から９月30日までになされたときは４月１日に、10月１日から翌年３月31日までになされたときは10月１日にそれぞれ転換があったものとみなしてこれを支払う。

17. 発行方法

　第三者割当ての方法により、当会社に対する貸付金債権の現物出資を行う株式会社あさひ銀行に、31,250,000株を割り当てる。

18. 配当起算日

　Ａ種優先株式に対する配当起算日は平成14年12月27日とする。

19. 優先順位

A種累積未払配当金、A種優先株式配当金、B種累積未払配当金及びB種優先株式配当金の支払順位は、第1にB種累積未払配当金、第2にB種優先株式配当金、第3にA種累積未払配当金、第4にA種優先株式配当金の順に優先するものとする。A種優先中間配当金及びB種優先中間配当金の支払順位はB種優先中間配当金が優先するものとする。A種優先株式及びB種優先株式にかかる残余財産の分配の支払順位は同順位とする。

20. 保有期間その他の当該株券の所有に関する事項

該当事項なし。

21. 本要項は、各種の法令に基づく必要手続の効力発生を条件とする。

事項索引

DES・DDSの実務【第4版】

2022年10月13日　第1刷発行

2005年2月8日　初版発行
2009年2月17日　改訂版発行
2014年11月4日　第3版発行

編著者　藤　原　総一郎
著　者　山　崎　良　太
　　　　稲　生　隆　浩
発行者　加　藤　一　浩

〒160-8520　東京都新宿区南元町19
発　行　所　一般社団法人 金融財政事情研究会
企画・制作・販売　株式会社きんざい
　　出　版　部　TEL 03(3355)2251　FAX 03(3357)7416
　　販売受付　TEL 03(3358)2891　FAX 03(3358)0037
　　URL https://www.kinzai.jp/

校正：株式会社友人社／印刷：文唱堂印刷株式会社

ISBN978-4-322-14165-8